U0724145

博瑞森图书
BRACE

企业阅读 本土实践

管理 · 人文 · 生活

博瑞森管理图书网
多读干货·少走弯路
.com.cn
博瑞森管理图书网
走弯路
多读干货·少走
理图书网
博瑞森管理图书网
干货·少走弯路
多读干货·少走
博瑞森管理图书网
博瑞森管理图书网
多读干货·少走弯路
多读
博瑞森管理图书网
走弯路
多读干货·少走
理图书网
博瑞森管理图书网
干货·少走弯路
多读干货·少走弯
博瑞森管理图书网
博瑞森管理图书网
多读干货·少走弯路
多读干货·少
博瑞森管理图书网
博瑞森管
走弯路
多读干货·少走弯路
多读
理图书网
博瑞森管理图书网
干货·少走弯路
多读干货·少走弯
博瑞森管理图书网
博瑞森管理图书网
走弯路

饲料营销有方法

策略 案例 工具

陈石平◎著

FODDER

MARKETING

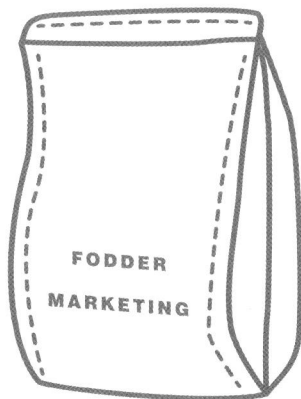

中国青年出版社

律师声明

北京市中友律师事务所李苗苗律师代表中国青年出版社郑重声明：本书由著作权人授权中国青年出版社独家出版发行。未经版权所有人和中国青年出版社书面许可，任何组织机构、个人不得以任何形式擅自复制、改编或传播本书全部或部分内容。凡有侵权行为，必须承担法律责任。中国青年出版社将配合版权执法机关大力打击盗印、盗版等任何形式的侵权行为。敬请广大读者协助举报，对经查实的侵权案件给予举报人重奖。

侵权举报电话

全国"扫黄打非"工作小组办公室 　　　　中国青年出版社

010 -65233456　65212870　　　　　010 -50856057

http: //www. shdf. gov. cn　　　　　　E-mail: bianwu@cypmedia. com

图书在版编目（CIP）数据

饲料营销有方法：策略　案例　工具/陈石平著.—北京：中国青年出版社，2019.1

ISBN 978 -7 -5153 -5485 -9

Ⅰ. ①饲…　Ⅱ. ①陈…　Ⅲ. ①饲料—市场营销学　Ⅳ. ①F762.5

中国版本图书馆 CIP 数据核字（2019）第 010558 号

饲料营销有方法：策略　案例　工具

陈石平 / 著

出版发行： 中国青年出版社

地　　址： 北京市东四十二条 21 号

邮政编码： 100708

责任编辑： 刘稚清

封面制作： 仙　境

印　　刷： 河北宝昌佳彩印刷有限公司

开　　本： 710 × 1000　1/16

印　　张： 15.5

版　　次： 2019 年 7 月北京第 1 版

印　　次： 2019 年 7 月第 1 次印刷

书　　号： ISBN 978 -7 -5153 -5485 -9

定　　价： 198. 00 元

导读

　　自从邓小平同志于1983年提出"饲料要作为工业来办"后，饲料企业数量经历了一条抛物线式的发展轨迹，从第一个吃螃蟹到蜂拥而上再到百花齐放，直到目前的整合淘汰。从最高峰的15000家企业到目前的6000家企业，淘汰的加速度还在继续。面对严峻的生存环境，饲料企业如何换道超车？皮之不存，毛将焉附？养殖集中度的提高是饲料营销变革的根本动力，由此引发多米诺效应：散养市场的快消品营销模式已经越来越低效、夫妻店式经销商不能承担家庭农场的多元化需求、人海战术的边际效益越来越低、品牌价值成为竞争的焦点、撒网式的游击战收效甚微、"联网＋"横扫每个角落、养殖户的组织化日益紧迫，等等。

　　上市公司和大型集团纷纷向上游养殖环节和下游肉品专卖环节延伸，力争打造产业链闭环，但投入巨大，回收周期较长，风险也很大；中小型饲料企业聚焦产品或区域实施差异化营销，力争打造小而美的隐形冠军，但在强大的过江龙的挤压之下，地头蛇的生存也岌岌可危。

　　鉴于笔者近20年的实战经历，深入不同地区、不同行业、不同企业观察、践行和思考，积累了相关案例。不识庐山真面目，只缘身在此山中。

饲料营销到了需要跳出饲料看饲料的时候，根据饲料营销的关键成功要素（KSF），本书提出 7 大核心命题。

（1）大客户营销：从快消品营销转型到工业品营销，从个人购买转变为组织采购。

（2）经销商转型：重新定义经销商的价值，帮助经销商实现转型升级。

（3）营销团队打造：从重数量转变为重质量，需要打造一支懂技术、协同好的营销队伍。

（4）品牌突围：品牌是企业之间竞争的高级形式，本质上是用户心智资源的争夺。

（5）打造根据地市场：从游击战转变为阵地战，从花拳绣腿到真刀真枪，没有"地"就没有"位"。

（6）互联网＋：不管你是看不见、看不起还是看不懂，互联网将是一片蓝海。

（7）农民组织化：组织化生产是实现规模效益的有效手段，谁的组织能力强大，谁就能占领制高点。

他山之石，可以攻玉。本书以问题为导向，以解决问题为目标。紧跟农牧产业发展大势，借鉴笔者亲历其他行业案例的优秀做法，为提高饲料企业营销竞争力尽绵薄之力。

陈石平

2019 年 1 月 31 日于长沙

目录

第二章　饲料经销商转型

第三章　饲料营销团队打造

第四章 | 饲料品牌塑造

第五章 | 饲料根据地市场打造

第六章　饲料 "+互联网"

第七章　养殖户组织化

第一章

大客户营销

背景分析

2016 年，双胞胎集团与温氏集团、北京六马养猪集团、宝迪养猪集团、天兆养猪集团、中粮肉食、立华牧业等集团进行深度合作，组建 OEM 代加工模式。当前，我国市场竞争日趋激烈，各行各业面临转型升级，饲料行业也不例外。我国饲料行业 30 多年的发展，历经多次重大转型升级：由自配料向全价料转变；由粉料向颗粒料转变；由饲料生产小而散向规模化、现代化转变；由单一注重价格向追求高性价比转变；由代销分销模式到现在代加工模式，即 OEM 的转变。

因此，一个饲料品牌最重要的是能为养殖户带来实在的增值，以养殖户为中心，高效、及时满足养殖户各种需求变动的能力。双胞胎集团采取微利经营、薄利多销的方式，降低全流程成本，以提供高性价比产品。目前双胞胎集团凭借积累的行业实战经验、深厚的科技研发技术背景和深入战略转型，推出三胞胎系列产品与规模猪场 OEM 合作，把养殖户的利益放在首位，并为我国整个养猪产业链提供全程解决方案。我们不难看出，农牧行业的话语权已经从饲料企业转移到养殖端，大客户营销时代已经到来。

养殖环节的规模化、专业化、产业化不断加强，畜牧行业也向本地化、大型化、智能化方向发展，势必会出现一大批家庭农场和大型养殖企业。饲料企业面对市场的性质已经发生了根本性改变，饲料行业集中度也在不断提高。营销理念逐步从概念炒作回归到产品价值本身。由个人购买变成组织采购，客户的购买决策由感性变得越来越理性。当前，受散养时代惯性思维的影响，饲料企业无论是从观念、业务开发模式还是组织运作上仍然滞后。从观念上实现跨越，从业务流程上进行重新设计，从实操方法上做到更加有效，从组织协同上实现低耗，缩短摸索周期，快速占领大客户资源。20%的大客户决定公司80%的业绩或利润贡献，这种B2B大客户营销模式与传统B2C的散养分销模式完全不一样，终端需求倒逼饲料企业，从单纯购买饲料产品转变为向养殖场提供解决方案。

问题表现

事实上，饲料大客户营销专业化程度不足，开发进程缓慢，成功率低，人难找、门难进、话难说、事难办、钱难收，具体表现为以下几个方面：

（1）很难见到关键人。猪场场长、采购经理和技术总监都比较忙，月初可能忙研究文件或培训，月中可能忙出差，月底又要开会。大量饲料业务员等待猪场负责人接见，要成功约见一位猪场负责人难度相当大。

（2）产品赊销压力巨大。大部分养殖场缺少资金，需要饲料企业提供资金支持。即使资金充裕的养殖场也把赊销当成质保金，不愿现金交易。中小饲料企业无金融业务支持，无法满足养殖场对资金的需求。如果猪场持续亏损，货款回收压力很大，许多厂家望而却步，经销商也敬而远之。

（3）技术服务很难到位。规模养殖场技术配套不足，管理方面存在一定的缺陷。饲料企业专业的售后服务队伍远远不足，导致技术服务能力薄弱，其名技术服务，实则技术能力差强人意。有的饲料企业还停留在散养分销时代，服务还停留在客情维护阶段。对于战略性猪场，有的饲料企业需要派技术人员驻场。

（4）大客户开发人员心理素质不过关。大部分业务员谈"虎"色变、缺乏独当一面的勇气和信心。面对养殖场董事长或总经理，自感身份不在一个层面上，业务员存在心理障碍。没有把握大客户营销规律，急于求成，缺乏韧性，第一次碰壁、第二次再碰壁，从此灰心丧气、一蹶不振。

（5）大客户营销技能有待加强。业务员没有大客户开发思路，见到客户不知道能帮助客户做什么。业务员的人生阅历和技术经验基本上比养殖场的技术总监少一些，往往技术不在一个层面上，沟通有困难。其名销售饲料，实则对饲料知之甚少；其名销售猪料，实则对养猪一知半解，很难获得猪场负责人的信任。

（6）开发费用分割机制不合理。很多时候业务员需要与猪场建立客情关系，由于前期开发费用分割机制不合理，在不能判断客户是否有可能开发成功的情况下，业务员往往不愿主动投入资源，导致不见兔子不撒鹰，从而错失良机。

（7）产品配套差，与猪场对接不顺畅。产品定位不适合猪场的需要，个别产品需要升级。企业必须不断提高产品质量，打造高端产品品牌，满足大客户对产品采购的升级要求。

解决方案

猪场大客户开发要有一套详细周密的作战计划，每一步都有它的目的和意义。大客户营销，本质上是从卖产品转变为卖解决方案。通过挖掘客户痛点、掌握客户需求、获取项目机会，根据客户需求拟定解决客户真实问题的方案，最终实现为客户创造价值的系统过程。首先理解大客户营销之十大观念转变：

（1）大客户营销是以整体交付方式满足客户需求的营销。

（2）大客户营销让客户与专业选手对话，让客户无可挑剔。

（3）产品解决方案—标准化行业解决方案—定制化系统解决方案不断

升级。

（4）大客户营销要面向客户的客户：消费者、屠宰场、经纪人等。

（5）大客户营销是组织保障、团队支撑、个人执行的三层行为。

（6）大客户营销第一步是把产品升级为方案，第二步把方案营销出去。

（7）"铁三角"组织模式：商务经理＋产品经理＋客户经理，实现公关＋技术＋现场联动。

（8）资源整合是大客户营销的关键力量，要成为某个领域专家，更要成为资源整合的行家。

（9）大客户营销，不仅仅是为客户提供解决方案，还要与客户一同解决实际问题。

（10）大客户营销是标准化的营销动作，为客户省心、省事、省钱、省时、省力。

猪场大客户开发的核心流程为：成立开发团队—通过市场调查，锁定目标猪场—理顺猪场关系结构—进驻猪场，资料收集与分析—找准问题，产品切入—用料跟踪，稳定中扩大销量—建立售后服务体系，实现长期合作。

组建大客户开发团队

要使大客户开发有条不紊地进行，企业必须将该职能落实到某一个部

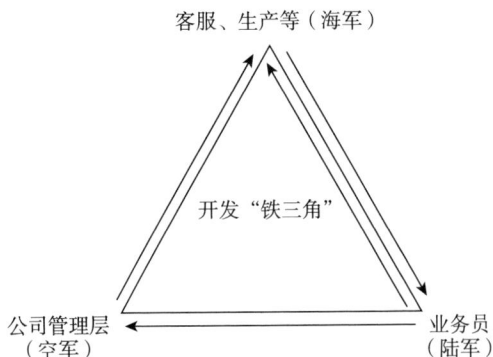

图1-1　大客户开发"铁三角"组织模式

门，通常是营销中心的大客户部为主，其他部门为辅，包括技术部、客服部、生产部、公司管理层等。总之，大客户开发要建立"铁三角"组织模式，如图1-1所示。

构建海、陆、空协同作战的"铁三角"组织模式。公司管理层与养殖场高层在公关层面扫清障碍，业务员承担现场商务职能，支持人员为客户提供产品+技术的解决方案，职责界定如表1-1所示。

表1-1　职责界定

岗位		职能定位	核心职责
公司管理层 （空军）		协助销售顾问进行客户开发的深入渗透，了解客户项目的需求，组织支持部门为销售顾问提供营销支持	负责项目团队的组建及工作协调、有效沟通 负责协助销售顾问进行关键人的关系渗透 负责通过销售顾问掌握客户需求，及时传达信息 负责提前掌握项目运作的重要注意事项
业务员 （陆军）		根据公司营销计划进行客户的开发及后续的客户关系管理工作 在公司的支持下提高客户满意度，减少客户投诉 对营销绩效指标直接负责	负责完成公司分配的营销任务 负责进行大客户信息的收集及分析工作 负责进行客户的日常拜访及关系维护 负责收集反馈客户的需求及需求变化信息 负责公司客户政策的落地实行
支持 人员 （海军）	技术 专员	在公司管理层的统一协调下进行解决方案设计、技术把关、成本效益分析等方面的支持	协助营销人员进行产品、解决方案设计 负责提前进行客户现场的技术支持工作 协助进行客户方饲养技术人员的沟通交流
	客服 专员	对客户满意度和忠诚度负责 对客户挽救率负责，识别和保持有价值的大客户 对CRM系统运行效率负责	负责根据客户分类进行日常沟通 负责客户业务数据的积累、统计 负责对交期、生产、物流进行协调交付 负责客户回访、客户满意度调查、客户投诉监督等

通过市场调查，锁定目标猪场

调查对象包括区域内养殖场数量、饲料经销商、竞争对手相关人员。调查内容为规模化猪场的负责人、信誉度、性格、用料厂家、用料渠道、信誉度、资金状况、猪场内部组织结构等，最后建立区域猪场档案并及时更新。目标大客户筛选是大猪场开发流程中的重要一步，目标客户的质量直接决定了大客户开发能否顺利进行，如果选择了不适合自己开发的猪场，又花了很长时间、很多精力、很多资金和感情投入，等做到中途或最后才发现，这个猪场不适合自己，那么失去的不仅仅是时间。因此，在开发大猪场之前一定要做好目标客户评估和筛选。如目标猪场的选择标准为存栏100头母猪以上的猪场，资金充足或有合适的融资渠道、有品牌意识、通过理念沟通愿意开展合作、期望在现有基础上提高生产成绩的猪场、在当地行业内有一定的影响力，可以作为示范户培养等，如表1－2所示。

表1－2　养殖大户调查档案表

简介	姓名			年龄		文化程度		
	地址					联系电话		
	业务员							
养殖状况	上年出栏	存栏情况	小猪	中猪	肥猪	后备母猪		经产母猪
	饲养品种		引种来源			与散户关系		
	养殖历史					上年养殖收入		
	对品改认识：							
资金	养殖固定资产投入		栏舍（　　元）粉碎机（　　元）其他（　　　　）					
	首要收入来源		养殖　　种植　　做生意　　打工　　其他（　　　）					
	资金来源	饲料赊欠　　　元；原料赊欠　　　元；自己投入　　　元						
饲料	品牌	种猪料	教槽料	保育料	肥育猪料	玉米	麸皮	豆粕　其他
	进货价格							
	进料来源							
	选择饲料的标准：							
技术	防疫阉割	自己　　兽医		养殖技术		高　　一般　　差		
	治病	自己　　兽医		生猪流通		不担心　　担心（　　　）		
	渴望解决的问题：							

理顺猪场内部关系结构

理顺猪场内外部关系是开发规模猪场的重要一步。首先，一定要弄清楚猪场组织结构图，只要知道了猪场的关键人员，调动或整合各种关系资源加以公关，从接触、亲密接触直到深入接触，才能找到突破口。方法有很多种，但归根到底无非有两种：

第一种是通过中间人方式。如畜牧系统、校友、亲戚和同行等的介绍，认识目标猪场负责人，这样能在短时间内有机会见面，减少初次见面时的疑虑和猜测。通过重点公关其中一人，从而了解猪场内部复杂关系并能认识猪场所有关键人物，取得以一敌百、事半功倍的效果。

第二种为自助。在没有关系可以利用的情况下，只能依靠陌生拜访，增加拜访次数，通过不断拜访，取得客户信任，重点拜访某一人或几人，通过他们了解猪场的整个组织结构和人事关系，从而逐一突破。对于多人合作或集团性质的猪场，关系更加复杂，还需要理顺外部股东关系。猪场关系理顺不清，即使产品切入，也会很快以不明原因退出。从猪场营销的本质入手，对猪场采购饲料产品的"黑箱"进行解剖。他们的采购周期长、决策非常谨慎、金额较大、参与人员多、合作周期长。概括起来为"五者"，是指发起者、影响者、执行者、使用者、决策者，具体解释如表1-3所示。

表1-3 大型猪场内部"五者"分析表

角色	特征	使命	可能对应者	应对策略
发起者	存在痛点 目的性调研 决定需求是否变成行动 关注产品利益	决定要不要买 提出购买要求、时限、数量	场长 饲养员	把公司介绍给他 挖掘技术参数 培养成内线人选 突出产品优势 帮助解决困难 建议预算
影响者	技术专家性 核心人员的家族成员 与决策者关系紧密 参考性 公利性	决定是否有机会成为入围品牌之一 对购买决策施加影响和干扰	技术专家 原料供应商 品控员 认证机构 家庭成员	转化为私人好友 进行双向技术交流 产品展示 附加服务 持续改善 强化品牌

角色	特征	使命	可能对应者	应对策略
执行者	流程性 基层性 蓝领性 执行性 照指示办事	决定运输方式 重复购买性 购后评价性 负责购买全程 决定每次采购量	采购员	保证品质 保证交期 关注客户成本 全程配合供应 建立长期关系 适度交叉销售
使用者	对售后服务关注 帮企业免费宣传 讲究实用性 不满意会投诉 购后评价最有力 关注产品生产性能 决定合作时间长短	质量评价 性能评价 安全评价 外观评价 售后评价	饲养员	前期可以试用 提供售后服务 保证饲料安全 提供实证数据 讲解使用说明 技术培训 提供改善方案
决策者	一把手 裁决性 高层性 先民主再集中 信息中心 决定有无切入机会	决定合作品牌 关注投入产出 风险提示 趋势判断 参与分析	老板 场长	突出品质 保证安全 及时反馈 情感建立 逐步降价 关注周边家族成员 建立沟通渠道 进入 VIP 会员 提供融资帮助

进驻猪场，收集与分析资料

经过详细地询问和适当地解答，猪场负责人对你逐渐产生信任，这时你可以征求猪场负责人的意见，能否进入生产区进一步了解现场情况。一般情况下，猪场负责人会乐意让你到现场参观，关键在于你能否帮他解决一些问题。在现场，如何发现问题很重要，因为这是最具说服力的机会，这是你攻破堡垒的有力武器。这需要经验、知识和敏感的洞察力，然后根据现场情况，构思解决办法。所以，要珍惜每一次进场机会，在细微中发现猪场问题。有的人进场转一圈就能够发现很多问题，而有的人走一圈之后的结论却是猪场很脏或猪养得很好，发现不了什么问题。收集资料的内容如表 1-4 所示。

表1-4　猪场问题诊断表

一级指标	二级指标	现状	问题	原因	改进办法
猪场生产性能诊断	母猪平均窝产仔数（头）				
	平均初生重、均匀度				
	保育结束时间与均重				
	100kg育肥时间及料肉比				
	母猪淘汰窝数				
	断奶天数				
	平均断奶重				
	仔猪断奶死亡率				
	保育期死亡率				
	保育期平均日增重、料肉比				
	育肥出栏存活率				
动物外观表现诊断	四肢				
	乳头（母猪是否有乳房炎）				
	毛色				
	粪便颜色				
	静卧呼吸状况				
	咳嗽比例				
	是否有仔猪扎堆				
	仔猪是否下痢				
	是否拱、舔异物和赃物				
	是否咬尾、耳、打架				
猪舍环境诊断	猪场朝向				
	使用材料				
	屋顶高度				
	排污系统				
	交通情况				
	卫生状况				
	通风设施				
	干燥度				
	地面倾斜度				

一级指标	二级指标	现状	问题	原因	改进办法
猪舍管理诊断	残料情况				
	是否用料槽				
	降温设施				
	疫苗瓶是否乱扔				
	地面湿度				
	饲养密度				
	干喂还是湿喂				
	三点是否定位				
	饲养员工作内容和饱和度				
	教槽、保育用料时间				
原料、耗品诊断	泔料料时间料型号				
	兽药				
	保健、免疫用品				
	玉米				
	豆粕				
	鱼粉				
	麦麸				
饮水系统诊断	取水方式				
	水塔卫生状况				
	水塔高度				
	水管安装位置				
	饮水器高度				
	每分钟出水量（水压）				
	水温（从饮水器接出测量）				
	pH 酸碱度				
温控系统诊断	育肥猪夏季降温措施				
	育肥猪冬季保温措施				
	产房是否有保温箱和灯				
	产房保温箱温度				
	保育舍垫板、垫料				
	保育舍保温灯和温度				
	保育舍与产房温差				

续表

一级指标	二级指标	现状	问题	原因	改进办法
生物防控诊断	蚊虫、苍蝇、鼠害等情况				
	是否做药敏检测				
	进场是否有消毒液				
	是否有刺鼻氨气味				
	猪场消毒周期及使用产品				
判断养殖户是否对诊断结果感兴趣			整体评价		

找准问题，产品开始切入

规模化猪场不能一开始就去谈产品，而是要先进行开发之前的熟悉工作，找到了他们存在的问题及需求点，再去向他们推广你的理念。总之，一定要弄清楚养殖场效益不佳的根本原因是什么，通过分析问题，然后提供解决思路，启发他们提出解决问题的方法。可以运用 SPIN 技术：S 是背景问题，收集事实、信息及其背景数据。P 是难点问题，针对难点、困难、有哪些不满，包括疾病问题、管理问题、养殖模式落后、饲养技术问题、生物安全观念、营养观念、经营问题等。I 是暗示问题，针对影响、后果，暗示有哪些严重的不良后果。最后 N 是需求–效益问题，给出方案对客户难题的价值，也就是解决这个问题有什么意义。在处理猪场关系和分析猪场信息的基础上，心中已经有数，可以在恰当时机跟负责人就产品进入猪场事宜进行谈判。此时，重要的是你如何帮助客户解决问题，千万不能半途而废。一般有两种途径：一是自己能现场处理；二是寻求技术人员或其他专家的技术支持。但切记一点，给客户的承诺一定要兑现，而且最好是在你承诺的时间之前兑现。图 1–2 所示。

乳猪料、种猪料是产品进入猪场的敲门砖。树立精打细算的观念，以猪场有关成本分析为例，重点帮助用户算账，如早期断奶的意义、母猪理想生产成绩带来的效益、母猪窝产仔数与饲料成本和效益的关系分析、母猪窝断奶活仔数与商品猪效益的关系分析、商品猪料肉比与饲料成本和效益的关系分析、育肥猪全价料和自配料饲喂成本分析。猪场的开发是技

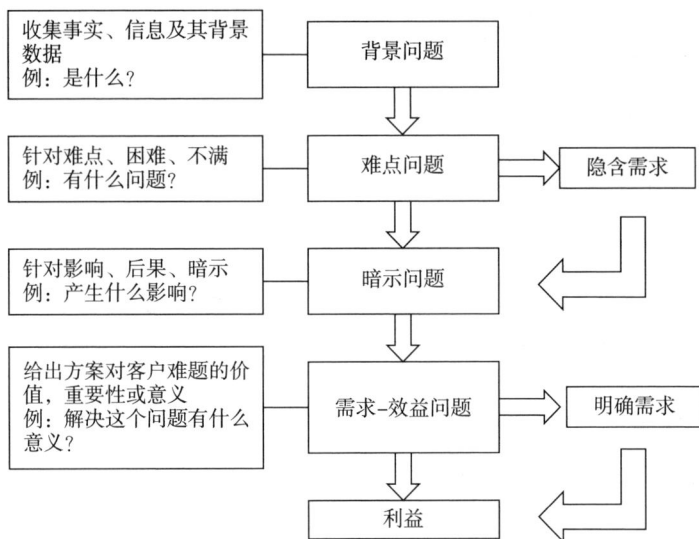

图 1 - 2 存在的问题及

术、方法、服务、产品方案、耐心的持续开发与维护的过程，这需要在提高自身综合能力的基础上，发扬愚公移山的精神，绝不能做"行万里路半九十"的事情，最后功亏一篑。

用料跟踪，稳定中扩大销量

产品切入猪场是销售工作的开始。很多业务员认为产品进入猪场就万事大吉了，猪场就算是被攻克了，不料一两个月之后产品被人家退出来，并被告之"你的产品有问题"。饲料不好的理由有千万个，随便说个理由以后就很难有机会再进入该猪场了。进料后服务包括数据统计分析、定期技术培训、种猪的购进、猪场与各方面关系的建立、猪场设计、定期抗体检测。与客户建立持续的信任，让客户对我们产生一定的依赖，最终成为我们忠实、稳定的客户，成为我们事业双赢的合作伙伴。

不论以何种途径切入猪场，对于大型猪场，产品的对比实证都是不可忽略的工具。驻场试验能及时处理试验过程中出现的意外，确保试验成功。通过对比试验，突出产品优势和卖点，更重要的是给客户带来更大的经济效益。通过对比试验消除客户疑虑和不信任，增强客户对产品和公司的信心。给客户自己或职业经理人向股东汇报工作时提供一个换料的理由。对比试验能让产品名副其实、名正言顺地进入猪场。对比试验很重要，但更要注重试验过程中的细节：分组、换料过渡、试验跟踪、客户引导、数据分析等，试验结束后当面向猪场相关负责人汇报试验结果是给产品加分的手段之一。猪场实证算账本如表1-5所示。

表1-5 大型猪场实证算账本

姓名			地址			电话		
母猪头数		品种		产房设施		保育设施		照片处
试验阶段				过渡天数				
试验时段					饲喂方法			
试验头数	试验天数	初始重	末总重	净增重	总耗料	日增重	料肉比	
对比效益分析结论								
实证户评语								
实证户签名				见证人签名				

对比试验成功了，猪场负责人认可了，并不意味着猪场开发成功了，这个阶段是真正考验业务员的业务能力的时候。在这个阶段，有两件事情是关键：经过对比试验之后，产品使用在猪场还不稳定，还会出现各种问题，比如仔猪拉稀、毛色不好、生长速度慢、母猪便秘等。这个时候，及时跟踪饲料使用效果，及时跟场长沟通，处理好关系，把问题消灭在萌芽中。还有一个问题不容忽视，那就是动了别人的奶酪，竞争对手会不高兴，任何品牌饲料被别人替代，总会想办法反攻。维持饲料使用稳定，做好饲料使用效果跟踪，合理处理跟猪场内部人员关系，是这个阶段的任务。如何在稳定的基础之上扩大饲料销量，也是面临的难题。

一般而言，猪场由于资金的压力或者处理各种关系的原因，通常会选择2~3个饲料厂家。但对饲料企业而言，尽可能提高饲料在猪场的占有率。要提高猪场销量，除了信任度加大之外，更重要的是能否给客户带来更多效益，能否让客户对业务员或公司有依赖感。比如公司的技术支持不可替代、公司的服务不可替代、公司的抗体检测、疾病诊断能力不可替代、公司的金融担保服务不可替代，产业链优势不可替代等，说明本企业有核心竞争力。

培育忠诚客户，实现厂户持续合作

站在公司的角度，客户价值等于当前价值（净利润、毛利率、销量、服务成本）＋潜在价值（长期价值、忠诚度、信任、信用）。猪场开发成功标准是生产成绩稳定、认可公司饲料价格和品质、100%用料、认可公司服务能力、愿意做公司的示范场、愿意和公司长期合作等。用户使用产品的初期，试验猪群出现任何异常情况，用户都有可能将其归罪于所使用的饲料产品，及时的后续跟踪服务尤为重要，售后服务体系对于维护客户稳定、培育客户忠诚度、提升客户对公司和产品的信心有着重要作用。强化"系统服务力"与猪场建立持续、良性的合作关系。"系统服务力"要贯穿于猪场开发前、开发中、开发后，是竞争优势，要不断强化，包括团队协同力、原料采购及检验优势、配方稳定、疾病检测中心、怀孕监测、信息平台、优秀用户的互动交流平台、搭建为猪场输送技术、管理人员的平台、个性化的产品、价值链延伸、示范户建设等。

提供个性化的服务对于不同规模的养殖场，对其服务的范畴划分也要有清晰的界定。而且不同规模的养殖场其需求侧重点也是不一样的。因此，针对不同的养殖规模要采取不同的服务模式。对于小型猪场，如果以100头以下母猪存栏量作为参考，就应该采取应急性服务，主要以疾病诊治、技术服务为主；对于中型猪场，以100～500头母猪存栏，要采取技术推广性服务，诸如保健方案、繁殖技术、疾病防疫、技术讲座等；对于大型猪场，存栏量在500头以上母猪，则应采取理念推广性服务，可以通过举办高端会议推广生殖健康管理理念、生产营养学理念，通过量身定做，为规模养殖场提供整套解决方案，通过养殖场员工培训提高其对企业、产品、理念的认同。

营销学泰斗菲利普·科特勒认为："市场营销就是指在可盈利的情况下创造顾客满意。"客户满意度是可感知效果与期望值之间的变异函数，即 CSI = F（r、e）。研究表明，如果客户不满意，他会将不满意告诉22个人。如果客户满意，他将会告诉8个人。如果客户高度满意，他将会告诉

10 个人以上。提高客户满意度的意义主要体现在客户消费升级、较低的客户维持成本、转介绍、品牌溢价四大方面。

一方面，经常性开展客户满意度调查，一般 3~6 个月开展一次，可以全面调查与有重点、分主题调查交叉进行，也可以针对产品质量、服务方式、经销商帮扶、养殖户效益分析专题调查，设计出有效度和信度的调查表。另一方面，企业必须按照自己的实际能力，有效地控制客户对产品或服务的期望值，如图 1-3 所示。

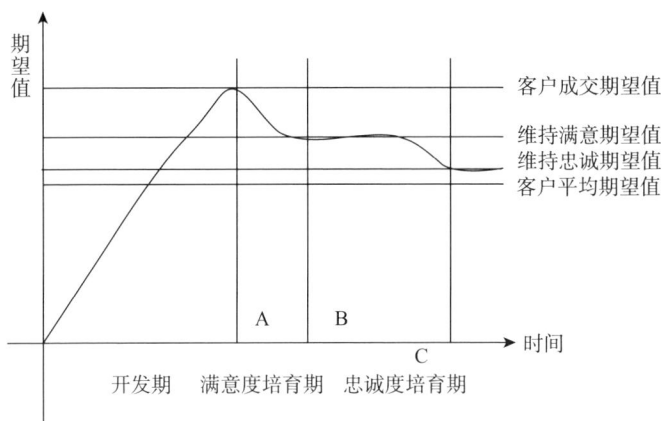

图 1-3　客户期望值

首先，客户开发阶段是期望值不断提升的过程，尽可能准确地描述产品和服务，不要夸大产品的性能、质量和服务，直至达到成交点 A 最高值。成交后要有意识地降低客户期望值，保持高于平均期望值的 B 点水平，达到养殖户满意的水平。具体降低期望值的方式有：分析饲养效益的影响因素，包括饲料营养、疾病防疫、饲养管理、市场行情等。要客观描述与竞争对手的优劣势，扬长避短；介绍产品不适合的情况，承认产品的局限性及一些无法抗拒的因素。为了进一步培养客户忠诚度，需要继续适当降低客户期望值到 C 点水平。客户忠诚度是建立在客户满意度基础之上的，还需要集中锁定有潜力的价值客户，提供特色服务，成为以客户为中心的企业，增强与客户沟通，正确处理抱怨，完整地认识客户生命周期，采取消费积分方案，不断提高客户的转移成本。

他山之石——AA 电器：大客户营销

引言

随着散养户的急速退出，一批大型养殖企业或家庭农场将成为养殖生产经营主体，饲料企业面对的市场性质已经发生了根本性改变，由个人家庭消费变成组织采购，客户的决策由感性变得越来越理性。在此环境下，饲料企业要主动向工业品企业学习大客户营销，从观念、流程、策略、工具和组织全面转型。

我有幸携手 AA 电气公司，经过半年驻场咨询工作见证了 AA 电气打铁铺门上对联"厚德可载物，恒稳能致远"的真谛。咨询项目组奉行"燃烧生命，成就经典"的原则，领悟了 AA 电气人干事业的务实精神，感受了企业家的智慧光芒。跨界思维是饲料企业实现弯道超车的有效途径，AA 电气是典型的工业品大客户营销模式，对饲料企业导入大客户模式具有很强的示范意义。

第一部分　案例背景

广州 AA 电气设备股份有限公司成立于 1989 年，所属行业为输配电及控制设备制造，已在上海证券交易所主板上市。公司是一家集高低压成套开关设备研发、制造、销售及服务一体的高新技术企业，主营产品包括高压成套开关设备、低压成套开关设备、气体绝缘金属封闭开关设备（GIS）及电力电子产品等，并先后与日本东芝合资成立了4家合资企业。在华南地区开关电气行业中综合实力稳居第一，是国内电气行业排头兵，产品已被列入国家电网和南方电网的城网和农网改造推荐使用目录。同时，是五大发电集团、中石油、中石化、北京地铁、广州地铁、北京奥运工程、广州亚运工程、深圳大运会工程等重大项目优质供应商，也是我国极少数进入核电领域的配电设备制造商。作为高低压成套设备领导者，在过去的发展历程中，凭借有效的大客户营销占据华南绝对的市场份额。

AA电气人二十多年来被改革的浪潮裹拥着，由小溪出大河，由大河出大江，由大江到了市场经济的汪洋。作为广东知名企业，拥有华南地缘优势，产品质量一直稳定，主要是从原材料使用上不偷工减料，也是源于AA电气人对产业关键成功要素的深刻认识。产品线覆盖全面，有设备系统集成提供能力，具备重大项目运作经验。国家对自主品牌扶持力度增强，基础设施投资加大拉动开关业务增长，投资电网加大，换网力度增强，对新能源、环保、污水大力投资，轨道、交通行业大发展为AA电气提供了发展机会。与日本东芝强强联合，占领了供应链的制高点，构建了AA电气核心价值链，为后来在残酷的生存竞争中赢得了先机，也是未来集团从转折走向胜利的起点。随着国家投资幅度和竞争结构的变化，AA电气也面临着不进则退的风险。大客户营销模式必须要时俱进进，从单纯依靠电网向其他行业纵深，营销重心必须从总部下沉到区域，依靠单兵作战向协同作战转变。

第二部分　问题解读

AA电气是在国内经济发展周期和商业环境变化中成功崛起的民营企业，但原来支撑AA电气快速发展的若干要素在目前的竞争环境下已不能满足企业规模的进一步扩张，甚至成为企业发展的阻碍。千万不能被宏观大势基本面上升掩盖了自身的不足，政治、经济、社会、技术环境在不断变化，稍有不慎就有可能落后一步，步步皆输。从AA电气最近三年的财报看，主营业务增长率逐年降低，费用率逐年上升，利润率下降已成为必须面对的挑战。市场竞争异常激烈，仅国内同行厂家已达两千多家。国际品牌 ABB 铝材、西门子、施耐德、东芝等牢牢占据高端市场和较大的市场份额，它们给国内企业设置了三板：技术天花板、品牌墙板和资本地板。同时，由于国内小厂固定成本低，而产品和品牌定位同质化，在用户工程市场优势明显。合资企业是外资企业与国内企业博弈的妥协平衡。客观上，AA 电气是处于红海之中，未占制高点，未离肉搏阵，具体问题表现如下：

（1）业务团队的客户开拓与维护能力参差不齐，组织功能紊乱。

"业务精英 + 公司资源"业务拓展模式造成少数"英雄"鹤立鸡群，多数业务员望尘莫及。中高级管理者及区域领导人单兵作战能力强，但高水平营销人员还是稀缺，团队战斗力并不强。销售管理层往往由于精力有限，业绩无法大幅提升，极大地影响和降低了企业的项目成果及经营质量。增长的业绩基本是老板项目，增人未必增效。项目领导人与业务员从本质上只有业务量大小的区别，他们实际上是同一片湖面上撒网的渔民。大业务员个人很优秀，有套路、有狠劲，单打独斗，很累、很辛苦；小业务员想搏，但没"肉"也没"油"，只好跟在后面苦挨。

营销能力在组织内没有积累与传承，没有将大客户开发的理论与 AA 电气的销售实践相结合，将销售行为结构化、标准化甚至傻瓜化。管理层对营销人员在项目过程中的指导和管理不够，客户研究由业务员自己做，致使营销人员凭经验、靠悟性。同一系统客户开发知识在组织内不流动，信息不共享，客户关系只是个人拥有。在没有营销战略指引下，经常调整营销组织结构，能否保证战略目标的实现无法评审。组织设计上没有考虑端到端的业务流程，对职能的划分过于简单、原始，缺乏职能合理交叉、有序互动，体现出整体僵化、流动性差、活力低的问题。如行业项目部与办事处的组织关系不清，出现例外事件没有用优化职能或流程重整来解决，而是在正常的运营体系外形成了一些体外循环，长此以往导致组织功能紊乱。

（2）各区域、行业和产品分布还有改善空间。

1997—2007 年的订单数据表明，AA 电气订单主要分布在华南地区。2008 年的订单数据再次表明，这一分布特征仍无改变的迹象。公司业绩 80% 来自"两广"和北京，各区域各自为战，缺乏对区域战略性布局和市场快速扩张的方法，无法把广东成功模式复制到省外。2008 年，六大行业项目总销售额的上升伴随着用户工程业绩的节节缩水，如果不迅速找到解决方案，会导致从用户工程市场全线败退。

2009 年 1 月至 10 月订单合同数据表明，订单额的分布高度集中在几大行业，对大户的高度依赖，客户结构不合理，"短平快"项目太少，存在不可持续发展的风险。2009 年前 10 月的产品销量表明，前 5 名产品的销量占公司总销量的 68%，C－GIS 是一个准利润增长点，但是比例太小。从十年订单构成和产品结构来看，公司的产品创新与新产品推广的成效有限。十年中没有出现足以改变订单比例的产品类别。AA 电气处于问号类和瘦狗类的业务太多，真正属于明星类的业务很少，亟待改进产品结构。

（3）没有找到业务模式可复制的方法。

虽然老板项目有优势，但老板的精力局限性成为业绩突破的瓶颈，这种优势没有办法复制扩大，只能局限在一个点上。现代销售不是钓鱼式作业，而是拉网式作业。钓鱼式作业注重个人能力，拉网式作业注重计划预测、信息收集、项目策划、项目支援、项目交付整套流程。营销是纲，销售是目，流程是线，制度是点，需要将个人智慧转化为组织智慧。AA 电气对于项目信息是随机获取、感性评估，缺乏一个系统的收集、确认、分析、评估的过程。缺乏对信息的主动开发与管理，信息基本掌握在业务员个人手里，信息收集不系统、不全面。投标工作量不可预计，拥堵现象严重，大多只在立项时报备到公司，而且信息质量主要依靠业务员的主观感受和管理层的自我判断。

（4）销售项目过程管理职能缺失。

AA 电气招投标成功率不是很高，要么输在价格上，要么输在服务上。在销售过程中还是对客户的把握不够，各环节缺乏有效评估和策划，对项目的控制一般依靠个人的经验。没有建立端到端的流程体系，无阶段性目标和各环节上的策划。销售预测凭经验，业务前期预期高、投入大，后期重视不够。缺乏对项目进程的标准化管理，未建立清晰的里程碑控制，未建立分阶段的作业标准，也没有建立完整的项目过程监控的制度体系。需要对成本的精准核算和利润的精准预算，实现对成本价、出厂价、合同价和优化成本价的有效控制。货款回收仍是单点接触，前后方两张皮，前方不信任后方，后方不关心前方。因前期信息未经筛选，方案报价工作大部分效率不高，导致后台工作消极。事后控制多，前期服务少，急需由单一的结果导向转向过程与结果并重。

（5）激励机制不科学，货款回收难度很大。

销售机会来临，市场投入费用有限，究其原因，都涉及个人收入的不确定性。可想而知，市场拓展的不确定性，在市场风险面前，个人最优化的决策是守株待兔，不见兔子不撒鹰。业务费用按比例控制的方式过于简单，包干制往往受营销人员业务能力的制约，该投入不投入，不该投入又乱投入。业务员掌握销售费用开支，费用构成分析无落实，缺乏在整体项目综合分析基础上的资源匹配。成套开关行业的平均应收账款比60%以上，电气行业对资金的需求是巨大的，必须建立货款回收的考核机制、风险防范机制、货款回收保障机制，不能及时回款的主要原因是对业务员没有有效的奖惩。要做好货款回收工作，要在前期防范、过程管理、激励机制、产品质量、客户关系五个方面下功夫。

（6）营销策略体系零乱，品牌知名度不高。

近年来，由于战略引导不充分，组织分分合合，市场进进退退，政策断断续续，以至于AA电气的营销策略、决策、政策、方针、计划等均处于不系统、不确定、不稳定状态。产品策略不清晰，研发投入不够延续，产品同质化严重，利润降低。对客户交易性色彩明显，战略伙伴经营性不足。对重点大客户和一般客户的分级管理也没有严格区分，客户服务的主动性不强，手段单一。对售后服务的规律缺乏准确把握，虽然公司对重点客户的售后服务相当的重视，但是我们的售后服务与对手相比优势不明显。AA电气的品牌经营还处于初始阶段，缺乏有效的推广手段和内部引导机制，进行主动品牌推广尚少。储蓄式品牌投资的缺点是无法跑赢品牌贬值的速度，储蓄式品牌运作的缺点同样将遇到行业竞争带来的品牌弱化的挑战，而且在某些竞争激烈的领域和区域，AA 电气品牌有弱化的趋势。

第三部分　解决方案

时间是最大的成本，徘徊就是倒退。最近几年业绩徘徊难以突破，同行增长加速，形成强烈反差，需从蜗牛式向跳跃式发展转变。明确将发电、输电、变电、配电、电能治理作为五大支柱产业，坚持专业基础上的相关多元化，打造完整的产业链条，同时继续加强技术与管理的创新以谋求差异化的竞争优势。观念变，天地变，对 AA 电气而言，首先要摒弃固有的传统家族企业经营理念和管理机制，围绕企业家族成员进行职业化组织放大，建立完善的人力资源管理体系和深厚的企业文化，培养员工的凝聚力和忠诚度。

营销体系作为企业的龙头，只有通过变革与提升，以对市场压力的无障碍传递，促进 AA 电气整体价值链的优化与完善，不断引领 AA 电气突破到新的高度。现在的竞争已发展到了十倍速时代，个人的深思熟虑已无法赶上时代的步伐。

应该强调开放、助人与求助。现代社会是契约社会，讲的是公平、对等。应该认识到，忠诚不是生产力，才能才是生产力；稳定不是生产力，活力才是生产力。当今经济融合的势头越来越猛，地球都成了一村，企业家视野一定要广，不能过度本土化，其后果就是带来文化上近亲繁殖而失去组织竞争力。应该遵循"整体规划，传承改善，渐进导入，多方平衡"的原则，将变革逐步深入下去。

（1）自省民企弊病，深化现代管理改革，引进先进企业管理机制。

AA 电气是以人员推广和销售为主的业务模式，业务绩效是建立在团队的能力和规模上，加强营销系统的人力资源建设是企业当前工作的核心和未来业绩的保障。改善营销人员薪酬结构与激励机制，提高营销人员的积极性及公司对营销人员的可控性。建立营销人员培养通道，打造一批符合岗位素质模型的区域主管和营销人员。抓住发展优势，构建科学用人结构和机制。强化"能者上，庸者下"的人才使用机制。制定营销人员培养方案，需与人力资源、营销管理办等成立任务小组。吸引并留住优秀业务骨干和高素质营销人才，确立价值评价和价值分配体系，将个人目标与组织目标协调起来。通过系统的培训全面提升市场人员的业务和技术素质，使销售活动由传统"推销员"模式向"顾问式"销售转变。

以内部培养为主，打造一批认同企业文化、熟悉公司运营体系的"狼性"销售团队。建立"三刀（市场、公关、销售）并进，三线（行业线、区域线和产品线）同行，团队销售"的营销组织，强化组织内的专业分工和岗位协同。提高 AA 电气业务员素质和能力，全面提高市场拓展效率和力度，强化区域地面部队的项目跟进能力。AA 电气视营销队伍为核心资产，重点培训知识、态度、技能三层面能力，打造一支具有高度专业能力的营销团队。建立营销人员的培养路径，遵从内部培养、部门轮岗的原则，打造一批忠诚度高、层次合理、业务能力优秀的营销精英队伍。

（2）坚定不移地进行区域拓展，自主构建区域销售中心平台。

将销售组织安插在市场一线，在全国范围内建立四大组团：华南、华北、华中和西南，扎根区域进行业务开发。抓住机会做深华南市场，夯实根据地市场实力。

以广东为根据地进行密集开发，以区域经济为参考建立 6 个办事处，扩大用户工程及二三城市电网项目开发。充分利用 AA 电气在广东的地缘优势和客户资源，积极向广西、海南、福建拓展。

将华北纳入公司的整体战略部署，以北京为咽喉，强化总部的公关职能，同时积极拓展当地的用户工程项目。提高华北的营销决策地位，进行京津联动。向渤海湾地区进行业务的延伸与覆盖。与当地客户结盟，以利润换市场，先站稳脚再图发展。

华中以武汉为基地强势介入，充分开发当地供电局、设计院、总包商等客户资源，挖掘信息，寻求合作。构建市场基础，同时开发行业项目，进行本地化拓展。充分利用公司在电网资源，定点拓展湖北电网业务，进一步强化原有与武钢的合作关系。在湖北立稳脚跟，以项目为牵引向安徽、河南、进行业务渗透。

西南区域应立足南网，实现贵州区域效益最大化，云南尽快找到突破口，结合当地购买力弱的特点，以 AA 电气品牌进行低端切入，同时开发针对高原应用环境的成套产品，实现区域内业务扩张。成套业务要抓行业，做区域，争取销售规模达到全国第一，建立区域销售办事处平台，实现业务的独立拓展与整体配合。

（3）加大产品研发创新力度，优化产品结构。

依托 AA 电气企业品牌，从专业、可靠度提升产品的虚拟价值，构建 AA 电气制造与竞争对手的差异化，打造精品。争取早日高压挂网试验成功，真正迈进高压行业。利用自身优势，强化差异化产品研发。以市场换技术夯实实力，提升区域、技术壁垒突破力。技术、客户、竞争三者并重，产品不单纯依靠价格为主导，定位高端进行价值竞争。实现规模化定制，提高柔性化生产能力，确保产品交货的及时率。强化"AA 电气制造"的价值感，为同质化的核心产品提供价值支撑，打造行业精品、可靠的形象。

由于成套设备是客户定制下的产品总成，AA 电气可从两个方面进行核心产品差异化。一方面，通过针对行业和区域的概念设计，提升核心产品的专业性。通过生产管理和品质管控强化核心产品的可靠性。因此，AA 电气未来应在产品专业化、低成本生产、自主品牌柜型、紧跟电力市场趋势上采取积极的产品策略。另一方面，针对未来聚焦的行业和区域，通过结构优化和概念设计强化产品的专业化。如针对电网，通过柜型简单优化，开发电网专用型开关柜；针对云南区域，增加防护等级，适应高原地区应用环境；针对高端行业客户实现成套产品与智能产品一体化提供，塑造 AA 电气电力设备提供的专业化形象。

加大自主柜型 ENERGIN 的推广，依托德国柜体技术，实现内部元件的灵活组合，提高产品的盈利能力和竞争优势。针对目标行业和客户群体进行产品结构的优化和概念设计，建立专业化区隔。进一步控制产品的成本，加强产品组件的标准化建设，同时适当进行产业外包，降低产品的生产成本。充分发挥 AA 电气产品线优势，形成不同产品承载企业不同的发展使命，并通过有力的市场推广手段把产品转化为营业收入。紧跟电网行业升级改造趋势，进行 20kv 电压等级成套产品的开发与推广，尽早做好布局，抢夺市场先机。紧跟开关柜行业发展趋势，尽快进行充气柜系列产品的更新、替代及研制，塑造 AA 电气高技术、高品质形象。适当采用整合供应链策略，将部分柜体与配件外包，降低制造成本，提高价格竞争力。加强机柜内部结构标准化开发，通过改柜门、换面板，满足不同品牌柜的外观和功能要求，满足工厂批量定制的要求。

（4）创新业务拓展模式，提高业务运营效力。

从个人销售的业务开发模式转向战略引导、组织协同、资源配套的组织化模式。从以结果为导向的粗放式业务管理方式向以过程管控为导向的精细化业务管控模式转变，引入客户关系管理理念，注重培育客户忠诚度。

第一类系统客户，如电网、石化、铁路等，应采取上拉下推式：公关部和公司高管，以行业推广和总部公关切入，建立总部客户关系，促成关系向下延伸，进入投标入围名录和客户采购名录。营销人员以项目销售介入具体项目决策链，发展客户关系。

第二类独立决策型客户，如地方性企业客户，采取直线延展式。从上到下：公司决策层有意向，执行人员照办，技术部门负责技术与方案评估，采购部门进行询价和商务交流，基层人员负责设备的使用，决定项目的后续进程。从下到上：公司采购部进行企业预审，技术部门负责技术与方案评估，基层人员负责设备的使用，决定项目的后续进程，公司决策者根据主管部门的综合意见和个人意向进行决策。从上或从下都需要寻找突破点，沿客户内部采购决策链进行延伸客户关系，进行全面覆盖。由下到上，进入壁垒低，项目过程难掌控。由上到下，进入壁垒高，项目的可控性相对较强。

导入销售项目管理，将销售过程进行标准阶段性划分，设定阶段性目标，明确每个阶段的工作清单和资源支持。建立预算下的营销管理体系，通过销售项目过程管理，有效整合内部销售资源，实现团队作战，提高销售项目成功率和资源投入的有效性。按照项目型销售规律进行节点控制，每个节点有标准的输出，这些输出应该经过验证并成为是否进入下一环节的条件。当项目数量分布正常时，管理层的精力应放在帮助业务员提高命中率上，提高临门一脚的成功率，需与商务服务部、营销管理办、一线代表成立任务小组。加强 AA 电气对行业和市场的信息搜集、竞争对手研究、市场规划、市场推广及活动策划能力，提高市场预警功能。形成一个分三块的情报系统：

一是对行业信息的收集整理。

二是对长期型项目建立跟踪制度。

三是在每个竞争对手处建立信息员收集竞争对手的信息。未来，计划改进的方向是，从流程上触角深入营销前线，掌握一手资料，熨平信息不对称带来的供应链牛鞭效应。

（5）把服务当作 AA 电气为客户增值，形成竞争优势的关键要素。

服务是 AA 电气核心竞争力和品牌资产重要来源之一。AA 电气必须由"服务是成本"向"服务是效益"认知转变。将服务前移，打造总部、区域两级服务体系，统一调配，分工协作，紧密配合，提高服务管理水平与服务的总体价值。对于 AA 电气核心市场，售后服务作为形成全面竞争优势的重要手段，从而强化顾客忠诚度，进一步提高市场占有率。对于 AA 电气新进的市场和区域，以服务作为 AA 电气差异化营销竞争的策略，树立 AA 电气高端品牌形象，快速抢占市场。实现"急救服务 + 主动服务 + 增值服务"的"3 + 服务"体系。建立总部、区域的二级的服务体系，强化总部、统筹，区域执行的服务职能分配，规范服务人员行为，提高服务效率和满意度。对服务及服务对象进行分类、分级管理，提高服务的针对性，降低服务成本。强化服务人员对配件的销售，提升配件销售产值。加强服务人员技术、行为的培训，通过优化薪酬与激励管理，提高服务人员的能力和水平。

交付是供应链末端与客户接触的惊险一跃，典型的以客户为中心的交付服务特征：交付状态可视化，从货运计划、安排、出货、在途、交接到意外处理，指挥中心了如指掌。交付以客户满意为终点，而非以到达为终点，卸货、验箱、签收都应有流程保证无缝对接。从货物的物理保护到灾害保险，都有一揽子解决方案。项目部及办事处建设要注意与内部运营流程对接，要从组织、职责、流程、激励多层面确保前后方对接顺畅。公司整体结构需从流程导向的角度优化，营销中心组织结构应导入组织化营销的理念。占领供应链制高点、强化、做大，对市场形成影响力，成为有自主权的产业链次中心。

（6）加大产品推广力度，强化品牌影响力。

充分借助国家扶持政策，强化民族品牌形象打造。利用"中国高低压成套业务中国市场整体销售规模第一"的领导地位，拉开与国内本土竞争者的差距。树立高低压成套业务中高端品牌形象，并在局部区域市场和行业形成战略性突破。品牌建设作为 AA 电气未来发展的核心，AA 电气需重新规划品牌发展的路径和目标，实现 AA 电气从广东名牌到中国名牌，甚至是全球品牌的跨越。定位于"中国高低压成套设备首选供应商"，体现 AA 电气是目标客户的第一选择。AA 电气以整合营销推广为基础，主要采用五大推广手段：

第一，想方设法将有关项目决策参与人邀请到工厂参观，强化客户对 AA 电气的信任度和美誉度，同时积极发展客户关系。

第二，充分发挥样板工程的影响力，通过邀请项目相关决策人员观摩参观，提高客户对 AA 电气方案提供能力的认同感。

第三，邀请设计院、行业专家和客户技术负责人等参与 AA 电气技术交流会，展示 AA 电气的技术实力，并借此开发项目信息和拓展客户关系。

第四，在项目施工现场，组织相关行业的客户参与技术交流会，扩大项目影响力，延伸客户关系。

第五，邀请行业客户高层参与经营管理论坛，进行知识营销，构建客户关系。

市场推广要做到极致，AA 电气应强化对市场推广的标准化、专业化和精细化管理。建立标准化的推广流程，包括推广策划、推广组织、过程管理和效果评估，确保推广工作的效率和效果。针对不同的推广活动，提炼并统一相应的推广话术。建立 AA 电气的行为标准，对公司推广活动的参与人员进行行为规范管理。总部设置专业的营销推广岗位，强化专业推广职能。重新规划公司的产品展厅，优化参观路径设计，突出企业的内部管理与企业文化特色。与行业标杆客户建立战略合作关系，共建样板工程，通过样板挂牌、客户实证、项目验收评估等手段，集中展示 AA 电气的成功经验和业绩。树立公司的技术权威，提升 AA 电气研究所在行业内的地位，有效整合行业技术专家，加强与高校和行业科研机构的合作，充分体现 AA 电气的技术实力与专业化。细节是决定品牌推广成败的关键，事前精心策划，事中执行到位，事后评估总结。根据每次推广活动的受众和推广目标，都要制定针对性的推广计划，包括费用预算、内容安排、客户邀约、客户接待、环境布置及人员分工等。借助与东芝合资的优势，通过品牌联动，实现东芝品牌与 AA 电气品牌的相互转换，满足客户多样化的需求。

（7）建立年度预算下的销售费用承担机制。

鉴于过去包干制造成业务员谨慎投入的现象，AA 电器营销费用管理须转向预算下的审批模式，通过精细化的预算管理和销售过程管理。由公司承担主要的市场风险，营销人员承担职业风险和部分关联市场风险，进一步提高营销人员销售积极性和销售工作的可控性。前期费用主要是差旅费，中期开始产生较多的招待费，决策点往往是客户佣金的承诺点。投入是硬道理，但又不是不讲产出的投入。特殊费用按项目盈利情况，由行业部或区域经理投标前报批，专用费用列入项目成本。对长期项目或新项目，公司制定专项费用。建立提前报信息立项制度，用组织来评判项目可行性，以便投入更有针对性，实施信息奖励制度。无论行业部或区域销售中心，项目信息报备集体评议是费用报销的前提。

提成与风险成正相关，用灵活提成机制平衡销售积极性，使利润最大化。失败订单由公司承担 80%、个人承担 20%，以便业务员把控费用投入。亏损订单由成功订单承担，一年一周期总量结算。增加市场风险基金，不超过一定比例，单独预算、支出、审核。省外在分担上要稍微倾斜，以便激励开拓省外市场。坚持事前有预算、事中有监控、事后有审计、成功计费用、超额要承担、失败共分担、节约有奖励、专项算成本、利润有分享的总原则。以价值竞争为主要竞争方式，确保盈利能力居业内前列。增长规模与财务资源平衡一致，保持合适的现金周转率、应收款水平，控制财务风险。

第四部分　推进实施

AA 电气设立华南、华北、华中、西南四大区域营销中心，实施大区化管理运作。其他区域以项目代理、行业部区域机会性拓展两种方式管理运作，彻底实现从行业单一模式向区域团队模式的组织结构式转化。用 3～5 年复制打造 4 个广东市场，实现 30 亿～50 亿元产值的飞跃。一年一小变，三年一中变，五年一大变，循序渐进，稳健推进。2010-2011 年采用"做试点，固模式，先集中，再分权"的方针。

2010 年，树立"一南一北"两大根据地市场，提炼销售模式，进行全面试点。按办事处的标准组织构建北京、天津和河北的华北区域模式。在广东省内建设四大区域二三级渠道市级办事处。在区域办事处导入区域营销管理模式、项目销售管理模式、营销人员薪酬和激励机制，在销售实践中逐步优化和固化，做出业绩，为未来进行区域化复制提供模板。

2010 年，各区域办事处接受公司总部集中管理，通过公司集权，加强各区域管理体系的导入和总部及区域资源的统一调配，实现对区域市场的集中拓展，降低公司区域扩张的风险，为确保区域销售业绩保驾护航。随着区域办事处业绩稳定，以及区域管理体系的成功导入和区域业务开发模式的成熟，逐步在销售实践中培养出一批合格的区域经营与管理人才，派驻区域进行区域经营管理。将各地办事处按大区规划纳入区域中心管理，最终实现区域中心对各地办事处的精细管控和集中决策。2010 年开始，用 1 个月完成准备阶段工作，行政部、市场部、区域销售部管理副总到位，内部人员定岗定编。实现内部组织完善，架构齐全。利用企业现有成熟资源进行优化配置，对现有成熟市场的进一步精细化拓展，完成成熟市场由粗化到精细化，由零散的"市级市场网络"向"省级网络化"—"大区级网络化"扎实布局和完善。

从广东省市场的容量研究和 AA 电气的竞争能力来看，在本土区域利用好公司大平台这个优势，对广东地区整体区域业务的深入精细拓展，将能够大幅度提升市场份额，真正将广东建设成为 AA 电气的大本营和航空港模式。强化办事处挖潜市场潜力，依据办事处市场水平进行人力等资源的投入，构建精细网络状，覆盖广东全省区的办事处业务拓展管理模式。

整合行业与办事处的操作架构,用一个声音统管,下沉二三级销售网络。在现有网络组织现状下,设立 AA 电气广东办事处,以省级区域经理统筹管理目前市场掌握的销售信息、跟进的项目及对未来市场需求判断。组织规划 2010 年广东营销目标与实施计划,启动营销后备干部训练营,组建市场部,建立并导入销售项目管理体系与流程。

第二章

饲料经销商转型

背景分析

我国畜牧产业正处在加速变革时代，养殖群体结构变化，规模化养殖成为趋势，对产品品质要求越来越高。随着养殖规模化、集约化、专业化不断纵深演变，传统饲料经销商靠赊销、网络、人情三件宝已是强弩之末。饲料经销商数量在急剧减少，质量势必提高。饲料厂家应该主动帮助处在十字路口的经销商积极转型。厂商一体化、打穿价值链、服务好养殖户是经销商转型追求的目标。互联网不是噱头而是转型工具，借助互联网颠覆传统经销模式，缓解养殖户资金紧张难题，让夫妻店转变为公司化运作，整合技术资源为养殖户所用，打造渠道品牌积累无形资产，准确掌握养殖行情。

问题表现

30 多年来，中国饲料经销商从无到有。曾经的饲料经销商梦想自己销量越来越大，利润空间保持稳中有增，不存在赊销，没有养殖户投诉和麻烦。但现实是增加销量难度越来越大，利润空间逐步被压缩，赊欠成风，养殖户抱怨不断，具体问题如下：

问题一：模式滞后

饲料经销商为个体经营模式居多，夫妻店，简称"坐堂＋送货"模式。销售业绩普遍自然增长的状态，战略性增长严重不足，维持现状心态较重。对下游零售商和养殖户普遍缺乏管理，重结果不问过程。盈利模式还停留在产品价差上，服务、采购所创造的附加值几乎没有。厂家直通养殖场对其冲击很大，建立合作社组织能力不够。赊销重不愿做猪场，也不知道怎么做强做大。当前，经销商本质上是"钱庄"和"搬运工"的角色。缺乏长远考虑，盈利模式单一，不能及时准确调整产品及销售策略，坐商言商，促销模式单一。市场运作以我为主，等靠要思想严重，过度依赖厂家，被动应对，缺乏相关推广与服务，要么不会做，要么怕花钱。

对上游厂家索要无度，一味地向厂家提要求，合理的、不合理的，只要想到的都想得到厂家的支持和满足，今天要服务、明天要政策、后天要垫资。经销商思维不能与时俱进，思维固化，模式转型难，协同成本高，经销商的暴利本质难以改变。垫资、网络、客情、物流、仓储等功能在弱化。养殖户规模扩大后直通厂家、价格敏感、服务要求提高、忠诚度下降等。经销商对市场形势不看好，转型积极性不高，不想投入过大。市场窜货乱价问题屡禁不止，永无休止的价格战，利润空间一天比一天小。

问题二：赊销肆虐

饲料企业的讨价还价能力强，经销商必须现款提货，但养殖户手头资金短缺，经销商为抢占养殖户，通过向养殖户的赊销拉动销售。由于养殖户对饲料产品质量的质疑，造成了赊销是一种普遍现象。经销商赊销的资金、存货风险越来越大，行情好的时候回款没问题；行情不好的时候，导致前期所做的订货促销和回款计划无法实现预期目标。由于养殖户销售款未能及时回收，经销商自身存在资金周转压力。导致销量难以大幅度提升。赊销越来越多、应收账款风险很大。究其原因：一是经销商为了开发客户；二是养殖户有担忧；三是养殖户资金紧张。

问题三：组织弱化

经销商没有组织化的概念，习惯于单兵作战。年龄总体上偏大，一般45 岁以上，90 后或 00 后不愿从事饲料行业，接班问题日益严重，急缺新一代农村青年加入经销商队伍。经销商有游击队式司机、搬运工，正式业务员很少，懂电脑、财务、技术的人员极其缺乏。业务团队组建和管理水平相对粗放——放羊式管理。经销商业务人才需要畜牧兽医技术、客户关系资源和脚踏实地的推土机精神。经销商要么失去创业激情，自己不愿跑市场；要么心有余而力不足，不知道怎么管。招不到人、用不好人、留不住人是很多传统经销商面临的难题。

问题四：服务飘忽

据调查，掌握畜牧、兽医、动物营养知识的经销商不到 40%，除非是畜牧系统下海而来。投诉处理基本上是安慰型服务，不能帮助养殖户解决实际困难。经销商没有技术队伍，严重依赖企业的技术人员。技术问题不是单纯技术本身，而是成本高，养一名技术人员成本太高。动物越来越不好养，疾病总体呈上升趋势，产品 + 服务的销售服务模式未真正落到实处。面对养殖规模化，技术跟不上，大客户养殖场对经销商提出了更高的服务要求，售后服务难以有效组织。科技服务队伍缺乏经验，在养殖户中的威信不足。在市场应急过程中，队伍人手不足，很难做出及时有效的反应。

问题五：品牌虚无

店面生动化严重不足，没有功能区划分的概念，产品展示、办公、住家混为一体，商务空间非常狭窄，店招、货物、海报杂乱无章。店内销售氛围营造不足，亮点不突出，信息传递不充分。不断更换品牌，品牌打造意识薄弱。仓库访湿、防盗、防火、防鼠设施差，老鼠、虫子、蜘蛛横行。店内文化、技术宣传随意、陈旧，难以体现专业性。终端推广方式没有创新。多牌经营，见利忘义，一方面获得 1 + 1 大于 1 的叠加政策效应；另一方面，把经销商与公司的博弈变成了公司与公司之间的对决。品牌黏性不足，用户越来越不稳定。

问题六：行情不畅

经销商不能给养殖户及时的行情指引。原料行情不能及时掌握，原料质量难以保证，价格走势难以判断。信息掌握在农产品经纪人手里，信息不对称导致养殖户损失惨重。防病治病信息不及时，远程疾病诊断应用少。物流配送信息缺乏，造成物流成本高。推荐仍是养殖户主要购买方式，养殖户没有判断标准，经销商站在自己的立场给养殖户推荐产品，以利润最大化为导向，经销商往往做出逆向选择。

解决方案

传统模式是松散式交易渠道，简单利益驱动，渠道属于社会。未来饲料经销商是企业的战略合作伙伴、具有投资者性质的经济实体、厂家的综合服务的延伸、是终端客户的领头人或养殖联合体组织者。经销商转型是价值链打穿的需要，从销售到资金、销售、技术、服务、应用、维系、物流厂商户一体化。转型迫在眉睫。从点式竞争转向链式竞争，从交易关系转向联盟关系。更好服务用户的需要，实现产品好、性价比高、超预期服务的目标。近些年，业界提出过也实践了不少新的渠道经营模式，比如服务型经销、厂商联盟、加盟连锁、互联网＋直销、经销商公司化等。相对传统经营模式，首先在观念上实现突破：

定位上：从产品供应商升级到全渠道分销商、服务商、整合商。

模式上：线上与线下O2O。

战略上：从传统饲料企业升级到互联网大三农生态圈：互联网＋饲料＋金融。

理念上，完成由"游击队"向"正规军"转变。

运作上：信息化、生态化、数据化。

激励上，完成由"财务型"向"立体型"转变。

价值上：构建产品价值、服务价值、金融价值、方案价值、关系价值等全价值链。

转型一：颠覆模式

构建线上线下服务平台，形成互联网大三农生态圈。线上销售、金融融资、养殖解决方案推送。线下还需提供技术服务、终端销售、与建立良好的客户关系管理系统。线上金融融资平台 P2P——牧金圈，电商销售平台 B2B2C——牧集网，养殖解决方案推送平台——牧牧圈 APP；线下渠道终端销售平台——牧牧圈，技术服务平台——养殖达人，养殖户维系平台——会员制。饲料企业利用互联网把经销商改造成 O2O 模式，如图2-1所示。

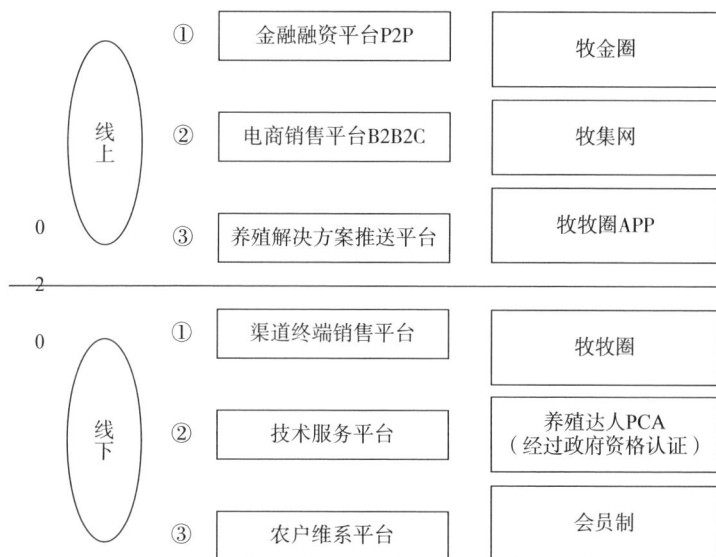

图 2-1 O2O 模式

转型二：金融创新

一个行业只有借力金融才能做大规模，如住房、汽车、机械设备、高铁等。饲料是典型的生产资料性质产品，养殖户资金普遍缺乏，解决融资难题尤为关键。

模式一：搭建 P2P 平台，解决养殖户发展资金难题。P2P 金融是指个人与个人间的小额借贷交易，是一种将非常小额度的资金聚集起来借贷给有资金需求人群的一种金融模型。一般借助电商平台帮助借贷双方确立借贷关系。借款者可自行发布借款信息，实现自助式借款，包括金额、利息、还款方式和时间。

借出者根据借款人发布的信息，自行决定借出金额，实现自助式借贷。将通过自建或参股方式，打造农业垂直 P2P 平台，面向全网募集资金，并把募集到的资金直接借贷给入驻商户、上游厂商、下游经销商、终端养殖户及农民，乃至全国其他主要农业产区的优质商家及养殖户，以满足整个产业链上的企业及个体在养殖种植过程中的饲料采购需求，解决燃眉之急。一方面，P2P 等互联网金融回报率远高于银行储蓄利息，且面向全网可快速地吸引投资资金；另一方面，募集到的资金将以低于银行借贷门槛的要求，及时地借贷给有资金需求的企业及个体。经销商和养殖户通过在平台中贷款获得资金、经销商则从投资企业中获得饲料将其卖给养殖户，从而即可回笼资金，如图 2 - 2 所示。

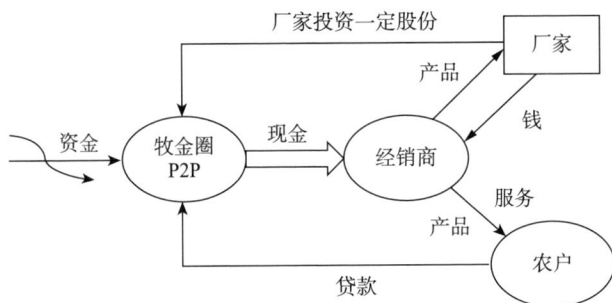

图 2 - 2　P2P 金融平台

模式二：成立小额贷公司，解决赊销和资金困境。银行贷款的门槛比较高，由于中小企业和小微企业一般没有符合银行贷款条件的抵押资产，因此贷款难度很大。小额贷款公司采取担保等形式，突破了这一机制瓶颈，缓解了养殖户没有抵押资产而难以获得银行贷款的窘境，满足了企业和养殖户在生产经营过程中临时周转的流动资金贷款需求。

模式三：协助商家和养殖户等开展众筹，既解决了发展资金问题，又解决了产品销路。众筹即大众筹资或群众筹资，最初是艰难奋斗的艺术家们为创作筹措资金的一个手段，具有低门槛、多样性、依靠大众力量、注重创意的特征，消除了从传统投资者和机构融资的许多障碍。众筹常通过网络平台来联结赞助者与提案者。2013 年全球总募集资金达 51 亿美元，2025 年总金额将突破 960 亿美元，众筹将更广泛地作为投融资选择，有效且高效地解决商户赊销困扰。将以自建或参股的方式，打造农业垂直众筹平台，从产业上下游精选优质项目，面向全网络募集资金。与 P2P 平台相比，众筹平台将从项目角度出发进行设计，让投资人选择自己有信心或感兴趣的项目，并对募集资金设置额度下限，只有当募集的资金达到或高于最低要求时，项目才能启动，否则项目不成立，所募集资金将打回出资人账户，通过群体筛选，只成就真正具有投资价值的项目。

模式四：构建供应链金融合作体系。协助供应链核心商户，构建供应链金融合作体系，通过捆绑供应链核心商户，对供应链上下游企业和商户进行集中授信，从而统筹安排上下游资金，合理分配各节点资金流动，实现整个供应链财务成本的最小化。主导方为饲料企业，参与方为农牧产业链上中下游参与者，共利共赢。方案价值是集中授信，集体受惠，轻松借贷。通过供应链金融向银行抵押自己的信用，将整个农业产业链捆绑在一起，由市场管理方或产业链里的核心企业，将自己信用抵押给银行，然后由银行向整条产业链进行集中授信。也就是说，整条产业链上的供应商、经销商和养殖户都能够更迅速、高效地向银行借贷，赊销问题都将得到解决。

转型三：公司化

饲料经销商要实现成功转型，首先从经营者自身的观念升级开始，克服小农意识、小富即安的惯性，着力培育以下八大思维：

（1）儒商思维：销量＝资金足＋圈子大＋商誉好。

（2）信息思维：移动互联网、工具化、生态圈、信息化、平台化。

（3）品牌思维：坚持主营、突出特色、系统推广、专业化。

（4）经营思维：长期经营规划、人才争夺、公司化运作、职业化心态。

（5）服务思维：方案营销、质量有限服务无限、长产业链、养殖户为王。

（6）规模思维：农业生产的焦点在成本，有规模才有位势。

（7）微利思维：三分毛利撑死，七分毛利饿死。

（8）资本思维：资本运作，杠杆撬动，资金周转率高。

经销商要进入公司化运作必须实现五大转变：从个人驱动转化为组织驱动；由以经验决策转向由科学经营决策；以经销商老板个人为中心转向以公司组织为中心；由以钓鱼式作战方式转向根据地作战；以个人管理转向以制度流程管理。系统构建如图2-3所示。

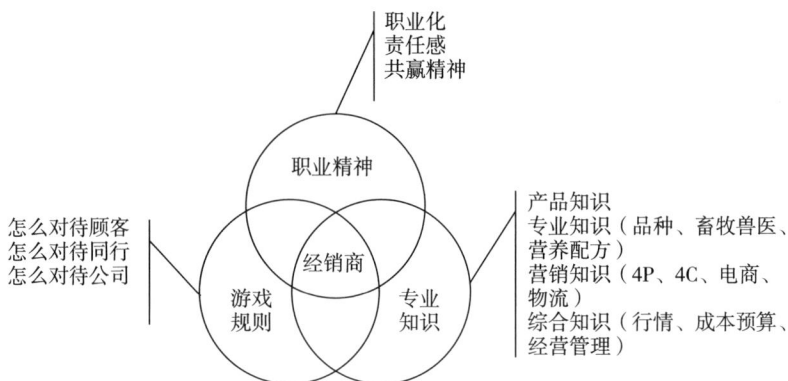

图2-3 新型职业经销商的知识结构

改变夫妻店经营模式、实行公司化操作。饲料企业协助核心经销商注册公司，组建功能齐全的部门，招聘专业化人员，发育市场、采购、销售、服务、物流、财务、人事和新媒体推广等相关职能。将事情做深做细，制定规范流程、强化管理、关注细节，从而使公司降低成本、提高效率、降低风险。经销商组织需要发育四种能力：经营人的能力，复制老板能力，建立系统管理制度和流程；经营大养殖场、大养殖企业的解决方案能力：信息化运营能力，优化库存、销售、服务和信息、财务等管理能力；经营政策资源能力，争取更多政策性支持。

经销商组织结构图设计如图2-4所示。

转型四：技术整合

饲料作为农业生产资料属性，注定对技术服务是刚性需要，技术对饲料的生产表现起到催化作用。由于养殖户自身的技术普遍缺乏，政府公共

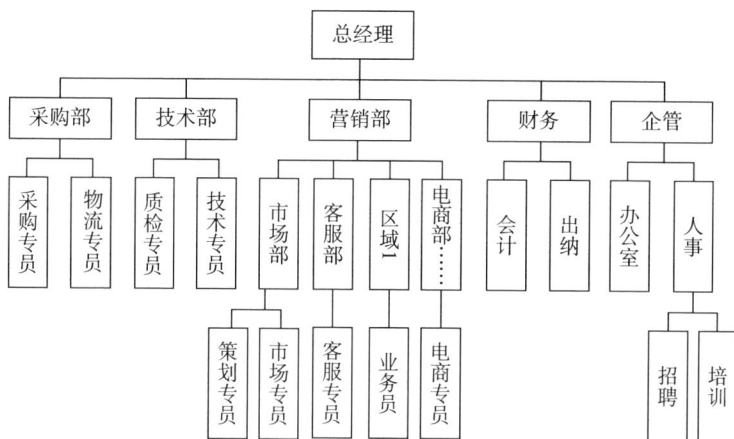

图 2-4　经销商组织结构图

服务功能也有限，社会化专业服务机构还未真正建立起来，农资厂家提供的售后服务杯水车薪。以前饲料企业的免费售后服务往往是治标不治本，出于成本考虑的非专业化的技术提供往往是形式大于内容。作为新兴饲料经销商一定要千方百计整合相关优质技术资源，为养殖户提供实质性的价值。树立良好的公共形象，获得养殖户认可和政府支持，建立有效的与养殖户沟通的桥梁，形成良好的客群关系，稳定经销商与养殖户的关系。猪场技术服务基本内容如下：

- 常规的饲养管理、操作技术流程的培养。
- 影响 PSY、LLY 的关键技术环节，处理潜在危机能力的培养。
- 替抗保健、有机育肥的观念和技术的培养。
- 主流猪病的发生、发展、演变规律，预防控制的思路和模式方案。
- 饲料特色产品、套餐功能及其应用技术的推广。
- 猪场的生物安全措施，养殖场区高效净化的新观念的推广。
- 猪病的临床诊断技术、解剖技术、"小挑花"等常规手术、采血及抗体检测技术、人工授精技术、产房接生技术、B超测孕技术。
- 新型粪便环保无害化处理，实现种养循环。

……

建立四级技术服务体系，公司技术专家负责对服务队伍的培训，处理科技服务队都无法处理的市场重大应急方案；饲料企业总部科技服务队负责对片区科技服务队员进行培训和考察，指导、管理和协调；经销商所在片区科技服务队负责举办流动课堂，直接管理驻地兽医，处理兽医无法处理的市场应急；驻地兽医负责市场应急的处理，协助举办流动课堂和市场开发。通过自身学习、聘请技术专家、借力厂家专家、外包给社会服务机构、置换技术资源等方式，需要建立技术专家档案，整合一批畜牧专家。技术提供模式如下：

（1）"一对众"模式。

经销商通过策划、组织或参与多种形式的大、中、小型会议，进行推广。包括招商会、产品推介会、技术推广会、规模猪场内部员工培训班……邀请相关专家讲座。

（2）"一对一"模式。

根据猪场的具体特点，技术老师、业务员单独或组团到养殖场上门服务，集中解决养殖场的重大问题，提供针对性的解决方案。

（3）"驻场"模式。

技术老师进驻到某猪场一个时期，具体、系统、全面的指导养殖技术，切实提高饲料报

酬，与养殖场建立深入的嵌入关系，建立示范场。

（4）"托管"模式。

针对规模猪场的全部生产指标或部分生产指标，或某个生产部门或环节，进行托管或协管，从而导入饲料和保健品，对某些生产指标负责，以结果换销量和利润。

（5）"特别邀约"模式。

针对个别中大规模养殖场的特别邀约，以及市场上产生的抱怨和投诉，经销商可以安排技术老师、业务员单独或组团进场赴约，进行诊断、解剖、采血检测、评估，具体问题具体分析，出具解决问题的《建议方案》。征得猪场认同后，协助或监督执行，以保障问题的解决和方案的效果，从而提高市场影响力和企业品牌形象。

转型五：打造品牌

某饲料经销商王老板，花 2000 元注册了商标"王氏"商标，又花费近 10 万元做墙面广告——"买饲料到王氏"，而且在其经销的饲料包装袋上贴有"买饲料，找王氏"的标签。5 年过去了，他的猪料销量占全县 50% 的份额，养殖户已经不管其经销哪家公司的产品，只认"王氏"这个品牌。

这个案例说明了渠道建设的价值，品牌分企业品牌和渠道品牌，经销商原来借助企业品牌，往往忽视自身渠道品牌的塑造。没有自主品牌的经销商对厂家永远存在很强的依赖性，一旦厂商矛盾难以调和，经销商相当被动。在实施公司化运作形势下，品牌打造是经销商转型升级的一个方向。经销商要做品牌需要与其所处发展阶段相适应。品牌打造不仅仅在于推广，还在于品牌的科学规划，定位明确，核心价值有主张，诉求简洁朗朗上口。进行店面生动化改造，突出专业独特形象，积极拥抱互联网，持续强化品牌形象。

他山之石——BB 铝材：经销商转型

引言

饲料行业经过 30 多年的发展，经销商老化现象严重，后劲不足。养殖场对饲料经销商提出了新的要求，从单纯的产品供应上升到养殖服务平台转型。饲料企业正在从追求经销商数量到追求质量转变。分销和直销存在冲突，饲料企业如何借力互联网＋，需要拿出过渡方案。

通过对 BB 铝材经销商经营现状诊断和梳理，制定了经销商调整和优化细则。结合商业模式制定具体、可操作的业务模式，实现厂商有效对接。全面推进 BB 铝材渠道升级，在模式、渠道、关系、管理、营销及团队上寻求突破。BB 铝材公司是中南地区最大的铝型材龙头企业，在经销商运作上有许多可圈可点之处，值得饲料企业学习和借鉴。

第一部分　案例背景

长沙 BB 铝材集团有限公司是从事铝锭、民用建筑铝型材和工业型材、配件生产、门窗幕墙工程设计制作安装的现代化企业集团，并致力新型高效建筑节能材料的生产与研发。它始建于 1993 年，投资总额达 4.5 亿元，目前拥有长沙、岳阳和上海三大生产基地，公司主要生产和检测设备均从德国、美国和日本引进，关键岗位生产技术人员到德国、意大利受过专业系统的培训，构建了国内一流的从铝棒熔铸、模具制造到型材挤压、表面处理的完整生产体系，并配套了先进的环保处理设施，公司年生产能力达 8 万吨。公司旗下拥有"BB 铝材""HH"两大品牌，主要产品包括铝型材系列（高分子电泳铝型材、隔热断桥铝型材、彩色静电喷涂铝型材、高档阳极氧化铝型材、氟碳喷涂铝型材、仿生木纹铝型材、幕墙型材、工业型材等）、门窗系列（普通铝合金门窗、中空节能门窗、隔热断桥节能门窗、坚铝防护门窗、家居系统门等）及优质建筑门窗幕墙配件。BB 铝材历经二十多年的发展，已经深深扎根于三湘大地，在品牌建设和市场份额上都取得了巨大的成就。

随着国家宏观政策的调整，房地产市场增速放缓，农村自建房萎缩，BB 铝材作为湖南市场上的型材领军品牌，也受到了外部环境的冲击，给 BB 铝材的进一步发展带来了一定的阻碍。

自建房受到管制，农村市场趋向萎缩。湖南省出台《关于规范和改进农村宅基地管理的若干意见》，明确要求农村村民一户只能拥有一处宅基地，鼓励各乡镇推进集镇建设与新农村建设，引导农民逐步向集镇及规划的居民点有序集中，相关政策的出台导致农村自建房萎缩，门窗的需求也跟着萎缩。

房地产增速放缓，工程市场攻坚困难。湖南省统计局数据显示，2014年 1 月至 8 月，全省商品房销售已经连续 6 个月下降，销售面积和销售额增速连续 6 个月在中部六省中位居末位。一方面，全省商品房销售不畅；另一方面，国家银根收紧，房企融资困难，在双重因素的挤压下，房企加强了成本控制，提高了型材供应商的垫资门槛。

竞争品牌强势崛起，消费者认知受冲击。以 × 铝为代表的全国品牌，以实现规模效应为导向，在行业竞争激烈压力下，加大了湖南市场的资源投入。

首先，进行渠道下沉，以县为单位进行招商布局。

其次，联合经销商抢占车站、高速路口等地进行广告宣传，大力支持经销商进行工程项目开发，并根据市场情况给予相应的资金支持，通过工程市场来带动流通市场的发展，不断冲击消费者对省内强势品牌的认知。成品门窗品牌崛起，冲击上游型材企业。传统型材品牌和渠道也在受到成品门窗及终端店的冲击，成品门窗更容易提供更好的品牌体验，从而占据消费者心智，实现品牌溢价，对现有型材品牌认知产生冲击。

最后，部分经销商因批发、裁零利润的下降，转而成立加工中心，进行成品门窗销售。建筑铝型材产业在需求升级及上游集中度提高挤压下，行业调整速度加快，行业集中度：CR6（华昌、兴发、凤铝、坚美、南山、伟业）＝7%。

第二部分　问题解读

自 2007 年开始，BB 铝材经过几年的快速发展，已成为湖南市场的领军品牌，但是随着公司的发展和业务的不断扩大，也存在一些问题制约着 BB 铝材的发展。

（1）居于关键环节的经销商在整条价值链上的价值急遽弱化。

早期经销商帮助 BB 铝材快速打开市场，但随着市场成熟及竞争激烈，经销商的分销作用弱化，主要承担了"订购"功能。区域渠道密集且杂，渠道主体功能定位不清晰，价值泛化。经销商以坐商为主，与分销商及加工终端关系松散，渠道管控偏弱。

首先，BB 铝材的渠道结构分为经销商、分销商、加工师傅三个层级，但是分销商和加工师傅有时候很难区分，而且对于同一个市场存在多个经销商，就会缺乏经营主体。

其次，厂家对经销商的管理主要是返利和促销，无论是公司，还是经销商对下线网络管理都偏弱，导致分销商、加工师傅采取多品牌经营，价格秩序较为混乱，掺假售假影响 BB 铝材公司的品牌声誉，而且经常截留部分利润和促销投入，导致终端竞争力降低。

BB 铝材通过前期大量传播投入建立了市场影响力，确立了自己在渠道中的优势地位，但控制力较弱，遇到冲击就容易"背叛"。通过大量广告及促销活动，大大提升了品牌在市场的知名度，反过来促使加工商及分销商代理或经销 BB 铝材产品，从而满足市场需求，但这种影响力主要来自市场的反向作用，BB 铝材缺少对渠道的主动关注和细化管理，如日常经营分析、支持等，渠道与厂家处于被动买卖关系，挂羊头卖狗肉现象大量存在。经销商是直接跟公司签合同，分销商跟经销商签合同。严格意义上来讲，经销商以县级为单位，每个县至少一个经销商，有多少乡镇就开发多少个分销商，但是随着利润下滑之后，冲突就比较明显。目前一年 60吨以上的经销商比较稳定，一年 20～30 吨的经销商就不太稳定。经销商赊账最高能达到 100 多万元，多的 200～300 万元。厂家、经销商、零售商和加工商的关系如图 2－5 所示。

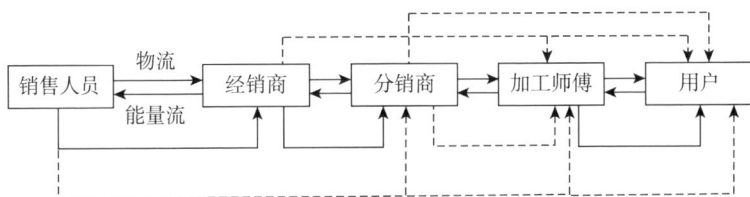

图 2－5　厂家、经销商、零售商和加工商的关系

（2）经销商老化现象普遍，发展后劲明显不足。

经销商与分销商数量不断增加，分销商逐步成长起来，冲突也在增加。渠道量在下降，工程量在上升，整个流通市场没以前那么乐观。BB铝材建立了庞大的渠道网络，实现了市场深耕，但不够精耕。BB 铝材虽然设立了经销商专业咨询委员会，能够定期沟通，但缺少信息的实施反馈，且与庞大的渠道网络相比，销售队伍偏少。经过 2007－2013 年的高速发展，大部分经销商具有严重的小富即安意识，主动开发乡镇级分销商的难度大且动力不足。店面展示、体验意识普遍低，一般店面只是材料展示，无成品专区，层次显得较低。经销商队伍的严重老化，大部分经销商的年龄在 45 岁以上，没有把生意做大做强的激情和动力，能守住或者少赚一点都能接受。经销商接班问题很棘手，老经销商对 BB 铝材的忠诚度还是很高的，但是年轻一代经销商忠诚度偏低。

（3）管控机制相对健全，但执行和协销亟待强化。

在经销商基本稳定的情况下，没有建立有效的分销商选择和评估体系，使得管理停留在经销商层面，渠道质量无法进一步提升。考核经销商以量为主，对经销商的培训和引导偏少，且考核淘汰机制没有严格执行。经销权继承、转让等管理弱化，有待改善。渠道主体信息及经营信息不健全，无法有效支撑管理决策。现有分级管理以量为主，对区域因素考核不完善。日常以政策沟通为主，库存、价格及活动执行状况沟通偏弱。面向经销商的培训机制有待进一步完善。厂家对经销商日常经营缺少有效的帮扶，业务员技能不足和意愿不高，在产品支持、开发协助、推广协助、分销管理、管理提升等方面不能提供针对性的帮扶。渠道政策以"量"为主，导致定性奖励措施欠缺，不利于市场培育。对经销商的窜货等市场违纪行为处罚执行不够严格。

（4）加工商环节是软肋，成为进一步提升的瓶颈。

加工商以利润为导向，对任何品牌的忠诚度都低，主动推广某个品牌的可能性微乎其微。公司、经销商和分销商对加工师傅的管理有心无力。很多加工商不仅仅做铝合金还做不锈钢。加工商实际上不属于公司，是社会公共资源。经销商和分销商有合同约定，加工商环节不存在任何契约关系，只是口头承诺。BB铝材通过快消品营销方式推进了品牌和渠道建设，但铝型材采购毕竟具有专业性，在消费者购买决策上，加工师傅具有较大的话语权。

铝型材产品是低关注度产品，属于一次性购买产品，很难重复购买，品牌选择由加工师傅在把控。BB铝材在传播及管理上对加工商的影响不足，加工师傅对BB铝材的认知主要来自于用户及加工过程中对BB铝材产品的认知。BB铝材通过促销等方式补贴门窗加工商之后，每平方米利润仍然低于低端品牌能够给加工商带来的利润。BB铝材建立了以"返利"为核心的强有力的渠道控制体系，但这种控制体系从设计本身就有利于经销商而不是分销商，尤其不利于加工商，而事实上加工商才是整个渠道的"脖子"。

（5）渠道冲突较大，经销商视工程业务为鸡肋。

渠道工程双模式只解决了局部问题，却容易造成较大的渠道冲突。

首先，由于渠道和工程采用价格双轨制，而且工程业务存在议价空间，必然会引起工程向渠道窜货的现象，以工程价对渠道价格体系有冲击。

其次，工程业务员和渠道业务员同时服务同一个经销商，不仅存在资源上的浪费，也容易导致利益上的冲突。

工程项目开发方式与流通渠道的分销方式不同，BB铝材如果要切入工程，需要根据自身资源和能力建立相应的业务模式。前两年亚洲在工程上对BB铝材冲击很大，主要策略就是垫资。原来做工程的还在做工程，原来不做工程的还是不做工程。业务员和经销商对工程业务普遍存在畏难情绪，视工程业务为鸡肋，60%～70%的经销商不主动做工程。工程价格比较低，有时候公司批的工程单有部分是冲向渠道，造成渠道业务员不满。

（6）区域、产品过于集中，市场风险大。

由于公司的产能跟不上，广告资源投放较为集中，省内外竞争环境的差异，导致了BB铝材的区域经营差异较大，并主要体现在三个方面：

首先，省内市场渠道已经下沉到县、乡镇，但是省外市场基本的渠道网络建立还不完善。

其次，BB铝材在省内已经成了家喻户晓的品牌，但是在省外很多客户都没有听说过。

最后，湘南湘北市场成熟度也不一样。省内市场占据销售收入绝大部分，区域收入来源过于集中，且面临强势品牌冲击。省外市场具有发展空间，但资源、市场与省内市场不同。省内市场主要集中于乡镇，城镇市场有待突破。经销商主要集中于分销市场，工程市场有待突破。

BB铝材旗下拥有"BB"和"HH"两个品牌，但两个品牌的业务定位和市场策略不够清晰，厂家与经销商之间也存在认知差异。BB铝材需要从商业模式及盈利角度进一步清晰流通渠道各子品牌及业务之间的关系，从而明晰发展路径。主营业务主要集中于型材业务，采用传统分销方式，而成品类业务主要采用连锁经营方式，销售及管控方式不同。型材业务渠道成员对公司的经营规划及其他业务不够了解，跟进积极性有限。前期过度关注基础业务，新兴业务的培育能力较弱。BB铝材虽然形成了型材、成品门窗和铝制家居的三层次业务架构，但在发展的过程中，由于过于关注型材业务，面对市场上成品门窗的崛起、渠道客户的流失，公司虽然进行了相关尝试，但是无论是防护系列、室内门，还是铝制家居都没有有效落地。

第三部分　解决方案

以实现"存量提质增效、增量转型升级"为基点，通过对BB铝材的营销环境分析和现有业务梳理，对现有的商业模式进行了再造。根据渠道调整和业务升级对企业资源及能力需求，调整和优化现有组织功能，提升现有营销团队能力，推进两大转变。厂商关系转变，推进交易型渠道向厂商一体化运作转变，打造厂商铁三角及工程项目铁三角，规范厂家与分销商、厂家与工程商、厂家与门窗厂等合作商之间关系，从抓结果向抓过程转变，实现业务的协同开发和协调成长；团队行为转变，强化团队建设，促使营销人员从过去跑市场转向做市场，规范业务员行为，提高业务开发指导。

（1）坚定不移地实施区域扩张战略。

在全国铝型材企业围攻湖南市场的时候，进攻是最好的防御。BB铝材由湖南本土区域性品牌向周边开发乃至拓展到全国。湖南市场建立销售网络壁垒，加强经销商的战略合作关系，使经销商转换成本增加。在进行全国市场扩展的情况下，不是简单的湖南模式复制，工程渠道和流通渠道同时进行，力求因地制宜。立足湖南市场，向周边市场推进。在发展顺序上，不要同时推进，应首先集中湖南市场，在深入推进潜力市场开发基础上，采用新产品带动品牌和市场升级，稳定渠道。在此基础上，再向省外市场推进，最终实现产品销售和区域拓展同增长，如图2-6所示。

（2）构建系统化的复合型渠道模式。

面对分销渠道日益下滑的局面，为了适应工程业务需求上涨的形式，以及互联网线上的阵地建立，需要建立复合式渠道体系。同时，为了对接用户对型材到成品需求的升级，公司以自建或加盟的形式发展一批连锁经营渠道。复合型渠道结构如图2-7所示。

分销业务：对于面对个人客户的型材零售业务，BB铝材可以通过产

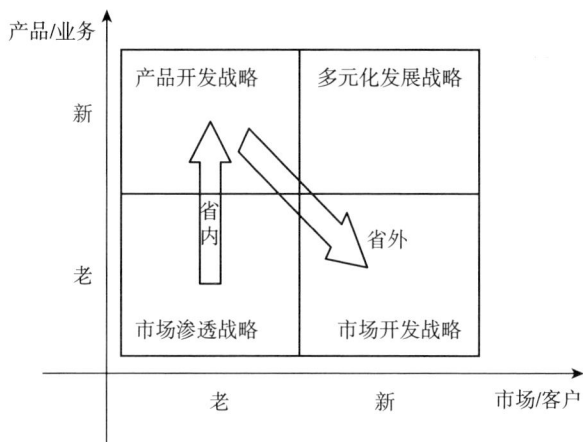

图 2 - 6　安索夫矩阵分析

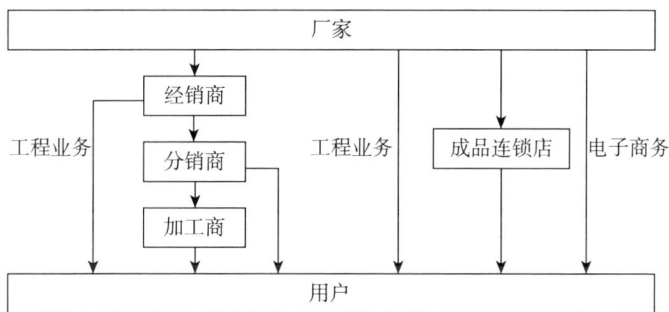

图 2 - 7　复合型渠道结构

品系列的科学规划，经销商的优化选择、市场的严格管控来建立高覆盖率及最大扁平化的分销渠道结构。

工程业务：对于工程业务，主要是大客户以项目方式采购，属于组织型营销，与传统渠道分销存在很大区别，含渠道直销和厂家直销，BB铝材应聚焦于中小型门窗厂，为门窗厂和地产商提供解决方案和优质服务。

连锁经营业务：成品门窗等家居建材成品则主要采用连锁经营方式，大大压缩了渠道层级，对厂家的供应链、市场及终端管理能力提出了更高要求。BB铝材的成品门窗业务采取连锁经营方式，不仅需要强化产品的定制化能力，还需要提高客户服务能力，增强客户的购物体验。

电子商务业务：互联网及移动互联网正在改变传统消费和销售方式，建材类垂直电子商务增加。随着建材家居企业纷纷触网，BB 铝材已通过天猫旗舰店进行电商试水。在未来，随着消费者购物习惯的转变，成品门窗业务的快速发展，电商将会成为 BB 铝材重要销售渠道之一。

（3）构建厂商铁三角渠道模式。

明确渠道各环节职能，构建以"厂家、经销商及加工商"为主体的厂商铁三角模式。在铁三角模型中，厂家作为产品供应商和品牌运营商，总体规划和指导整体市场运营；经销商负责区域市场的开发和管理，保证市场覆盖率及区域竞争力；终端负责用户的开发和服务，实现产品的最终转换，强化终端影响力。主要职责分工如表 2 - 1 所示。

表 2 - 1　厂家、经销商及加工商主要职责分工

组织	主要职能划分
BB 铝材集团	对市场整体的布局与营销策划的制定与指导实施 对经销商、分销商、加工商的经营进行指导和协助 帮助经销商组建业务团队，并对业务团队进行培训 协助经销商、分销商进行产品的销售 对市场窜货、乱价、违规、造假等市场行为进行有效管理 落实公司的市场推广方案与促销政策 对门窗加工厂或加工商提供产品加工的技术支持
经销商/分销商	负责产品的仓储与物流 积极的备货、订货并回款 进行区域市场分销网络的建设，以及市场开发与管理 维护区域市场的加工商的客情 对市场的信息进行收集并上报给公司
终端（加工商）	负责产品的终端销售与推荐 负责门窗产品的加工与安装等服务 负责产品的售后服务 负责对公司及产品向消费者进行宣传 收集一线消费者的信息，并提供给公司

升级厂家对经销商管理，输出 BB 铝材文化，培养经销商的忠诚度和经营管理能力；深化分销商管理，输出队伍，业务员下沉到市场前线，协

助经/分销商管理市场，提供业务员人员管理框架和相关培训；加强对加工师傅管理，输出人文关系，针对加工师傅加强群体性的关怀和沟通，提供更多盈利点。直接与用户互动，输出活动，根据总部的市场规划和总体方案，制定合适的市场活动。打造一条坚不可摧的"厂家 - 经销商 - 分销商 - 加工商 - 用户"的价值链。

（4）推进厂商一体化，构建新型厂商关系。

从产品、经营等多层面推进"厂商一体化"，构建新型厂商关系，精细化经销商管理，保证各项政策落地，提高厂家对市场的反应速度。一体化模型如图 2 - 8 所示。

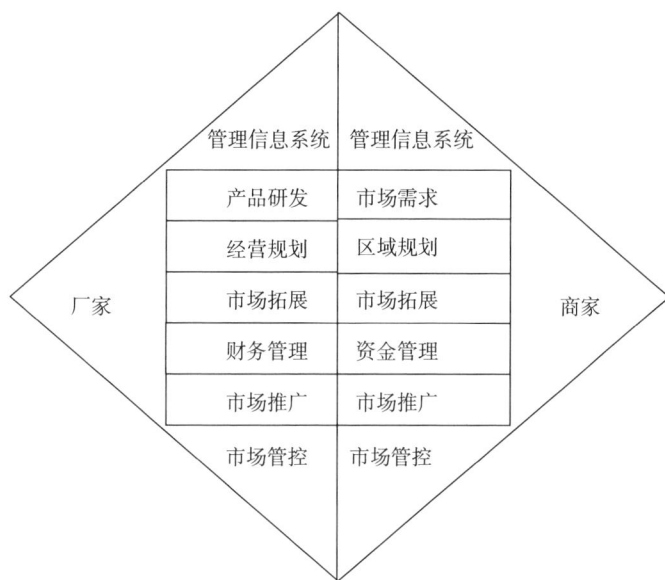

图 2 - 8   一体化模型

经营规划一体化：公司的经营规划一方面要听取经销商意见；另一方面要灌输到经销商层面，督导经销商按照经营规划制定区域经营计划，并将公司经营计划分解到经销商层面，加强引导。

产品标准一体化：加强产品研发能力，建立标准化、先进的、符合市场发展趋势的门窗系统，引领和满足经销商市场需求。

市场开拓一体化：督促经销商按照公司经营计划规划和开发市场，公司通过管理下沉、人员下沉，在日常经营管理方面给予经销商全方位的支持和引导。

财务管理一体化：一方面，加强经销商库存管理，协调公司生产、经销商库存及资金之间关系，挤占经销商资源；另一方面，在工程开发上，通过合理的资信体系整合资源给经销商更多的支持。

市场推广一体化：在保持统一额度及品牌规范要求下，根据区域特点"因地制宜"，满足经销商的个性化需求，同时监督和协助经销商将促销、品牌宣传等活动按照要求落到实处。

市场管控一体化：经销商要严格按照规定区域、既定价格进行产品销售，遵守市场秩序，同时要参照厂家管理方式推进区域市场内分销商及加工商的有序化管理。

信息管理一体化：以电子商务为出发点建立贯穿厂家、经销商及终端的信息系统，形成包括需求反馈、渠道库存、促销落实、客户资源等信息的沟通平台，高效沟通、把控市场和渠道运行。

（5）明确厂商职责分工，形成协同补位效应。

推进经销商按照公司化的规划逐步从粗放式经营向规范化运作推进，明确厂家及经销商在渠道功能各个环节的职责分工，如表2-2所示。

表2-2 厂商职责分工

渠道功能	BB 铝材	经销商	说　明
经营规划	90%	10%	公司根据经营计划指导经销商制定区域经营计划，包括经营产品、销售目标及计划、市场布局及开发计划等，协调厂家策略与经销商落地
产品标准	80%	20%	厂家负责标准化产品及门窗系统开发，占公司销量的绝大部分；经销商可以根据本区域或项目需求进行个性化产品开发，但要严格控制
市场开拓	30%	70%	经销商负责区域市场开发和管理工作具体实施，并承担相应费用，是市场经营主体。但是随着管理下沉，厂家将加强对经销商市场开拓工作督导及协助
财务管理	40%	60%	经销商承担对分销商及加工师傅的库存及经营融资管理，公司则负责经销库存管理并协助做好下游库存管理，并根据资信及需求给予信用支持

渠道功能	BB 铝材	经销商	说　明
市场推广	70%	30%	鉴于市场推广的重要性及复杂性，尤其是部分区域存在 2～3 个经销商，公司应强化自身的市场推广作用，建立统一标准及形式并协助实施
市场管控	80%	20%	随着管理下沉，公司要加强对窜货、乱价等行为监管，并做好终端形象及服务的指导和改善；经销商在自觉遵守基础上做好协助
信息管理	30%	70%	经销商负责区域市场及用户信息搜集，将相关信息反馈公司，并针对分销商、加工师傅建立完整的档案库；公司则负责信息处理及系统维护

（6）实施经销商精细化管理。

近年来宏观环境的恶化和市场竞争的加剧，使得 BB 铝材的渠道资源面临巨大的威胁。根据公司渠道精耕规划，需要对经销商实行精细化的管理，从而有效地掌控渠道、落实战略。对经销商，按照分级分类，如表 2－3 所示。

表 2－3　经销商分级分类

类别	数量占比	销量占比	说　明
战略型	前 10 名	30%	纳入公司专家委员会甚至决策层，参与公司的决策
核心型	剩余 20%	40%	各方面发展均衡，重点引导管理升级就忠诚度进一步提升
重点型	剩余 70%	27%～30%	加强协助，甚至驻点，强化经营
问题型	剩余 10%	1%～3%	根据发展时间给予关注，量小且无配合意愿的则淘汰或发展新的经销商

采取"引进一批、培养一批、维护一批、调整或淘汰一批"的方针，提升渠道成员质量和渠道效能，如表 2－4 所示。

表 2－4　管理方针

管理方针	主要针对区域	具体策略
引进一批	核心型/重点型	需要引进新的经销商，不断开拓新市场
培养一批	重点型	在销售量不大的成长区，通过政策倾斜，提升现有经销商的实力和水平，实现经销商的快速发展

续表

管理方针	主要针对区域	具体策略
维护一批	战略型/核心型	维持现有的经销商的销量，有效阻击竞争对手，获得市场份额
调整或淘汰一批	问题型	对应那些三心二意、无法提升的经销商，不能让市场烂在经销商手里，要通过不断地调整或淘汰，更换成有能力、有意愿的经销商

专营客户和混营客户实行区别对待策略如表 2 - 5 所示。

表 2 - 5　专营客户和混营客户实行区别对待策略

客户类型	标准	管理策略
专营客户	只经营 BB 铝材·HH 品牌铝型材，不经营其他任何建筑型材产品（包含其他品牌铝型材、塑钢、锌钢等）的客户	在返利政策与营销政策上给予倾斜，扶持经销商做大做强
混营客户	在经营 BB 铝材·HH 品牌铝型材期间，同时经营其他建筑型材产品（包含其他品牌铝型材、塑钢、锌钢等）	不断提高 BB 铝材在混营客户销售的占比，监控混营客户挂羊头卖狗肉的情况

BB 铝材经销商经过多年发展，从经销商的经营状况看，可以分为四类：多元化经营、坚守创新、固守老本、徘徊。分类及对策如表 2 - 6 所示。

表 2 - 6　经销商分类及对策

客户类型	标　准	策　略
多元化经营型	利用资金实力进入其他行业，如地产、小额信贷、酒店餐饮等	经销商多元化必须警惕，强化经销商的业务管理，积极推荐公司的新业务和政策，增加经销商的经营业务和增加经销商的库存，向经销商压货
坚守创新型	坚守型材业务，从深加工和区域深耕着手：一类经销商成立门窗厂或公司；另一类加强区域经营，在区域内组织的促销活动等	对于经销商进入门窗加工行业的经销商，公司应加快成品门窗业务的推出，让经销商一直与 BB 铝材合作；对于加强区域经营的经销商，公司帮助其出谋划策，共同做好市场

续表

客户类型	标　　准	策　　略
固守老本型	坐守已经形成的网络，得过且过，把BB铝材当作是养老品牌来经营	激发经销商的创业激情，发展经销商的子女替代原有的经销商来经营；积极地在区域内寻找潜在的经销商，一旦有合适的经销商，可以另外开拓经销商，刺激原有的经销商继续经营或者把他淘汰出局
徘徊型	在市场竞争激烈的环境下，既想转型又害怕风险，处于矛盾中，犹豫不定	引导经销商绩效跟着公司的战略前进，可通过优秀的经销商、经销商实战经验交流，以及公司蓝图的描绘，坚定经销商的信心

（7）强化终端管理，打造终端销售竞争力。

强化经销商、分销商及加工商的终端形象管理，推进终端标准化、生动化建设。建立门头、形象墙、门店的整体形象规范，通过对门店进行功能分区，对经销商现有的"前店后厂"的门店进行调整，保证良好的产品陈列和构建一个舒适的购物环境，提升品牌终端识别及形象。加强终端导购员的销售技能培养，从客户接待、产品推介、促进成交、销售话术等多个角度引导终端销售行为，从客户的着装打扮、仪态谈吐来识别客户的类型，并就常见的客户类型进行分析，提升导购员的业务技能的同时，提高用户的购物体验，进而提升意向客户的转化率。

从客户成交到上门测量、从裁零到上门安装、从收款到客户回访，形成标准化的操作流程。一方面，减少操作过程的中的怠工误工现象；另一方面，提高客户的满意度，增加客户转介绍的可能性。主动开展营销活动，主要分为两个方面：

一是门店内的促销活动。

二是门店周边的促销活动，包括但不限于小区推广、家装课堂、样板间打造、小区团购、异业联盟、大篷车推广、集镇推广等，在最接近客户的地方抢占市场高地，拉动门店的销售。

终端管理四个方面如图2-9所示。

终端形象管理： 包括终端品牌形象、产品陈列及环境规范管理，提升品牌终端识别及形象	终端导购管理： 从客户接待、推销技巧及话术角度引导终端销售行为，提高客户的终端体验
终端活动管理： 主动开展营销活动，针对周边客户开展促销活动，包括家装课堂、促销摆展等	终端服务管理： 从成交、测量、裁零到安装形成标准化的流程，提高服务体验

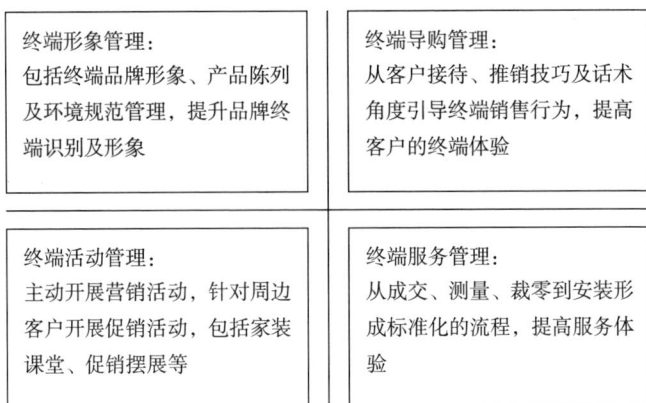

图 2-9　终端管理四个方面

第四部分　推进实施

第一步：营销组织调整。

将形成两个以产品管理为主的"常规业务部和新兴业务部"，一个以品牌规划和建设为主的"品牌门店部"，一个以营销统计及市场监管等事务性工作为主的"综合管理部"，三个以区域经营为主的营销大区。营销组织结构图如图 2-10 所示。

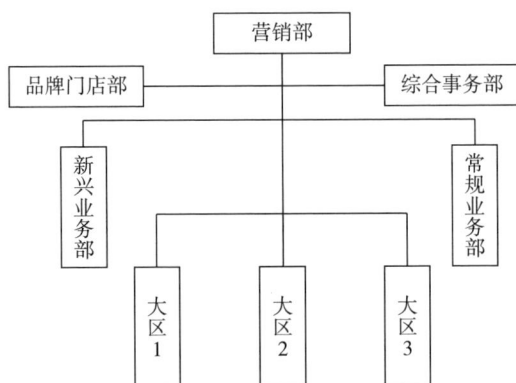

図 2-10　总营销部组织架构图

第二步：对区域进行地毯式排查。

计划用一个月时间进行竞争环境分析，竞品定位目标人群；不同竞品的销售模式的差异性；各类竞品的政策特征；竞品主打品类的销量及消费者反馈。测算区域市场容量，根据已建成楼盘、在建楼盘户数及阳台封闭数量；房基地数量及准备开建数量。对区域内消费者进行分析，明确消费者消费水平及偏好，使得营销策略匹配，将品牌定位和品牌价值与区域市场定位匹配；将产品与目标人群匹配；将区域市场地位与产品的销售价格匹配；区域市场定位与渠道规划及策略匹配，针对区域市场建立作战地图，建立根据地市场。

第三步：与目标经销商洽谈。

计划花两周时间与经销商沟通，确定待合作对象，并与对方沟通；确定重点分销商，与对方确定关系，如表2-7所示。

表2-7　经销商分类

一级维度	二级维度	权重	A	B	C
经营实力	年销售量	10			
	经营时间	10			
	合作意愿	10			
	资源配置	10			
分销网络	覆盖区域范围	10			
	加工师傅数量	10			
	网络分销量	10			
店面位置	店面位置	10			
	区域辐射	10			
	区域竞争评估	10			
总分					

第四步：完成终端布局和标准化。

花四个月时间，按照终端建设标准及终端陈列要求对选定目标对象进行建设，完成终端及分销布局。终端类型如图2-11所示。

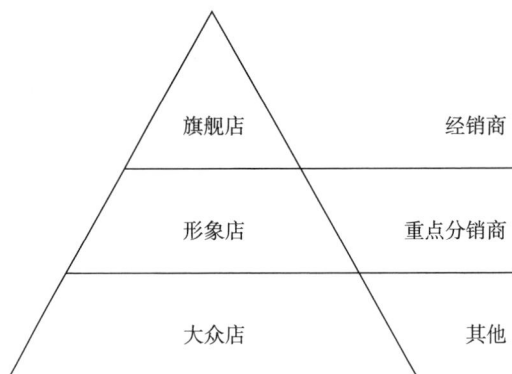

图 2-11 终端类型

经销商主要负责旗舰店的建设，优先设置旗舰店，以服务中高端客户为主，覆盖整个市区；在前期排查基础上，重点分销商负责形象店的建设，覆盖某一个区域，以中端客户为主；大众店则属于自然加盟的店，与大众店进行沟通，就量达成共识，主要提供门头，在优惠政策享受上少于重点分销商。终端类型以旗舰店和形象店为主，突出情景式，展示品牌并提升客户体验。产品组合及陈列要根据所覆盖区域范围选择，并在产品陈列方面根据使用方式设置，展示内容包括产品、料头、荣誉证书、视频播放、操作流程等。体验内容包括视觉、触觉、嗅觉和听觉等直观的体验和全面化、立体化情感体验。

第五步：构建管理平台，精准运营。

在完成终端布局基础上，推进管理下沉，按照精细化管理要求，以经销商为核心，依照现代公司运作模式构建相对规范的管理平台。为经销商提供人员培训和管理的指导，甚至人员招聘，包括市场调研与分析、二级网点开发、促销活动组织的等。依照公司经营规划，参照市场经营状况和竞争态势帮助经销商进行区域市场经营规划，确定业务发展方向及增长来源。为经销商制定其业务员的月、周、日计划，搭建销售滚动循环管理体系。将计划按区域、按路线分配，落实到人，并进行跟踪管控。协助经销商开发二级网点，协助经销商对二级网点进行科学布局，定期对区域网络进行拜访，了解市场情况，维持市场秩序。制定"一张地图、三张表、六定",如表2-8所示。

表2-8　一张地图、三张表、六定

目　　录		说　　明
一张地图		以"作战地图"为工作基础,并不断完善
三张表	《区域经理走访计划表》	每次下市场时,制定走访计划表,明确拜访目的,并制定拜访计划,按照计划保证拜访工作的效率
	《周工作计划与总结表》	对每周工作进行总结,并制定下周工作计划
	《门店现场管理检视表》	在市场走访过程中对门店终端进行检视,实现规范常态化,维持终端形象
六定	定区域	划分市场确定营销区域,并对营销区域进行布局
	定任务	确定每个营销区域及局部区域的任务量,作为管理的基础
	定人员	确定每个区域的营销人员
	定路线	确定每次拜访的路线
	定内容	确定拜访的目的及内容
	定时间	根据拜访路线确定每个区域市场及经分销商的拜访时间,并事先沟通

第三章

饲料营销团队打造

背景分析

据了解，大北农经过两年的努力，2018 年公司转型初见成效，公司业务员从高峰期的 2014 年近 16318 人大幅缩减至 2017 年年底的 8365 人。销售人均效率提升，目前全公司人均销量可达 530.7 吨/人。预计当前饲料业务员进一步下降至 7000 多人，这也意味着大北农将会裁掉 9000 名销售人员。

与此相反，海大集团还在扩充销售团队。2018 年 3 月 8 日，海大集团在奥威斯国际会议中心进行了半天报告议程，并举行了春雷行动宣誓仪式。至此，为期四天的海大集团 2018 年服务营销大会胜利落下帷幕。海大集团高举服务营销大旗，进攻的号角将在大江南北更加嘹亮。13000 余名海大人定将众志成城，朝向 900 万吨的宏伟目标阔步前行。这"一增一减"说明了营销团队在不同企业中的侧重点。

营销队伍是企业实现经营目标的最终承载者，是连接企业策略、设想与目标的特殊群体。饲料行业所面临的激烈残酷的市场竞争环境，以及企业自身谋求发展的内在要求，都迫使饲料企业必须竭力做好营销人员的建设和运营工作。

饲料行业的营销人员除拥有其他行业营销人员的共性特征，如素质高、个性强、独立自主、吃苦耐劳等精神之外，还有本行业所独有特点：

（1）年轻化。

相对于其他行业而言，饲料行业的营销人员大多为85后、90后，且多为出自农村较贫穷地区的未婚男性。一方面，由于饲料行业属于基础性产业，门槛低、利润薄、相对待遇低，营销人员在获取第一桶金，解决自身基本生存需要后，一般选择到其他行业发展或自行创业，导致行业内有经验、上年纪的营销人员较少，企业不得已再由更年轻的人员顶替；另一方面，由于区域企业规模小且数量多，竞争激烈，劳动强度大，在外的营销人员对家庭及家庭成员难以照顾，加之激励力度相对其他行业偏低，使得很多已婚且有后代的营销人员纷纷选择"上岸"，加剧了饲料行业营销人员的年轻化的速度和程度。

（2）专业化。

饲料行业是与动物打交道的行业，我国畜牧业的科技水平和养殖技术比发达国家落后，特别是以农户散养为主的时代，饲养技术亟待提高。饲料行业竞争激烈，服务营销、产业链营销等大行其道，营销人员需要专业的动物知识和技术以提高农民养殖水平。因此，饲料行业的营销人员大多具备较强的专业技能，农业大学科班出身的很多，如畜牧、畜医、动物营养等专业毕业生。

（3）短期化。

畜牧业属第一产业，相对其他产业层次较为基础，与之配套的饲料工业在人们心目中的印象也较低级，而且行业平均利润低、待遇低、吸引力不够。对于在行业经营数年，事业已有所成的营销人员而言，外面的世界很精彩，基本上由饲料行业转向其他行业的较多，而由其他行业转入饲料行业的较少。

问题表现

作为饲料营销管理者，你是否为营销团队没有凝聚力而困扰；你是否为营销团队没有感恩你的付出而难过；你是否为营销团队没有执行力、战斗力而无可奈何；你是否为营销团队没有有效的沟通而造成的管理成本浪费而痛苦。概括起来，营销团队问题有如下 3 大类：

（1）团队凝聚力方面：

1）有些本身不热爱农业的人被招聘到饲料企业，貌合神离，误人误己；

2）有些不适合做营销的人员被企业招聘进来，力不从心，伤人伤己；

3）个人主义盛行，集体荣誉感不强，80 后、90 后没有生存压力，说离职就离职，责任意识薄弱；

4）天天跑农村和养殖场，工作环境恶劣，社会地位感认知较低；

5）老营销人员成为"油条"，对团队规章制度存在抵触情绪，混日子的大有人在；

6）80 后、90 后营销人员的价值观发生了改变，按照原来的管理方式往往南辕北辙；

7）没有形成团队凝聚力的文化氛围，知识不能共享，经验无法放大，人才成长慢；

……

（2）团队战斗力方面：

1）互联网背景下，营销人员帮助经销商转型的知识技能不足，眼睁睁地看着经销商没落；

2）开发猪场大客户的技能欠缺，对于日益集中化的养殖结构相当焦虑、恐惧和迷茫；

3）对互联网＋知之甚少，不能熟练运用新媒体传播品牌价值，对商业模式的变革存在抵触情绪；

4）基本的商务礼仪欠缺，职业化程度不高，与客户信任度的建立是其软肋；

5）结果导向意识不够，时间管理低效，出勤不出工，出工不出力，出力不出活，出活不出绩；

6）对公司、产品或自己的信心不足，埋怨公司产品价格高，刚刚踏入饲料行列的营销人员尤为突出；

7）抗压力能力差，心理素质脆弱，遇到拒绝就打退堂鼓，不能正确对待客户的异议；

8）公司的培训体系不健全，不接地气，不常态化，甚至担心人才流失干脆就没有培训计划；

......

（3）团队驱动力方面：

1）销量配额是从上往下压，造成营销人员对任务指标持怀疑态度，失去了激励效果；

2）绩效工资金额占比少，无法约束营销人员的负面行为，营销过程管理难以落地；

3）考核过程无跟踪记录，考核后无绩效面谈，企业不能为营销人员的自我认知提供反馈意见；

4）考核过程缺少数据支撑，考核流程不透明，考核结果没有说服力，营销人员感知不公平；

5）仅将销售额作为考核营销人员的唯一指标，而其他考核指标如团队配合、客户服务、员工成长、市场占有率等定性指标没有囊括进去，造成营销人员的短期行为明显；

6）基本工资与冰点任务挂钩，当销售任务完不成时扣除基本工资最多达30%，造成入不敷出，彻底失去生存条件；

7）区域市场与人员调整频繁，刚刚做起来市场又要调离，造成营销人员不愿全力投入，往往饮鸩止渴、竭泽而渔；

8）饲料属于充分竞争行业，平均利润低，营销人员整体薪酬水平偏低，满意度不高；

9）职务晋升凭上司感觉，有的公司虽然有竞聘机制，但形式大于内容，暗箱操作；

10）长期激励机制几乎没有，导致营销人员忠诚度普遍偏低，劳资双方没有信任感；

......

解决方案

在 2018 年 2 月 23 日新春升旗仪式上，唐人神集团执行总裁提出了三大核心工作任务，其中重点强调要全力推进以"球队文化"为导向的团队竞争力的打造，引起了广泛的共鸣与反响。但这与当前多数企业主推的狼性文化、军队文化、家庭文化有什么不同呢？

一是"残酷"的人才选拔机制。球赛是竞技比赛，任何失误都可能被淘汰出局，因此并不是所有的球员都有上场机会，教练会关注每一位队员的状态并随时做出替换与调整。

二是"诱惑"的收入分配原则。一支优秀的球队肯定有一两个伟大的球星，球星与普通球员的薪水有着天壤之别。

三是"补位"的协同平台。球队必须有前锋、中锋和后卫的明确分工，最伟大的球员也不可能一人踢完全场，球队成员只有通过主动补位、相互配合才能创造进球的机会。

结合唐人神倡导的球队文化，这里拟提出打造营销团队的"金三角"模型。第一个角是"凝聚力"，其本质是"要不要做"，解决的是心态问题；第二个角是"战斗力"，其本质是"能不能做"，解决的是技能问题；第三个角是"驱动力"，其本质是"想不想做"，解决的是动力问题。只有把三个方面的工作做到位，三角形的稳定性才能体现出来，如图 3－1所示。

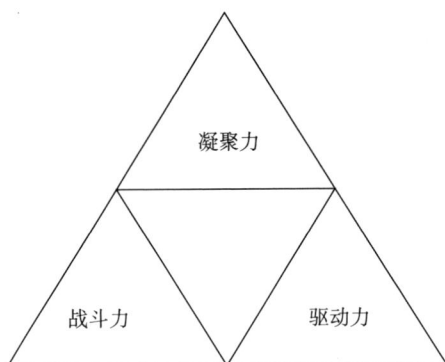

图 3 - 1　"金三角"模型

形成强大的内在凝聚力

团队凝聚力是维持团队存在的必要条件，如果一个团队丧失凝聚力，团队就像一盘散沙，这个团队就难以维持下去，并呈现出低效状态。而团队凝聚力较强的团队，其成员工作热情高，做事认真，并不断地创新。因此，团队凝聚力是实现团队目标的重要条件。要加强老龄化背景下的营销人员凝聚力，需要注意以下几个关键点：

（1）重新审视新一代饲料营销人员的需求。

当前，80 后、90 后是企业的主力军，也是营销战线的主力军，深刻理解他们的需求对打造卓越营销团队至关重要，分析如表 3 - 1 所示。

表 3 - 1　审视新一代饲料营销人员的需求

区别	60 后、70 后	80 后、90 后
认知特征	务实、安逸、学习接受新事物较慢、专业半路出家，有一定的等级观念	聪明、反应敏捷、学习能力强，有一技之长 追求平等、不惧权威，有强烈的反叛意识
情感特征	精神上要求不是很高，侧重追求物质上的富足，重视团队合作，尊重上级、重感情	物质富足，快乐匮乏；以自我为中心，有个人创意，缺团体创新。忽视他人感受，上级长辈意识平淡
意志特征	抗压能力强，承受家庭压力，吃苦耐劳，安逸平稳为首选	忍耐力及抗压能力较差，情绪起伏大，吃不了苦；我行我素，依赖性强
成长环境	出生在经济短缺时代，变革时代；80%以上的饲料营销人员干过农活	享受改革成果，50%以上饲料营销人员没做过农活

如果要问国内哪家公司对 80 后、90 后理解最到位，当属深圳腾讯。据统计，腾讯员工的平均年龄为 26.3 岁，是典型的 80 后、90 后群体。从位于深圳滨海的全球新总部大厦正式亮相可见一斑。这座大厦采用物联网和人工智能技术，是集数字化、智能化于一体的智慧大厦。有很多种雅座可选的浪漫食堂，可以晒着太阳吃牛扒，也能在花架下搞个订婚小仪式。"工作使我快乐"的办公区考虑到气候条件，如太阳和风的模型、自然和大海的视野，大楼自然采光和通风好。整理出了一套"办公空间规划标准"，包括员工办公桌尺寸、会议室大小、通道的尺寸大小等细节，可以随意调节高度、方便站立办公的小桌，还有形态各异的会议室，可以躺在楼梯上的工作休闲区。有一口气爬三层楼的室内攀岩墙，还有一条 300 米长的室内环形跑道贯穿两栋塔楼，跑步机、动感单车、羽毛球、桌球、乒乓球、篮球场一应俱全。不用刷卡直接"刷脸"即可进入。在大厦内部走动时，室内精准定位技术可以准确到 1 米内。下班后，打通 QQ 账号的智能寻车导航系统，帮助员工顺利快速地开车回家。

深圳腾讯非常重视新一代饲料营销人员的需求，用实际行动全面满足他们的需求，激发他们的创造力，给他们张扬个性的机会。对 80 后、90 后做 3 个层次的理解：

第一层次是背景、经历、知识、经验、特长、工作能力、兴趣爱好及性格特征等的理解。

第二层次是心理、行为的理解。

第三层次是知人善用，发挥最大潜力的理解。

坚持公开表扬、私下批评、及时反馈、公平公正的原则。创造足够的发挥空间，给予试错的机会，少一些限制和约束。特别要加强逆商锻炼，弥补心理素质脆弱的一面，加强抗压力和忍耐力培养，克服一夜暴富的心理。

（2）凝聚力不是教育出来的，而是营造出来的。

第一，靠值得大家奋斗的目标形成凝聚力。让营销人员的个人目标在企业战略框架内得以实现，根据公式：动力 = 效价 × 概率，注意设置的目标有实现的可能性，而且实现后的价值有足够吸引力。

第二，靠核心领导人的影响力形成凝聚力。打造领导人核心职能，围绕核心形成强大向心力。树立营销系统先进标兵，让全体营销将士有看齐的对象，人人向优秀标兵靠拢。

第三，靠友情、快乐、痛苦的情感形成凝聚力。搭建沟通渠道，让大家情感有归属、身心被关怀、成就被认可、生活有安全感。包括但不限于员工面谈、员工大会、座谈会、旅游踏青活动、娱乐活动、主管信箱、员工生日Party、举办迎新会、早会表扬、每日开心一刻、请优秀员工父母考察公司、带薪休假、总经理午餐、领导家宴、送书籍、送生日贺卡和蛋糕等。

第四，靠卓越、规范管理制度形成凝聚力。制定规划的营销管理制度和流程，做到有法可依、有法必依、违法必究、执法必严。从依靠人治向法治转变，凡事讲规矩，客观公正，奖惩分明。

第五，靠具有强大感召力团队文化形成凝聚力。认同团队价值观，共同构建精神家园。各区域市场形成各具特色的亚文化，以文化软管理弥补制度管理的刚性。包括集训轮训、拓展运动、满周年送纪念品、团队学习班、旅游。

第六，靠引以为荣的团队荣誉形成凝聚力。个人和团队的荣誉感对营销人员也有很大的激励作用。包括每月评选销售明星，并把个人照片放到公司报纸头版头条、前3名在月度营销会议上做典型发言、用优秀员工的名字命名一项奖励计划、把优秀员工的名字写到公司计划报告里、请上级的上级领导接见优秀营销人员、采纳优秀营销员工提出的建议、戴上"优秀员工"或"最佳员工"的胸卡、把客户写的表扬营销人员的信或锦旗陈列在宣传栏内。

营销团队凝聚力调查问卷

你好！

欢迎参加"营销团队凝聚力"的调查工作！此次调查旨在对营销团队凝聚力的调查，做出对企业团队建设有益的相关改进。希望你能抽出一点时间积极配合我们的工作。

说明：本次调查采用匿名形式，我们将严格保密你的信息，你可以放心作答。

1. 你的性别：

A 男　　　　　B 女

2. 你的年龄段：

A 21～25 岁　　　B 26～30 岁　　　C 31～40 岁　　　D 41～50 岁

3. 你目前所在的岗位：

A 营销　　　　　B 财务　　　　　C 人力资源管理　　D 生产

E 研发

4. 你的行政级别是：

A 基层人员　　　B 中层人员　　　C 高层人员

5. 你所在的团队属于以下哪一种？（多选题）

A 平行团队　　　B 工作团队　　　C 项目团队　　　　D 高管团队

6. 你觉得在团队互动过程中，最重要的因素有哪些？（最多选 3 项）

A 知识共享　　　B 领导　　　　　C 沟通　　　　　D 凝聚力

E 合作　　　　　F 信任　　　　　G 决策承诺　　　H 冲突

7. 你看重团队的哪些方面？（最多选 3 项）

A 工作氛围　　　B 人际关系　　　C 公平　　　　　D 兑现承诺

E 展示实力

8. 在你的团队中有哪些沟通方式？（最多选 3 项）

A 面对面　　　　B 电话　　　　　C 会议　　　　　D 公司出版物

E 告示板　　　　F 电子邮件　　　G 正式演讲

9. 在你的团队中，你觉得团队领导的角色是什么？（最多选 3 项）

A 冲突管理者　　B 对外联络官　　C 困难处理专家　D 教练

10. 你觉得什么样的领导风格最有效？（最多选 3 项）

A 支持型　　　　B 指导型　　　　C 参与型　　　　D 授权型

一、团队工作运行情况

A 完全不同意　　B 不同意　　　　C 较不同意　　　D 不确定

E 较同意　　　　F 同意　　　　　G 完全同意

团队领导注重工作和任务的结果：

1）团队领导会设定团队的目标并指明前进的方向；

2）团队领导注重创造条件，让我们发挥自己的特长；

3）团队成员互相共享信息以确保任务的完成；

4）当某位成员忙的时候，其他成员经常自愿帮忙处理；

5）团队成员能自觉相互帮助在时间要求内完成工作；

6）团队成员在工作中遇到困难时，能得到他人的帮助；

7）大家将团队工作目标当作自己的工作目标；

8）团队成员为了完成任务经常进行沟通与协作。

二、团队生活运行情况

A 完全不同意　　　B 不同意　　　　　C 较不同意　　　　D 不确定

E 较同意　　　　　F 同意　　　　　　G 完全同意

1）团队气氛和谐，团队成员彼此信赖；

2）团队成员间相处得很愉快；

3）团队经常组织各项活动；

4）团队成员在沟通时能保持相互尊重而有效的气氛；

5）团队成员间会有激动愤怒的情绪；

6）团队成员间会因意见不同而产生不愉快的感觉；

7）团队成员间会相互猜忌与竞争；

8）团队领导会帮助我们解决生活和家庭方面的难题。

三、团队绩效情况

A 完全不同意　　　B 不同意　　　　　C 较不同意　　　　D 不确定

E 较同意　　　　　F 同意　　　　　　G 完全同意

1）团队成员能够准确完成自己的工作目标；

2）团队工作很有效率；

3）团队经常能够迅速做出决策；

4）团队决策很少出现失误；

5）团队成员对团队的工作绩效比较满意；

6）团队成员为能在这个团队中工作感到很自豪；

7）客户对团队的工作成果很满意。

全面提升战斗力

现代社会是团队力量竞争的社会，而现代企业之间的竞争，归根结底是人才之间的竞争，更是团队之间的竞争。唯有借助团队才可增大个人的无形资产，借助团队使竞争发生质的升华；唯团队力量大于单个人力量之总和。建设一支富有战斗力的营销团队，培训是提升战斗力的主要手段，培训关键在实战性、系统性、常态化。

（1）培训前进行需求诊断。

培训前，通过电话、邮件、网络、问卷等形式，对企业概况及学员需求做一个深入调研，以确保课程内容符合企业实际情况，更具针对性。依据确定的授课内容，调研学员听课前对培训内容的认知程度，以确保培训老师了解学员状态，把控好课程的深度，并为后续效果评估奠定础。

（2）以咨询的视角设计课程。

为保证效果、增加授课的趣味性、互动性、参与性，采用团队竞赛的培训方式。团队分组，确定每队的队长、队名、口号。宣布课程进行中的团队比赛规则，以 PK 形式增强竞争性。根据饲料营销特点，制定"311"课程体系（3 指凝聚力、战斗力、驱动力，11 指十一门课程），如表 3 - 2 所示。

表 3 - 2　"311"课程体系

对象	维度	课程名称		关键词
营销人员	凝聚力	《做一名职业化饲料营销人》		个人战略、职业选手
		《引爆生命行动力》		责任、使命、担当
	战斗力	营销人员	《饲料经销商转型升级》	转型、升级、蜕变
			《养殖场大客户解决方案营销》	大客户、解决方案
			《饲料营销商务礼仪》	合情、合法、合理
		营销经理	《中层八项管理技能提升》	时间、计划、沟通
			《如何带领营销团队打胜仗》	凝聚力、执行力、领导力
			《全价料万吨基地打造》	根据地市场打造
			《饲料品牌打造之道》	定位、传播
			《互联网 + 饲料》	互联网思维、O2O
	驱动力	《如何让营销人员自己当老板》		KPI、考核、薪酬、阿米巴

（3）培训后反馈。

培训项目结束时，立即通过《培训效果评估问卷》的形式，收集受训人员对于培训项目的效果和实用性的评估。包括对培训讲师、培训科目、设施、方法、收获，特别是培训内容的看法。这个评估可以作为改进培训内容、培训方式、教学进度等方面的建议或综合评估的参考。将评价数据与培训前调研数据做对比，以此来确定学员培训前后对知识掌握的提高程度。

动态设计外在驱动力

（1）营销人员需求变化规律。

掌握好业务员成长阶段理论，在不同的阶段采取不同的激励模式，下面阐述进入饲料企业1～4年的营销人员需求变化。如图3－2、表3－3所示。

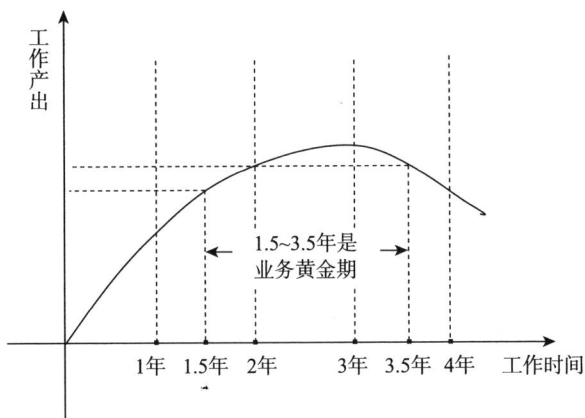

图3－2 工作产出与工作时间关系

表3－3 进入饲料企业1～4年的营销人员需求变化

时间段	需求特点	物质正激励	非物质正激励	负激励
0～1年	很难真正了解自己到底需要什么，外在激励可能会对年轻人产生很大影响	基本工资、各种福利	健康的工作环境、学习成长机会、职业指导、与上司的关系	试用期不合格辞退、违纪处罚、留岗察看

时间段	需求特点	物质正激励	非物质正激励	负激励
1~2年	已经发现自己的长处，找到擅长的领域，就会迸发出职业激情	中度提成、基本工资、各种福利	领导赏识、给予表现机会，丰富工作内容、赋予职责、职位转正、意外保险	月度排名、末位淘汰、违纪处罚
2~3年	职业开始进入高产期，寻求更加高级的岗位、承担更大的责任。激情高、业务熟、精力充沛	高提成、基本工资、年终奖励、福利	组织认同、和谐同事关系、民主协商、群众活动、休息时间、娱乐制度、进修培训、晋升、晋升	月度排名、末位淘汰、违纪处罚、降级
3年以上	如果得以更具挑战的岗位，将会步步为赢；如果不能达到业务高峰，将停滞不前、得过且过，有的辞职另找适合自己的工作	高薪水、中提成、年终奖励、分红权、福利	平衡工作与家庭、能发展个人特长的组织环境、更有挑战性的工作、成绩得到承认	换岗、列入被淘汰的名单、违纪处罚、降级、劝退

（2）营销人员激励机制设计。

第一，责任型激励方面。

营销人员的核心责任是保证销量按时完成，还有其他指标，如市场占有率、客户开发数、新产品增长率等。当下一个销售年度、月度来临之前，下达业绩责任状，与营销人员实行合同计划约定。考核机制是激励机制的重要组成部分，结果考核是饲料企业对营销人员考核的中心内容。责任型激励方式有：目标管理、合同计划约定、年度责任状等。

第二，权力型激励方面。

从工作职位授权来看，企业要给予营销人员较大的权力空间，让听到炮声的人做决策。从岗位晋升机制来看，每半年举行一次竞聘大会。由于在外出差应酬较多，需要列支职务消费。权力型激励方式有：工作职位授权、岗位晋升降级、在职消费等。

第三，利益型激励方面。

目前，饲料行业仍是以短期物质激励为主，收入＝固定工资＋绩效工资＋业绩提成/管理提成＋团队专项奖＋福利。固定工资保证基本生存，绩效工资考核业务员过程指标，业绩提成考核结果指标，专项奖金为片区短期激励。把销售提成分为两部分发放，80%月度发放，20%年度发放。每半年调整一次营销组织结构和人员安排，激励方案重新优化。坚持三个10%的原则：营销人员数量应比设计人员数量超出10%，以便随时淘汰，防止人员青黄不接；营销人员收入应比设计人员收入上浮或下降10%，以便报酬机制有一定的灵活性，随时修正；保证一段时间内营销人员淘汰率不低于10%。为了留住认同公司文化、业绩突出的营销人员，实施长期激励计划，包括分红权、股票增值权、虚拟股票、认股权/股票期权、限制性股票、业绩股票、MBO、合伙人机制、阿米巴等。

他山之石——CC 光电：营销团队运营

引言

不管是散养时代的快消品营销团队，还是规模化养殖时代的大客户营销团队，营销要的是结果，做的是过程，过程需要团队。在价值营销的大背景下，饲料营销的过程管控显得尤为重要。需要从战略、组织、团队、流程、机制到执行彻底打穿，确保战略到绩效的落地。

深圳 CC 光电营销组织从小到大，在咨询项目组的帮助下，搭建了一个"高效营销管理平台"，弥补了企业的短板。随着"定战略、创模式、建团队、重过程"的落地应用，加上 CC 光电全体同仁的努力，CC 光电逐步在向好的方向发展。

CC 光电案例呈现了营销团队过程管理的思路，揭开了营销过程的"黑箱"，让营销团队变得看得见、摸得着。由于农村市场广阔、分散，饲料营销人员的过程管理难度可想而知，办法总比困难多，希望本案例能起到抛砖引玉的作用。

第一部分　案例背景

2007 年 12 月，深圳 CC 光电有限公司乔迁到观澜镇，就像一只内河捕捞小船变成大海中捕鱼的大船。2008 年还没站稳脚，金融海啸来了。CC 光电怀着"金融危机不倒的企业，以后机会有很多"的信念，从冲床到电脑贴片机一共投资了几百万的设备，人数从 40 多人增加到 100 多人，业绩稳步增长。但随着外部环境的不断恶化，深圳已不再是低成本的"世界工厂"，因为越南、印度、墨西哥等国家比中国更有人力成本优势。

国家"十二五"计划提出"全面深度的经济结构性调整"，使仅靠劳动密集型、低附加值的代工企业越来越没有出路。结合 CC 光电的历史与现状，企业必须进行转型才能生存，必须从劳动密集型向技术密集型转变，从 OEM 走向 ODM 再向品牌运营商转变。2010 年，企业结合自身在五金加工方面的优势，决定发展 LED 室内大功率照明产品，传统业务定位于"组合件"。企业已经完成商标注册，申请了两项专利，LED 产品定位于独特外观。经过一年多的努力，五金业务梳理出了新的发展方向，LED 室内大功率照明产品从零到 3 大系列产品。投资几十万元在阿里巴巴、中国制造网、环球资源网上进行推广。同时，重新组建了一支营销团队，亟待搭建一个"高效营销管理平台"，对营销团队实施过程管控。

深圳 CC 光电有限公司成立于 2003 年，占地面积 3000 多平方米。集五金模具设计制造、钣金加工、冲压加工、机械加工及表面处理等一条龙制造。工厂拥有 CNC 线切割机床十台，精密成型磨床 4 台，以及一系列模房加工设备 40 多台。剪板机、数控折弯机、数控冲床、高速冲床、自动车床及 100 吨至 6.3 吨冲压设备 50 多台套，并配备二次元投影仪、高度计、硬度计等一系列精密检测设备。CC 光电经过十几年的开拓进取，拥有一个技术精湛、全面、管理完善的工作团队，已通过 ISO9001 质量管理体系认证，并已开始导入 ISO14000 环境管理体系，严格执行质量管理制程，产品符合欧盟 ROSH 标准，最初营销组织结构图如图 3－3 所示。

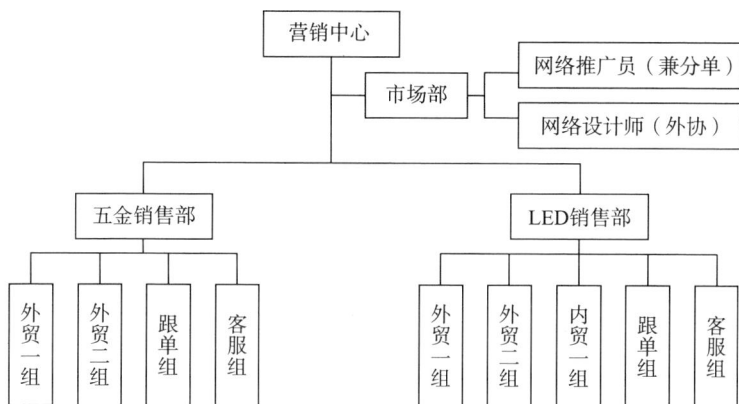

图 3 - 3 营销组织结构图

深圳 CC 光电是一家有十几年发展历史的企业，2010 年徘徊在发展的十字路口。一方面，是全行业产能严重过剩、消费需求发生变化、原材料成本不断上涨、人力资源短缺加剧的严峻宏观形势；另一方面，是技术含量低、附加值低、利润率低的经营现实，内外不利因素的夹击，拉响了企业经营的警报，业绩下滑、利润下降、士气低迷、人心不稳。当前公司最突出的问题是营销，主要表现在营销战略模糊、营销策略失灵、营销运营混乱、营销团队战斗力弱、营销业绩不理想等方面。沧海沉浮，方显英雄本色。在企业发展的关键时刻，CC 光电创始人显示出了潮州企业家大智大勇的气概，特邀请咨询公司对企业营销管理进行诊断、优化和重构，对企业营销系统进行大刀阔斧的变革，拟以营销为龙头实现企业全面突围，一场企业二次创业的万里长征拉开了序幕……

第二部分　问题解读

通过项目组近半个月的诊断与调研，CC 光电存在的问题：战略无定位；开发无套路；产品无组合；价格无策略；渠道无建树；推广无核心；客户无服务；组织无保障；过程无管理；团队无协同。具体表现如下：

（1）外贸环境不断恶化，业务战略转型迫在眉睫。

2010 年之前，出口订单火爆，营销人员发邮件、打电话，接待客户，业务一路高歌。随着珠三角人力成本不断上升，东南亚制造业逐步崛起，外向型企业的外贸订单数量明显萎缩。国际金融危机导致经济遽然衰退，出口型企业受影响最大。许多企业产能严重过剩，钢铁、地产等行业开始不景气。原材料价格大幅波动、人民币不断升值、环保减排降耗政策出台、新劳动合同法实施、银根紧缩导致中小企业融资难。中国经济结构正处于调整之中，GDP 下行将成为新常态。食品、医药等行业质量问题频发造成全社会信任危机。CC 光电原有观念陈旧，思维固化，缺乏追求卓越的意识。五金业务缺乏定位，属于机会型增长，导致目前陷入困境，举步维艰。LED 业务定位产品专业化，但与市场需求的多样化存在矛盾。LED 前景虽好，但面临极大的时间成本，LED 缺乏产品品牌定位与传播，一开始就本能的进入低价洼地。

（2）营销团队群龙无首。

由于缺乏产品及推广平台，在初期团队建设遇到一些问题及困难，较长时间没有组建成一支队伍，也缺乏管理制度及有效的过程管理。目前，公司 LED 业务板块从无到有，建立了一个 20 多人的销售团队。营销总监岗位一直由其他人兼职，营销团队没有灵魂人物，群龙无首。好的战略由于缺乏核心营销人才来推动，执行力明显不足，造成了事事向老板请示。一是耽误战机；二是多头指挥，营销人员不知所措。

（3）业务模式不成熟，销售技能严重不足。

CC 光电 20 多名业务员每天按时上下班打卡，办公室看似一片繁忙的景象，也不乏员工加班加点，但月底销售业绩却寥寥无几，老板为营销的低效非常困惑。究其原因：

一是无成熟的业务开发模式，各自为战，效率低下。网络营销推广专业化度不高，对业务实际工作介入不深。缺乏客户评估标准，对老客户的持续跟进不足，深度挖掘不够，导致优质客户流失。研发、业务与跟单脱节，客户信息无法有效管理，导致资源不能充分利用，浪费严重。信息分配机制不健全，导致内部隐性冲突不断。

二是营销新手不知道 LED 球泡灯或日光灯的结构，更谈不上电性能及优势，如纯铝压具有二次散热功能，能降低 LED PN 温度，从而降低光衰，延长 LED 灯寿命。尚未建立内部培训体系，缺乏对营销必要的产品、外贸营销知识的培训。

（4）营销过程管控几乎空白，业绩突破没有抓手。

2009 年定了业绩目标，但提出目标之后没有对目标进行及时分解，没有对公司各部门能力进行评估，没有把目标变成各部门的行动目标，然后按月按季度检查目标的执行情况，不知道营销人员每天在忙碌什么，没有相应机制来约束营销人员的行为。内部管理混乱，缺乏管理核心团队，有制度没执行，开会有决议但没有监督到位，出了问题没有及时解决。管理人员偏多，政策从上层到基层失真严重，部分管理者没有主动发挥积极作用，缺乏相应的走动管理。经常出现工作不严谨的现象，甚至包括一些低级错误。流程及管控经常讨论，但就是没有坚持执行。由于订单减小，部分老员工离职，又开始招新人，结果新老员工工作都不饱和，新员工留不住，老员工有抱怨。

（5）现金流存在中断风险，团队激励后劲乏力。

由于公司连续几个月业绩不佳，营销人员士气低落，这种不利形势已经持续了半年。由于客户拖欠货款严重，现金流有中断的风险。订单持续低迷，致使车间出现半停工状态，工人的工资压力也很大。没有系统用人机制，导致屡次用人不当，留下诸多后遗症。业务发展后劲不足，岗位责任体系模糊，员工缺乏激励措施，不重视营销人员有效的心理疏导，造成沟通不足，被动工作。工作氛围、竞争气氛、晋升制度、薪水待遇、职业成就感等方面需要提升，才能够吸引和保留企业当下需要的人才。

第三部分　解决方案

为了扭转这种不利形势，拟着手加强营销队伍管理，向内部精细化管理要效益，从以前各自为战转向协同作战，从以前只问结果向重视过程转变。制定指导思想：定战略、创模式、建团队、重过程。

（1）确定战略方向。

俗话说："市场不相信眼泪。"脱离了市场，工厂的生产就像埋头拉车。五金业务长期以来缺乏有效的产品定位，接什么做什么，单多量小利润低的局面长期存在。生产计划不如变化快，工程、采购、生产整天忙于做样品。不能只提出"做组合件"的口号，必须建立在大量市场调查后的细分市场，精准定位，在某一领域先做专，然后才能做强做大。今后一定要紧抓三层业务键，即基础业务为 IO 挡片，属于公司的老牌业务，基础相对牢固；发展业务为薄片散热器，大家一致认为该项目优势明显，公司具备制造能力，有现存客户案例，LED 照明产品也用得上，计划在三年内成为行业前三名；种子业务为 LED 室内大功率照明灯具，LED 作为企业发展下一阶段的工作重心，必须做出自己的特色，如图 3-4 所示。

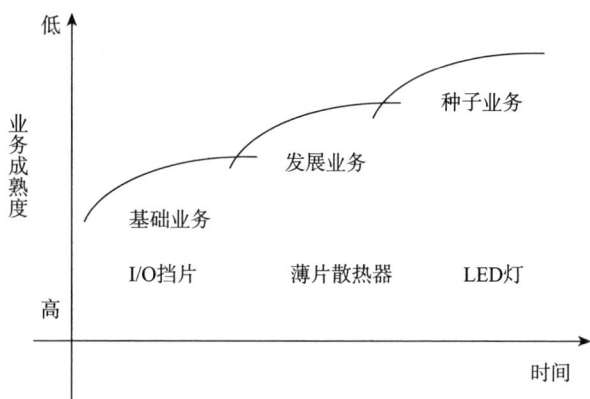

图 3-4　CC 光电三层业务链安排

尽快争取 IO 挡片大客户，如 TP-LINK、智通电脑及华硕等。LED 必须走独特外观路线，这是企业立足并得到发展的基础，在完成 LED 日光灯、LED 球泡灯的基础上，必须加快 LED 筒灯、LED 平面灯及 LED 吸顶灯首轮开发工作，并在此基础上对上述产品就功能及独特外观进行第二轮开发。LED 照明产品除大力推广外销，也要加强内销布局，与酒店、学校、建筑设计公司及节能工程公司合作，机会成熟时可以推出"停车场节能照明方案"。

（2）优化组织结构。

建立高效且有战斗力的团队，重点解决三大问题：要不要做，属于心态范畴；能不能做属于技能范畴；想不想做，属于动力范畴。具体从心态调整、动力机制设计、技能培训等封面入手。形成"专线运作、小组 PK"的工作氛围，根据原有组织结构图优缺点，优化后的营销组织结构图如图 3-5 所示。

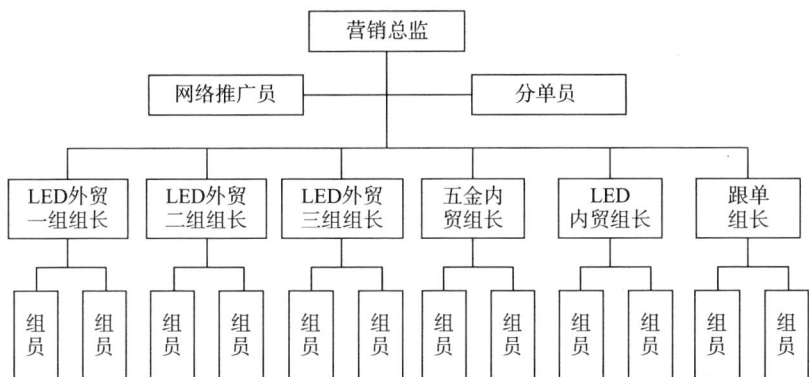

图 3-5　优化后的营销组织结构图

（3）梳理出业务模式。

针对外贸营销的业务特点，通过总结优秀员工做法和跨行业标杆借鉴，提炼出适合 CC 光电的业务开发模式，然后逐步推广复制。根据 3D 业务模型，策划一系列外贸营销策略。外贸"3D"业务模式如图 3-6 所示。

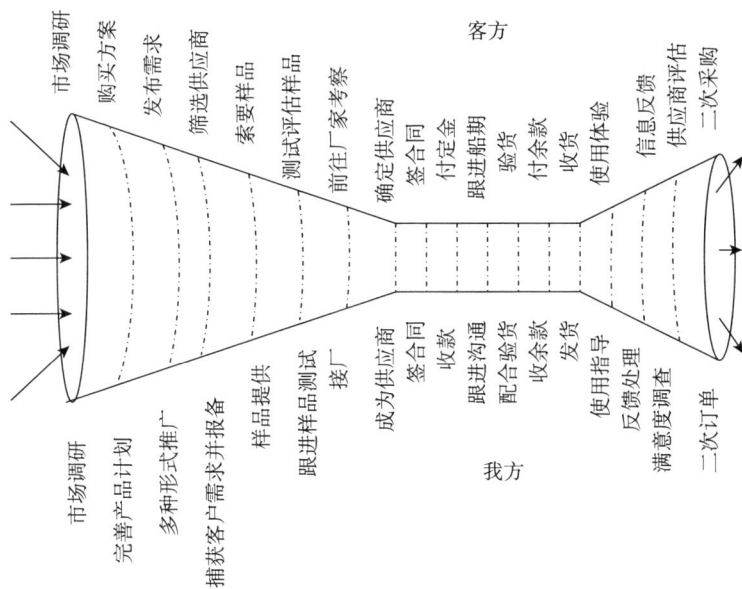

图 3-6　外贸 3D 业务模式图

第一，LED 外贸客方采购流程及关键节点（80% 为国外经销商）如表

3 -4 所示。

表 3 -4　LED 外贸客方采购流程及关键节点

序号	一级	二级流程及说明
1	市场调研	调研流程：需求旺盛（新产品发布）——立项——收集资料——可行性分析——策划——定位——成本分析——回报率分析——销售方案 调研内容：提供市场引导、追求时尚、成本信息、调研市场成品消耗、了解差价、技术参数、策划定位、目标锁定、购买分析、问卷调查、产品优劣势
2	确定购买方案	品质标准——购销价格分析——成立专案小组（小组费用评估、资金准备）——验收标准——购买细节（区域确定、时间确定、技术分析、结构、成本管控、包装防护要求、售后服务考虑、运输方式、付款方式、交期、数量、品类、规格）
3	发布要求	发布需求（或直接找厂家）流程：发布内容整理确定——发布渠道选择——发布细节确定（发布时间、人）——信息外发——关注结果
4	初步筛选供应商	筛选方案制定——确定筛选区域范围——整理分析回复资料——聚焦少数供应商——初步沟通评估（报价、质量、产能、信誉、合法性、账期——多次筛选——确定入围供应商
5	要求样品	确定样品购买方案——确定样品金费预算——询问供应商样品政策——把方案发给供应商——与供应商互动沟通品质政策——确定样品购买细节（款式、规格、价格、数量、交期、品质、运输方式）——下样品单——付款——样品跟进——收取样品——分类整理
6	测试评估样品	设定目标样品测试筛选方案——仪器选择及校正——测试——结果——评估——沟通修改方案（二次样品提供）——让用户确定样品——选定样品 测试评估样品流程：设定目标样品测试筛选方案——仪器选择及校正——样品（规格、品质、性能、环保测试）——合格——样品合格承认报告（不合格——要求供应商改良或换样品）——让用户确定样品——通过样品对比选定优势供应商
7	最终确定供应商	最终确定供应商流程：制定批量采购方案——与目标供应商商谈采购细节（数量、价格、交期、运输、付款方式等）——验厂考察——综合评估选定
8	签合同	知会供应商——保密协议——制定初步合同——法律咨询——修正附加条款——重新订合同——委托人——时间（2～3 天）——确定方式（盖章签约）——签约——分存——分发
9	付订金	知会——付款方式——确定 IP（币种、账户）——付款——通知对方（水单、付款记录、查账）——确认收到
10	跟进	要求生产进度表——进度跟进（质量、交期、船期、生产中问题）——单据准确——通知船期（等待外发）
11	验货	确定验货人员——标准方式——确认时间——验货——提交验货报告——确定是否收货

第二，根据以上客方采购流程，设计我方 LED 外贸业务流程，如表 3－5所示。

表 3－5　LED 外贸业务流程

序号	一级	二级流程及说明	所需表单 （23 个表格）
1	市场调研	调研流程：成立调研小组——调查需求动向、对策——会议集体评估——市场开发方案； 调研内容：产品信息、经济、数据、区域、需求动向、伙伴状况、产品定位、价格、客户定位	《市场调查表》
2	完善产品推广资料	资料形式：效果、说明、视频、音频、FABE 话术 资料内容：组成、结构、性能、优越性、参数、配置、主导方向 流程：营销部门提出资料内容——技术部借鉴标杆经验——技术、行政、网管收集整理素材——营销部、外部设计师优化——设计制作出稿——审核——确定——成品制作	《FABE 产品介绍模板》 《产品推广资料申请及制作单》
3	推广宣传	推广方式：BTB、展会、广告（付费、免费）、论坛、即时聊天工具、邮件、博客等形式 流程：推广策略制定——推广方式渠道选择——推广实施（资料上传——资料定期不断更新）——推广跟进——效果评定并调整推广方式	《推广策略制定实施与评估表》
4	捕获并分析客户需求信息	接收或搜索各种信息——初步快速回应——汇总分类——分析（背景、区域、要求）——筛选有效信息——回复准备	《客户信息注册报备暨评估表》
5	评估选择客户并制售方案	建立评估标准——客户价值评估——公司能力评估——选择——制定销售方案（采购建议、报价策略、跟进策略）——客户投资回报分析	《销售方案攻略》
6	销售方案实施	提供详细的报价表（客户要求）——产品公司优越性说明——获取客户反馈信息——小组分析制定详细跟进策略——进一步沟通——确定寄样的价格、时间、付款及运输方式	《销售方案实施跟进表》
7	提供样品	制定样品方案（备份、拍照留底、地址、账号、费用与支付）——制作时间——审批——备齐零部件——样品制作——样品检测——样品包装——样品寄出——确认客户是否收到	《样品方案及申请单》

序号	一级	二级流程及说明	所需表单（23个表格）
8	跟进客户样品测试进度与结果	确认是否收到——测试周期（10～20天，每天电话沟通）——不间断询问检测结果（涉及非业务层面）——邮件、电话询问是否完毕——记录（测试报告）——了解测试结果——收集客户反馈意见——沟通协商	《样品测试跟踪表》
9	接厂	发邀请函——确定客户行程日期——接待前准备（5S、认证、设计变更单）——派车接——询问客户时间安排——电子版公司产品展示——参观工厂——洽谈会议沟通——用餐——旅游、当地特色——欢送——感谢及时表达——验厂总结	《邀请函模板》《客户验厂接待单》《验厂总结表》
10	得到认可成为最终供应商	验厂评价反馈——产品反映——价格调整——应对	无
11	签合同	知会客户——保密协议——制定初步合同——法律咨询——修正附加条款——重新订合同——委托人去签订时间（2～3天）——确定方式（盖章签约）——签约分存——分发	《合同模板》《保密协议模板》《委托授权书》
12	收款	付款细节——制作发票（多方式）——审核——发送客户——确定付款——确定是否收到——付款凭据	《形式发票模板》
13	组织生产并跟进沟通	客户订单转化公司内部订单——产前会议——生产进度表提供给客户——沟通（提示进度）	《生产进度跟进表》《内部订单》
14	通知并配合验货	通知客户验货——验货细节——陪同验货——验货——沟通——提交验货报告——验货通过——准备收尾款（不合格——协商处理办法）	《验货跟进记录表》
15	发货	通知客户——时间、地点——报关——包装防护——装箱清单、照片——运输、贸易方式（运输单号、联系方式）——发货——确定是否收到货	《发货过程记录表》跟单
16	售后回访	记录——建立定期与不定期回访——补损失——听反馈意见（内容）——客户满意调查表——策略调整——提供吸引力产品、（客诉：维修）——联系资料——二次采购及时通知新信息——建立友谊——转介绍	《客户满意度调查表》《客户回访记录表》《客户投诉记录表》

（4）设计过程考核机制。

第一，各岗位每天工作目标设定标准，如表3－6所示。

表 3 - 6　各岗位每天工作目标设定标准

序号	岗位	日工作量化标准
1	外贸营销人员	上传图片数量（不少于3）、发开发信（不少于1）、客户跟进次数（不少于3）、更新资料数量（不少于1）、报备单填写数量（每周不少于3）、反馈信息收集（不少于1）、注册B2B（不少于1）、订单、样品单
2	内贸营销人员	报备单填写（不少于1）、客户拜访记录（每周不少于3）、客户沟通记录（不少于5）、老客户/潜在客户回访记录（每周不少于2）、有效客户信息收集（不少于1）、签单额
3	外贸跟单员	录入订单数、制作内部订单数、制定物料表数、确定合格供应商数、制定欠料跟踪数、跟进生产进度数、拟定出货计划通知客户数、给报关员出货资料数、录入资料存档数、成本核算数
4	内贸跟单员	回复订单交期数（不少于5）、老客户下单提醒（每周不少于3）、整理客户投诉次数（每月不少于5）、订单生产动态跟进数（不少于2）、各项工作的客户反馈记录数（跟《订单总汇表》挂钩）（不少于3）
5	分单员	会议记录、表单的催交统计、业务信息统计、询盘信息分配、平台账号密码收集、邮箱分配
6	网管	平台产品推广、市场信息收集报告、公司网站维护、产品相片拍摄、产品说明资料整理上传、公司网络维护、内部邮箱组建、公司视频监控维护、公司办公硬软件管理

　　第二，为了使工作内容可视化，制定表 3 - 7 进行展示与跟踪，把表格画在白板上，并把白板挂在公司醒目位置，每天营销人员往上面填写自己的工作计划与内容，分组进行比赛，三天一统计、一周一总结、一月一奖惩。

表 3 - 7　月、周、日目标/计划管理总表

姓名：　　　　　岗位：　　　　　日期：

月		周			日		
目标	完成情况	周次	目标	完成情况	日期	目标	完成情况
		一			1		
					2		
					3		
					4		
					5		
					6		
					7		

月		周			日		
目标	完成情况	周次	目标	完成情况	日期	目标	完成情况
		二			8		
					9		
					10		
					11		
					12		
					13		
					14		
		三			15		
					16		
					17		
					18		
					19		
					20		
					21		
		四			22		
					23		
					24		
					25		
					26		
					27		
					28		
		四			22		
					23		
					24		
					25		
					26		
					27		
					28		
		五			29		
					30		
					31		

第三，营销过程工作内容与收入直接挂钩。总收入＝基本工资＋过程考核绩效工资＋业绩提成＋补助＋专项奖金，从原来基本工资里切割出一半作为营销过程考核，具体挂钩细则如表3-8所示。

表3-8　营销过程考核细则

工作项目	项目含义说明	每月最低数量（≥）	合格评定标准	权重（%）	单位分值（分）	单位报酬（元）
1. 上传图片	图片、产品规格、付款条件，运输条件等	80~100张	无错误、美观	8	0.1	0.5
2. 发开发信	公司介绍、产品介绍、邀请参观、长期合作意向	320封	有针对性，不能过长，突出重点	8	0.025	0.125
3. 客户跟进	跟进样品进度、订单进度、测试进度、长期维护	70~90次	有详细的跟进记录和分析	7	0.1	0.5
4. 更新资料	产品规格、图片及其他内容	40~60次	详细更新记录	8	0.2	1.0
5. 报备单填写	客户名称、地址、有效联系方式、联系内容	16~20个	基本信息正确、有详细的联系记录	16	1.0	5.0
6. 反馈信息	产品品质、价格、测试记录及其他市场情报	10个	有针对性并有详细的记录	3	0.3	1.5
7. 注册B2B	国际各地区B2B免费平台	16~60个	资料齐全并提供相关网址	8	0.5	2.5
8. 区域市场调查	对国外某区域市场进行远程调查并做出分析	1次	信息真实有效	3	3	15
9. FABE产品介绍制作	针对某产品按FABE模板写出介绍话术	2次	介绍准确、通俗	3	1.5	7.5
10. 销售方案制定	对某个客户制定业务攻略	4~8次	可操作、有效	7	1.75	8.75
11. 销售方案实施跟进	对销售方案实施过程进行记录	4~8次	针对客户需求深挖，使销售进程不断推进	10	2.5	12.5
12. 样品申请	根据客户需求填写样品单	5~10次	样品信息符合客户的真实需求	5	1.0	5

工作项目	项目含义说明	每月最低数量（≥）	合格评定标准	权重（%）	单位分值（分）	单位报酬（元）
13. 样品测试进度跟进	及时跟进了解客户样品测试情况	5～10 次	及时、准确、快速应对	4	0.8	4
14. 验厂邀请函发送	发送客户验厂邀请函	2 次	有吸引力、客户有验厂意向	4	2	10
15. 客户验厂接待	接待客户对公司进行参观了解	1～5 次	安排周到合理	4	4	20
16. 客户验厂总结	对客户验厂过程结果进行总结	1～5 次	真实、对下一次验厂有借鉴意义	2	2	10
说明	假设满分为100分，所有权重之和为100，按照最低标准算出单位分值，500元绩效总工资折合成每个分值为5元，用分值乘以5得出该项总金额					

（5）"三会"制度。

● 晨会。

集合时间：8：30。

主持：30秒集合完毕，倒数10、9、8……

主持：好（以主持人为准），向左/向右看齐（等待看齐，检查是否看齐）。

主持：向前看、立正、跨立。

例行两项检查：

主持：首先进行第一项例行检查，请各位队员汇报前一日的工作简报。

请问，在此环节是否有需要成长的伙伴？

主持：第二项例行检查，仪容仪表检查。

检查对方伙伴着装是否整洁、干净？

问好激励：

主持：各位家人，大家早上好！我们的口号是：超越自我，超越梦想。

主持：非常开心今天由××队的××为大家主持一天的工作，相信今天的主持可以给大家带来好心情、好状态、好业绩，大家说好不好？一年之计在于春，一天之际在于晨。好的开始是成功的一半，因此，我们要拿出最好的状态迎接我们生命中的每一天，大家说好不好？

昨日值日：

主持：下面由我宣布昨天值日主任××的最终得分是×分，为我们辛勤付出而优秀的××鼓掌。

励志演讲：

主持：主持人自设主题，2分钟的励志演讲，锻炼胆量与口才。

成功分享：

主持：接下来的环节是我们晨会的核心环节，请各团队派代表分享昨天工作中自认为最成功的事情及原因。

有请××队派代表上台分享，大家掌声鼓励一下。

通报指示：

主持：请问各小队有无相关事宜通报？

掌声有请××小队。

成功宣言：

主持：成功的宣言：忠诚使命、目标明确、全力以赴、永不言败，

所有伙伴一起大声读5遍。

结束宣言：

主持：下面以三句口号结束今天的晨会。

各位伙伴今天的心情怎么样（好，非常好），今天的沟通怎么样（有效，非常有效），

今天的目标能不能完成（一定达成）。

晨会主持人评分如表3-9所示。

表3-9　晨会主持人评分表

序号	项目	内容	评分	备注
1	过程完整性（25分）	倒数读秒集合、作风口号朗诵、例行检查、经验分享、前日工作回顾、今天目标设定、相关决议通报、结束口号宣诵		
2	气氛活跃性（25分）	掌声是否热烈，发言是否积极，声音是否响亮，沟通是否互动		

序号	项目	内容	评分	备注
3	主持专业性（25分）	语言感染力；普通话是否标准；仪容仪表是否规范；现场应变力；主持创新力		
4	内容实效性（25分）	团队士气是否高昂；团队配合是否协调；目标设定是否明确；问题呈报是否及时；分享经验是否实用		
合计分：				

● 业务周会。

主持人开场：

一周工作成绩简要回顾和总结，宣布一周团队和个人 PK 结果，表扬先进，鞭策后进。

本周工作汇报：

☞ 工作过程汇报：队长根据《每周目标/计划管理表》汇报本队的完成情况。

☞ 工作实际完成情况，集体讨论新报备客户及洽谈内容，制定销售攻略，以便个人跟进。

☞ 不足和需要解决的问题。

☞ 互动探讨总结客户跟进个案，成功个案经验分享。

☞ 需要公司的支持。

营销总监总结和安排，如表 3 - 10、表 3 - 11 所示。

☞ 营销总监提出下周总目标和主要工作事项。

☞ 集体探讨重点目标客户攻略并制定行动计划。

表 3 - 10 营销周会会议记录表

主持人：　　　　　　　　　　记录人：

会议主题		
会议时间	年 月 日 时 分	地点	
出席人员		

续表

项次	传达或决议事项	主办/协办	计划完成日期	确认完成日期
2				
3				
4				
5				
6				

表 3 - 11　周会决议完成跟踪表

提议部门/个人	议题	负责人	要求完成时间	完成情况	备注

● **月会会议议程。**

主持人开场：

一月工作成绩简要回顾和总结，宣布一月 PK 结果，表扬先进，鞭策后进。

颁奖环节：

☞ 给月度 PK 团队和个人冠军颁奖，冠军队长和冠军个人经验分享。

☞ 最后一名团队和个人分别检讨，并提出改善措施。

本月每人工作汇报：

☞ 工作过程汇报：队长根据《每月目标/计划管理表》汇报本队的完成情况。

☞ 工作结果汇报：工作业绩实际完成情况，集体讨论新报备客户及洽谈内容，制定销售攻。

☞ 略，以便个人跟进。

☞ 不足和需要解决的问题。

营销总监主要工作安排，如表3-12、表3-13所示。

☞ 对业务助理文员提供的《报备客户汇总表》《报备样品转化率表》，业务跟单员提供的《样品验厂转化率表》《验厂订单转化率表》《二次订单转化率表》，财务部门提供的《合同打款转化率表》《尾款成功率表》宣布结果并分析。

☞ 营销总监提出下月总目标。

☞ 重点主要工作事项部署。

总经理讲话：

表3-12 营销月会会议记录

主持人： 记录人：

会议主题				
会议时间	年 月 日 时 分		地 点	
出席人员				
项次	传达或决议事项	主办/协办	计划完成日期	确认完成日期
1				
2				
3				
4				
5				
6				

表3-13 月会决议完成跟踪表

提议部门/个人	议题	负责人	要求完成时间	完成情况	备注

（6）冬季大练兵。

为了给明年春天打下好的基础，实施冬季大练兵培训，具体计划如表3-14所示。

表3-14 冬季大练兵计划

课程（活动）安排	课时	主讲人	时间
1. 个人战略	2 小时		
2. 打造高绩效营销团队	2 小时		
3. 营销职业心态	2 小时		
4. 大客户营销	2 小时		
5. 执行力	2 小时		
6. 答辩 & 总结	2 小时		

（7）重新竞聘与年度述职。

在寻求营销实质性突破的形势下，紧张而又胜利的2010年已经过去，更加充满挑战与希望的2011年即将到来的时刻，坚持以"定战略、创模式、建团队、重过程"鼓舞CC光电营销团队。2011年的营销工作将面临更加严峻的考验。为更好地激励营销中心全体营销人员，确保2011年战略目标的完成，经公司集体研究决定对营销中心各队队长举行"竞聘上岗"和"年终述职评议"活动。

☞ 队长竞聘具体办法：

☞ 动员报名：1月×日开始。

☞ 报告撰写：述职报告必须含2010年度工作成绩、不足之处和2011年计划三个部分，字数不少于1000字。参加竞聘者除述职报告外，还需撰写一份竞聘书，竞聘书需有针对性，体现对营销队长职责的全面理解。

☞ 演讲和答辩时间：1月×日。

☞ 评委组成：咨询老师、公司领导、营销中心领导、相关职能部门负责人。

☞ 竞聘队长考核与评分：述职报告演讲（20%）＋竞聘演讲（60%）＋日常表现（20%）。

☞ 年终述职具体办法：

☞ 动员准备：1 月 × 日开始。

☞ 报告撰写：述职报告必须含 2010 年度工作成绩、不足之处和 2011 年计划三个部分，字数不少于 1000 字。

☞ 演讲和答辩时间：1 月 × 日。

☞ 评委组成：咨询老师、公司领导、营销中心领导、相关职能部门负责人。

☞ 年终述职考核与评分：述职报告演讲（60%）＋ 日常表现（40%）。

☞ 重新竞岗/述职实施步骤：

竞岗报名/述职准备（1 月 × 日）——营销中心预审（1 月 × 日）——个人撰写述职、竞聘报告（1 月 × 日—× 日）——竞聘演说/述职演说（1 月 × 日）——综合考评结果——结果公布。

☞ 重新竞岗/年终述职实施要点：

☞ 竞岗报名：报名一律填写《2011 年度 CC 光电集团营销中心竞岗报名表》，并于 2011 年 1 月 5 日上午 12：00 以前交营销总监处，口头报名无效，如表 3 - 15 所示。

表 3 - 15　2011 年度 CC 光电集团营销中心竞岗报名表

姓名		工作年限		日期	
现有岗位			拟竞聘岗位		
对目前工作的总结					
竞聘理由和优势					
对竞聘岗位的设想					
营销总监意见			总经理意见		

☞ 报名反馈：营销中心收到报名后（× 日 12：00 以后），经统计分析，确定参加述职及竞聘人员名单，将有关情况反馈给相关人员以分别做"竞聘"或"述职"准备

望大家将本次竞聘述职活动当作一次重要的培训、学习和提升的机

会、严肃对待、积极参与、确保成功，为打造一支职业化的营销队伍，完善绩效考评制度、逐步推行有竞争力的薪酬体系打下良好的基础。

第四部分 推进实施

通过本方案设计与实施，切实解决了老板的三个困惑。

第一，老板每天清清楚楚地知道营销人员的工作内容，只要看看墙上白板就一目了然。

第二，由于知道每天、每周、每月在不断推进工作，成果可以预见。

第三，由于基础工作坚持不懈的努力，业绩明显往好的方面转化，需要寄样品的多了，接厂的次数也多了，订单明显增多，现金流运转正常，大家的信心不断增强，企业已经步入良性循环。

董事长是广东潮州人，身上体现了潮汕商人特有的务实精神，他一直以李嘉诚为榜样而激励自己，从一名营销人员成长为企业家。在 2010 年会上，董事长深情地说：

感谢各位来宾不辞辛苦参加 CC 光电营销咨询项目成果展示会，以及你们一直以来对 CC 光电的支持。感谢咨询项目组的全体老师，也感谢 CC 光电全体同仁一年以来的辛勤和付出，没有你们的努力，CC 光电不能走到今天。今天我们相聚一堂，共同庆祝 CC 光电与营销咨询组用不分昼夜所研究出来的成果，同时也是庆祝 CC 光电全体员工 2010 年通过努力所取得的成果。在项目推进的过程中，双方项目组学习德鲁克思想，总结如下：

1）成果或资源不是来源于企业内部，它们来源于企业外部，企业内部没有利润中心，只有成本中心；

2）经营可以被定义为一个将内部知识资源转化为外部经济价值成果的过程；

3）成果的取得是靠挖掘机会，而不是靠解决问题。要创造出成果，资源必须被分配给机会，而不是被分配给问题；

4）"如何把事情做好"不是企业家应该提出的问题，而是"如何找到正确的事情做"，并集中资源和力量做好这些事情；

5）只有持续领先，企业才能创造出经济成果，企业的现状是逐渐变老，任何领先地位都是短暂的，而且很可能是昙花一现的；

6）管理者的任务就是扭转司空见惯的下滑趋势，他的职责是放在机会上并远离问题，重新带来领先优势并阻止迈向平庸的趋势，用新的活力和新的方向取代迟钝和惰性；

7）企业的现状可能是资源的不合理配置，要集中人力、物力、财力专心处理少数几项能够带来相当大的经营成果的活动，有些产品销量少，管理者必须最大限度地减少对这些产品的关注。

第四章

饲料品牌塑造

背景分析

品牌是给拥有者带来溢价、产生增值的一种无形的资产，它的载体是用以和其他竞争者的产品或劳务相区分的名称、术语、象征、记号、设计及其组合，增值的源泉来自于用户心智中形成的关于其载体的印象。如果用简练扼要、精辟鲜明的语言从本源上对品牌进行定义，品牌定义应该是经营者和用户互相之间心灵的烙印，烙印是美丽还是丑陋，是深还是浅，决定着品牌力量的强弱、品牌资产的多寡和品牌价值的高低。

企业缔造品牌的目标是在用户心智中占据最有利的位置，追求最大限度的品牌溢价。提到某类产品，用户的记忆里最多只能储存七个品牌，印象较深的品牌只有三个，购买时只选择自己心目中某个品类或某种特性的第一品牌。强势品牌有巨大的作用，包括高溢价、更大弹性对抗竞争者的进攻、用户比较宽大为怀、占有率比较稳定等。为了更形象地理解什么是品牌，先看一段对话：

C："有一个顾客问品牌是什么？"

Y："你走过大桥吗？"

C："走过。"

Y："桥上有栏杆吗？"

C："有。"

Y："你过桥的时候手扶栏杆吗？"

C："不扶。"

Y："那么，栏杆对你来说就没用了？"

C："当然有用了，没有栏杆护着，掉下去怎么办？"

Y："可是你并没有扶栏杆啊？"

C："……可是……可是没有栏杆，我会害怕！"

Y："那么，品牌就是桥上的栏杆！拥有了品牌的保障，你才会更踏实。让消费者有保障，愿意为这个从来没有摸过的栏杆多付费，这就是品牌的力量！"

我们一提到安佑、海大、新希望六和、通威、大北农、唐人神、双胞胎、禾丰、正大、温氏等大品牌，脑海中就会浮现对该品牌的独特印象。安佑是高端乳猪料市场的领先者；通威是鱼饲料的领导者；正大是中国饲料行业的先行者；双胞胎是猪饲料规模最大者；新希望六和是中国农牧产业化的先行者；温氏是农民组织化生产的最佳实践者。由此可见，这些品牌要么在定位上占有先机，成为某种品类的唯一，要么在某类细分领域成为第一。养殖行业的洗牌，国家环保政策的施压，使得养殖行业不断集中，加速饲料企业进化。用户对于饲料的品牌关注度不断加强，品牌打造是饲料企业攻或防的重要手段。

问题表现

作为饲料营销人员，你是否为公司知名度低而费了很多口舌，你是否为公司产品品牌定位不清晰而难以获得客户信任而苦恼，你是否对价格战已经相当厌倦，你是否为公司的品牌推广的低效而无计可施……品牌问题概括起来有如下 3 大类：

（1）品牌定位层面：

1）企业没有品牌定位的意识，自认为产品技术好就有红火的市场，属于典型的一厢情愿型的产品思维，不懂得品牌是消费者定义的，不是自我定义的道理；

2）企业品牌定位不当，从一开始就注定要失败，要么对自我资源没有自知之明，要么对竞争程度视而不见，要么是对客户需求的洞察不够精准；

3）不懂品牌规划内在机理，不善于学习也不善于借助外脑，闭门造车，品牌定位与市场实际情况相差甚远，就像电话号码拨错永远不可能接通对方一样；

4）把品牌定位想得过于简单，不做深入诊断和市场调研，也不对数据进行深入仔细的分析，还停留在经验管理思维层面；

5）品牌定位还停留在概念炒作的阶段，对产品本身价值重视不够，往往是昙花一现，不能回归商业的本质，商业本质就是价值交换；

……

（2）品牌传播层面：

1）品牌传播预算捉襟见肘，该投入不投入，不敢冒风险，靠自然形成品牌知名度，把品牌传播当成消费而不是投资；

2）对品牌传播的基本原则不了解，一致性、持续性、组合性和有效性不能坚守，传播效率低，资源浪费严重，给企业造成很大的资金压力；

3）在传播媒体的选择上没有整合营销传播思维，心存"一招鲜吃遍天"的捷径想法，没能找到最佳媒体传播组合，平时不注意媒体资源的积累；

4）对新媒体传播力量的崛起敏感度不高，对自媒体运用技能掌握滞后，与新生态 80 后、90 后互动不足，没有线上品牌打造的意识；

5）年度品牌传播计划不科学，传播节奏把握不准，不能借助一些事件进行高效传播，引爆市场的冲击力偏小；

……

（3）品牌管理层面：

1）企业口头上重视品牌塑造，实际上资源倾斜的少，最明显的地方就是品牌部门组织没保障，人员力量少，专业水平不高；

2）对品牌生命周期理解不透，不能听到品牌形成的脚步声，存在一劳永逸的思想，对品牌资产积累的长期性估计不足；

3）企业对新品牌投入一般大于老品牌的激活，对品牌弱化现象束手无策，不理解老品牌激活的难度比新品牌形成要小很多；

4）对品类品牌、企业品牌和产品品牌之间的关系模糊不清，管理三种品牌时逻辑颠倒，甚至严重违背了品牌学的基本规律；

……

解决方案

行业的发展极大地丰富了产品，产品数量急剧增加，用户面对成千上万的新产品，心智疲于应付。同时，媒介信息纷杂，干扰程度日趋加剧，我们处在一个传播过度的时代，进入"用户心智"已经成为竞争的焦点。在解决生产问题的基础上，进一步掌控市场资源，占领市场和渠道，把产品铺到用户心智中变得举足轻重，呈现"得心智者得天下"的局面。从方法论上讲，得心智需要解决三个核心主题：

一是品牌定位。明确本品牌与市面上常见的相近品牌有什么差异性。

二是品牌核心价值。明确该定位给用户带来什么真正需要的价值。

三是品牌诉求。如何与用户进行有效的沟通，简言之，就是怎么用一句用户能听得懂的语言告诉他你是谁。品牌规划模型如图4－1所示。

理顺逻辑关系

饲料产品可以细分很多品类，如教槽料、乳猪料、保育料、育肥料、公猪料、母猪料、发酵饲料、无抗料等。饲料行业已经进入成熟期后期，产品品类市面上非常齐全，所以，大部分企业的任务是稳固自身在该品类的领导地位，或者采取对抗方式挑战领导者。对于挑战领导者难度很大的

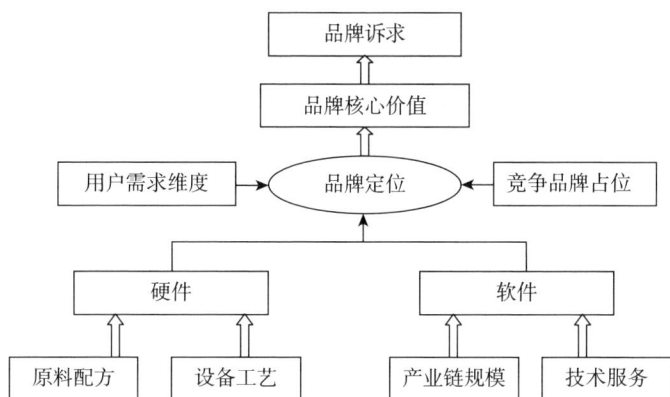

图 4-1　品牌规划模型

企业可以开创一个新的品类，制定新的标准，创造蓝海市场，不能成为第一就力争成为唯一。当然，对于饱和市场这种思路难度较大、风险较高。进入一个品类是品牌打造的底层设计，再根据竞争结构确定采取成为第一还是直接对抗领导者的策略，在洞悉用户需求的基础上开发相应的产品去满足它。在此特别提醒，大企业主打企业品牌，以企业品牌去背书产品品牌，中小企业必须主打产品品牌，以尖刀产品品牌去强化企业品牌，三者之间的关系要动态调整，如图 4-2 所示。

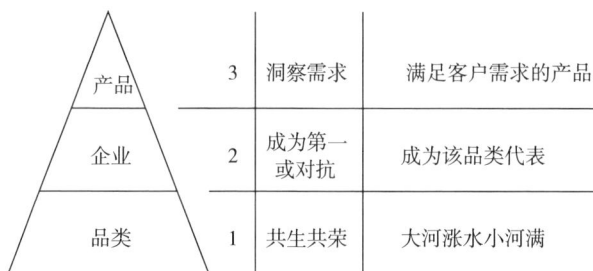

图 4-2　产品、企业、品类的关系

品牌定位

品牌定位从三个维度着手：消费者最在意的诉求是什么；对行业检视，确定对手是否抢先定位；对自身客观分析，自身能否支撑。如图4-3所示。

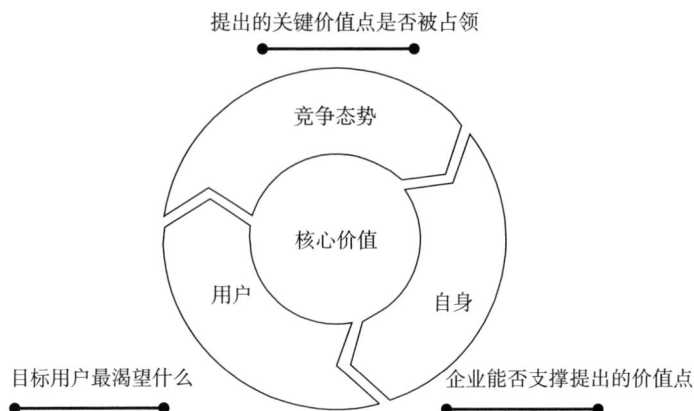

图4-3　品牌定位

考虑维度一：用户需求洞察。

通过大量的需求问卷调查，得到消费者的主要诉求有：求实、求利、求廉、求稳、求名、求新、求美、求时、求炫，如图4-4所示。

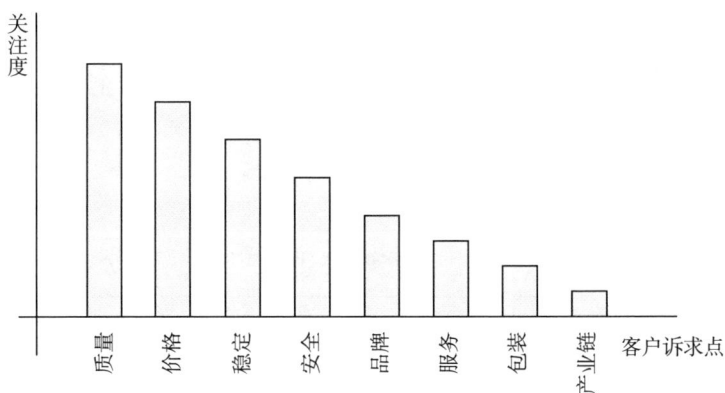

图4-4　饲料客户诉求点柱状图举例

考虑维度二：竞争对手分析。

对主要竞争对手的品牌定位进行盘点，找出品牌定位空白点，避免定位雷同。所以本阶段需要走访竞争厂家，从供应商、消费者和公众等角度了解竞品在用户心智中的形象，画出的竞争品牌定位气泡图如图4-5、表4-1所示。

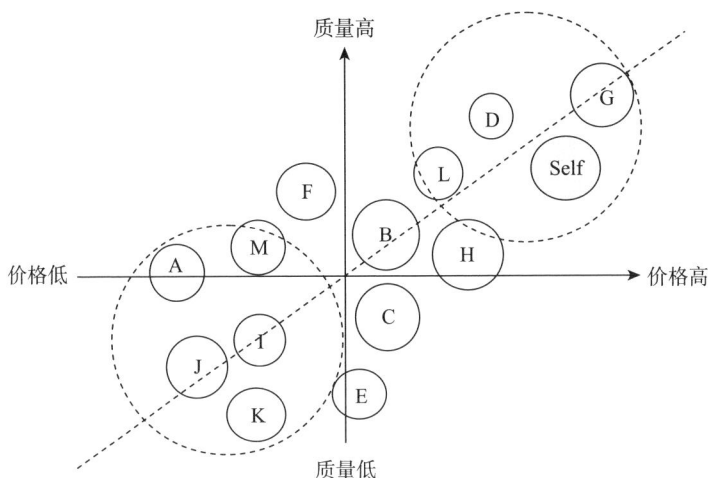

图 4 – 5　品牌定位气泡图举例

表 4 – 1　饲料行业主要品牌定位盘点

品牌	品牌定位	核心价值
康地	全球敬业两百年	品质稳定
普瑞纳	百年历史、世界品牌	品质稳定
唐人神	生猪全产业链经营领跑者	全产业链
安佑	环保生态高端	安全
大北农	连续十五年全国猪用预混料销量第一	经营规模
双胞胎	抗拉稀	功能性
九鼎	无抗饲料	安全
正邦	农业全产业链	规模
正大	科技含量高，养猪效益好	科技
成农	成农博士让你养猪更轻松	科技
加大	产仔多、奶水足	功能性
扬翔	科技改变养猪业	技术服务
通威	鱼饲料的代名词	专业
温氏	公司＋农户	模式

考虑维度三：自身资源和能力。

通过企业内部诊断，找出企业的资源和能力现状，提炼出核心竞争优势。对照分析企业资源是否能够支撑品牌定位。如果企业不具备该定位需要的资源，宁愿放弃。饲料企业主要从原料配方、设备工艺、产业链、技术服务等方面挖掘。

原料配方是品牌形成的保障。饲料原料是指在饲料加工中，以一种动物、植物、微生物或矿物质为来源的饲料，饲料原料包括粮食原粮，大豆、豆粕、玉米、鱼粉、氨基酸、杂粮、添加剂、乳清粉、油脂、肉骨粉、谷物等。原料质量是企业产品质量的源头，据生产统计分析表明，饲料产品营养成分及质量差异40%～70%来自原料质量的差异。

一则肯德基广告与以往不同，没有美味的食物，没有绚丽的画面，百胜餐饮集团中国事业部主席带领4500家肯德基餐厅的25万名员工，向社会承诺"每一口都安心"。肯德基经过大半年的努力，通过对供应商的严格管理和淘汰潜在风险较高的鸡舍等系列动作，肯德基所有鸡肉供应商的违规用药风险得到控制，希望消费者了解肯德基使用的白羽鸡绝不添加激素，肯德基的鸡肉是安全的。

设备和工艺是品牌的基础。加工设备可以保证饲料产品质量，加工工艺流程主要包括饲料原料的接收、原料去杂除铁、粉碎、微粉碎或超微粉碎、配料、混合、输送、称重、包装等工序。对颗粒饲料还包括制粒、膨化、烘干、冷却、筛分、破碎筛分等。其中，粉碎机是饲料生产中的重要设备，新型粉碎机或超微粉碎机主要从节省粉碎电耗、提高粉碎机的产量、控制粉碎粒度和粒度的均匀性、减少易损部件的消耗、降低粉碎过程中原料的损失、粉碎机的操作等方面进行优化。混合加工设备是提高混合均匀度和单位时间内混合机的产量、减少残留、防止漏料。膨化机用于许多专用产品上，其淀粉熟化达60%～80%、耐久性指数超过95%、可以制成高脂肪和高糖蜜的颗粒饲料。双胞胎打破传统乳猪料外观为"圆柱体"思路，将两个"颗粒料"压制连成一体，取名"双胞胎"，并申请国家专利保护，双胞胎是设备工艺创新打造品牌的典范。

产业链是品牌的延展。国际四大粮食巨头——ADM、邦吉、嘉吉、路易达孚都在推行产业链发展策略，进行关联产业的横向延伸，形成多利润点方式，如动保行业、疫苗行业、动物种业、添加剂行业、食品行业。唐人神集团定位于"中国生猪全产业链经营领跑者"，从种苗、饲料、肉品加工、连锁商业一条龙经营，为养殖场提供全方位的套餐解决方案。六和集团定位于"为耕者谋利，为食者造福"，也集中体现了从田园到餐桌的操作理念，深度营销，微利经营，最大限度地让渡于终端养殖户，一切以养殖户为中心，视生产安全食品为己任。

技术服务是品牌的提升。一个满意的顾客除了最初的消费还能带来比基础消费更多的价值，开发一个新客户还要付出更多成本，因此，用服务创造满意，用满意留住顾客的终身价值，最终形成强大的品牌资产。冯光德实验室成立于 1997 年，是铁骑力士集团的科研技术中心，2010 年被国家五部委认定为"国家级企业技术中心"。铁骑力士就是用领先的技术、高质量的产品、持续的改善，让顾客获得最大的满意。扬翔集团定位于"以农为本，以猪为业，以猪富农，扬翔品改专家"，以服务作为营销的制胜法宝，以服务打造核心竞争力，如图 4-6 所示。

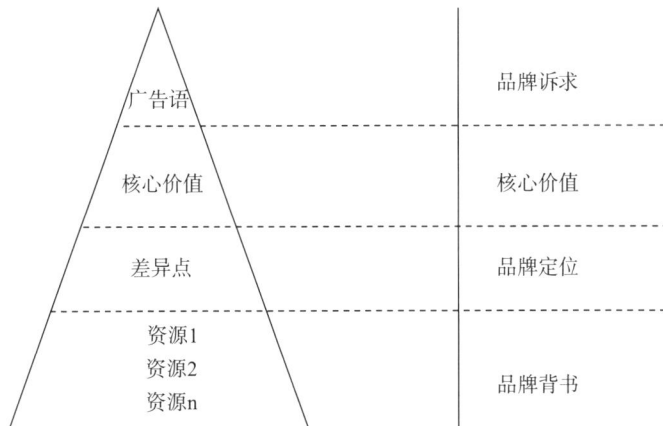

图 4-6 品牌金字塔

品牌传播

整合营销传播核心思想是在品牌定位及传播目标的指导下，协调广告、营业推广、公关等各种传播形式，将企业统一的思想传播给目标客户。在预算有限的情况下，企业应优先考虑各种传播手段与传播目标、企业发展阶段、目标市场的匹配性。整合营销传播是一个战略的概念，其中"整合"包含多重的意义：不同工具的整合，各种营销传播工具用"一个声音"互相配合，实现传播的整合；不同时间的整合，在与消费者建立关系的各个不同时期、不同阶段，传播的信息应该协调一致；不同空间的整合，在不同国家和地区，应传达统一的定位、形象和个性；不同对象的整合，与公司各种不同的利害关系者传播时，应保持公司统一的形象。

1）传播时间与空间布局，如表4-2所示。

表4-2 整合营销传播规划

地点	根据地市场	战略型市场	发展型市场	机会型市场
目标	知名度 家喻户晓	美誉度 有口皆碑	知名度 行业性	知名度
对象	全民	意见领袖	渠道商、大客户	散点式
时间	优先	其次	再次	不定
渠道	全渠道传播，传统媒体和新媒体	针对性活动传播	接触点传播	机会性传播
内容	贴近农民生活，建立品牌形象	围绕品牌核心，建立品牌话题	传播产品优点，树立品牌定位	传播产品优点
方式	人员、广告、营业推广	公关、事件营销	人员、广告	人员
预算	较多	多	一般	少

（2）传播阶段，如图4-7、表4-3所示。

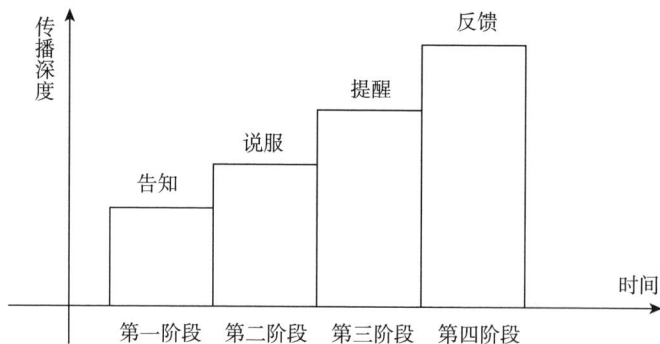

图4-7 传播阶段脉搏图

表 4 - 3　传播阶段

阶段	对象	战术	目标
第一阶段	思考者	广告（主要是平面媒体） 经销商支持（培训和商展） 公关（新闻发布和公众报道） 口碑传播（透过广告、样品）	产出极大化的品牌知名度
第二阶段	感觉者	广告（主要是收音机广播） 经销商支持（合作广告） 公关（记者会）、公司形象广告与事件赞助 口碑传播（透过广告、口碑传播）	产出极大化的品牌知名度与积极态度
第三阶段	实践者	广告（主要是平面媒体和互动式媒体） 直效营销（直接邮寄、新闻信、直接广告） 促销活动（折价券、样品、退款及回扣、优惠包装、价格折价） 经销商支持（交易津贴） 公关（公众报道）	导入试用购买、在产品使用中学习（初次用户）、加强学习（重复用户）
第四阶段	反应者	广告（主要是户外媒体和特制品广告） 直效营销（产品目录、直接销售、电话营销、直接反应广告） 促销活动（礼品、竞赛抽奖） 经销商支持（竞赛与激励、店内广告、销售点陈列、人员销售） 公关（公司报道、事件赞助、在电视节目曝光）	导入试用购买、在使用中喜好产品（初次用户）、加强积极态度（重复用户）

（3）传播方式组合，如表 4 - 4 所示。

表 4 - 4　传播媒介组合

散养时代（快消品传播模式）		规模养殖时代（工业品传播模式）	
传播方式	特点	传播方式	特点
户外大牌	1. 提高知名度、美誉度	规模猪场研讨会	1. 树立专业形象，获取信任
电视广告		行业展会	
广播	2. 广而撒网	微信公众号	2. 针对性强
刷墙	3. 刺激感性购买	专业杂志	3. 顾问理性购买
网站	4. 非专家采购	技术交流会	4. 专家采购
POP	5. 购买频率高	样板工程参观	5. 购买频率低
公关软文	6. 购买金额小	参观企业	6. 购买金额大
……	7. 一次性交易	……	7. 长期合作

他山之石——DD 茶业集团：品牌提升

引言

6000 多家饲料企业的存量，还属于散点的市场性质，意味着品牌竞争即将拉开帷幕。随着行业整合进程的不断深入，品牌营销对于任何一家企业都是机会，每个饲料产品品类都会形成寡头竞争的市场结构。

冰冻三尺，非一日之寒，溯洄从之，道阻且长，DD 茶业人且行且践之。DD 茶业公司在吸取"回归本源"基础上，重新确立了"蒙顶山制茶世家"的品牌定位，将"川茶典范·蒙顶 DD"作为品牌诉求，实现了 DD 茶业品牌的华丽转身。DD 茶业的品牌营销有许多可圈可点之处，饲料企业可以借鉴其优秀做法，通过品牌营销找准自身坐标，逐步打造自身的无形竞争力。

第一部分　案例背景

中国茶企有 7 万家左右，整个行业呈现"小、散、乱、差"的特点，至今没有形成全国性的品牌。多数茶叶企业从战略、资本、营销、组织、产品、渠道、品牌、包装等环节还处于非常原始的状态。有名茶、无名牌、资源多、整合少，低水平重复建设，缺乏起码的规模经济，没有形成深入人心的品牌。企业普遍盈利能力不足，没有能力反哺产业链上游的茶农，更谈不上有能力贡献税收为国家做贡献、承担社会责任。企业的同质化竞争严重，多数茶企只赚取原料初级加工费，很少有茶企能通过品牌提升来增加产品的附加值。随着中国经济的发展，消费结构升级，人们对保健的关注，文化茶、健康茶将成为热点，茶叶品牌竞争时代已经来临。

四川作为"天府之国"，素以地产丰富的特点享誉华夏。四川已经成为我国绿茶的一个地标，蒙顶山是世界茶文化发源地，乐山地区从有茶事活动至今已有2000多年历史，千余年前，峨眉山曾有贡茶享誉华夏，经久不衰。随着川茶代表"竹叶青"近年来的强势扩张，消费者对于川茶品质及文化的感知越来越明显。"四川出茶、四川出好茶"的印象渐渐深入消费者的心智中。川茶口感独特，形态美观，有"甘露""雷鸣""雾钟""雀舌""竹叶青"等名茶。从四川茶业竞争结构看，竹叶青、峨眉雪芽暂时身处川茶第一集团，但并未成为认知和市场的真正第一集团。仙芝竹尖、叙府、花秋、蜀涛、龙都等属于川茶第二集团，已经有了一定的基础，但战略不清、策略不明、坐失多次产业机遇。了翁、DD茶业、友谊、味独珍、大富、皇茗园、醒世属于川茶第三集团，未脱离小农意识，企业的生产、销售都处于一种半商品化、半市场化的状态。

蒙顶山具有悠久的种茶历史，在四川省内、全国拥有强大的知名度，发展潜力大、市场前景好。蒙顶茶是四川蒙山各类名茶的总称，主要品种有甘露、黄芽、石花、万春银叶、玉叶长春五种传统名茶及特级绿茶，各级烘青、炒青，各种茉莉花茶，南路边茶等，它们是贯穿我国茶史的名牌茶。

四川DD茶业集团有限公司始建于1994年，位于蒙顶山南麓，素有"仙茶故乡"之称的LL县，地处蒙顶山腹地，拥有卓越的生态环境。DD茶业是一家集茶园管理、茶叶生产、销售为一体的省级扶贫龙头企业和省级农业产业化经营重点龙头企业。通过了ISO9001认证、绿色食品认证。

DD 茶业集团现有子公司三家、合伙企业 20 余家，年加工能力 2000 多吨，入围中国茶业企业百强。公司经历了三个发展阶段：

第一阶段（1993－2002 年）：成立 LL 县 DD 茶业茶厂，进行茶叶粗加工，销售茶坯。

第二阶段（2002－2008 年）：公司在村征地建厂，包括粗制车间、精制车间、名茶车间。注册了"DD 茶业"商标，开始品牌化建设之路，2007 年开始建设绿色食品茶园基地。

第三阶段：公司于 2010 年成立四川蒙顶山 DD 茶业集团有限公司，开始第二次创业，正式走上品牌化、规范化之路，公司迎来新一轮的飞跃式发展。于 2010 年底获得了四川省著名商标称号；DD 茶业茶连续五年作为四川省外事礼品专用茶，被送给世界数十个国家的领导人或贵宾，为蒙顶山茶赢得了较高的荣誉。雅安大多数茶企还没有系统的品牌规划，对 DD 茶业来说是一次机会。DD 茶业计划用三年的时间将公司打造成雅安茶叶第一品牌，四川茶业领先品牌，全国茶叶第一阵营品牌。

第二部分　问题解读

（1）定位于原茶供应商，处在微笑曲线最底端。

LL 县裸茶多，包装茶很少，销售业绩虽然大，纯利率不到 5%。DD 茶业属于川茶第三集团，未脱离小农意识，企业的生产、销售都处于半商品化、半市场化的状态，DD 茶业茶叶品质好、春茶早，是竹叶青、碧螺春、信阳毛尖等供应基地。

（2）DD 茶业产品定位于中低端，未离肉搏战。

DD 茶业无可争议的品质并没有得到市场应有的较高回报，价格与价值并不对称，产品整体定位于中低端，价格处于低价竞争的层面。目前只做中低端市场，中高端专卖店渠道还未完全建立起来。DD 茶业品牌定位不精准，推广手段无组合，时间上断断续续，不系统。产品规划混乱，包括名称、价格、包装等，拉低品牌档次，DD 茶业高端品牌的建立遥遥无期。

（3）品牌知名度有限，影响力还很弱。

茶的本质是"历史和文化"，这一本质决定了中国茶业品类自古以来的区域性历史，这也是目前诸多名茶虽有品类但无品牌，最终形成不了名企的本质原因，如信阳毛尖、西湖龙井、铁观音、普洱茶、大红袍等。DD茶业虽然有一定的知名度，但是在四川并没有家喻户晓，品牌形象仍然偏弱。尚未建立完善的品牌管理体系，无法应对来自国内外优秀品牌的大举进攻。消费者对 DD 茶业的产区属性认知不高，还没有明确的品牌发展方向。

（4）营销思维还停留在推销阶段，营销模式传统。

目前，茶企主要靠持续的战术创新获得业绩，但是战术基于信息不对称，竞争对手获悉后很快就能跟进，导致竞争同质化。就当前茶产业竞争现状分析，DD 茶业还处于初级竞争阶段，主要特征为同质化，体现在强调产区、提供相近价格区间、同品类的产品。DD 茶业还停留在推销阶段，营销功能还处于一种萌芽状态，营销模式不明晰，区域市场规划与策略不系统。店面服务无特色，营销人员已感疲惫，需要去寻找一些新的促销方法。

（5）团购市场的潜力还未挖掘出来。

DD 茶业营销体系不健全，市场网络覆盖率低，采取传统的大众分销模式。目前，只能在茶叶大市场传统分销渠道做中低端市场，大量的社会资本还没有利用起来。商政礼品茶团购市场还未走上专业化运作道路，团购市场还没有形成系统的打法，走出雅安就无法复制。虽然在学习优秀企业的营销模式，但精髓还没有把握准。

第三部分　解决方案

消费者认可蒙顶山茶叶品质好，但群龙无首，没有一家叫得响的企业占据蒙顶山茶第一品牌这个位置。LL 县蒙顶山其他茶企尚没有觉醒，没有占领这个心智空白点，没有在四川，甚至全国喊出响亮的口号。DD 处在品牌建设机会的窗口期。

1. 品牌规划

2009 年，DD 茶业苦心探索提出了"回归本源"的品牌理念，向爱茶人传递"见茶还是茶"的品牌思考。带着洞察世事后的返璞归真心态，于从容取舍之间，重新审视这个真实的世界，原来"茶还是茶，水也仍是水"。为了配合这个理念，从那时起，DD 茶业在门店装修、产品包装等方面，一律以浅色调为主，力求"回归本源"。2012 年，当再审视蒙顶山茶产业大势，"回归本源"虽然有其深刻的内涵，但实践证明，由于文字表述"深奥"，导致沟通成本高，消费者难以理解，需要企业二次解读。

根据传播学理论，"简单、通俗、易于理解"是传播基本的原则。放眼四川茶产业大环境，"回归本源"定位需要全面提升。DD 品牌规划分三步曲：第一步为品牌定位；第二步为品牌核心价值；第三步为品牌诉求，如图 4 - 8 所示。

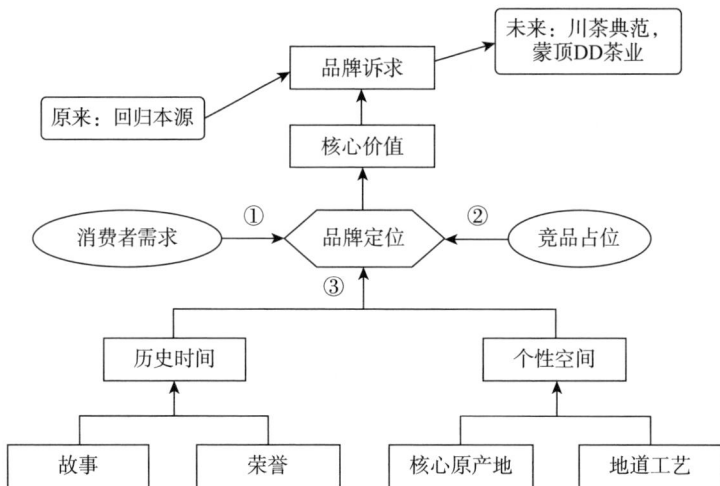

图 4 - 8　DD 品牌规划逻辑图

品牌要想脱颖而出，有两种方式：

一是借助第一、实力、优先等硬指标，即通过技术创新、市场聚焦、概念创新、新品类等方式，把品牌的硬性优势传达给消费者。

二是对抗，通过与行业内的知名品牌进行对抗，进而提高自身的知名度。

根据以上逻辑，DD 茶业采取强化蒙顶山茶的产区属性，将品牌战略重点放在诉求"蒙顶山第一品牌"上，以"蒙顶山第一品牌"的强化提升

"品牌档次"。采用抢先定位法，抢占"蒙顶山制茶世家"这个"第一"的宝贵心智，强调 DD 茶业在同行业的领导性、专业性地位，拥有最好的制茶工艺，使 DD 茶业成为蒙顶山茶的代名词。要成为蒙顶山茶第一品牌，需要回答以下 3 个问题：目标消费者最渴望什么、提出的关键价值点是否被占领、我们能否支撑提出的价值点。

（1）目标消费者最渴望什么。

中国是个层级社会，经济、文化和消费的辐射力都是自上而下，DD 茶业做高端品牌，占领高端市场和人群。同时，也有适当的价位辐射大众消费群，以核心群体带动大众消费群。通过《消费者需求问卷》调查得出如下结论，排在第一的是对产品品质的关注，第二是对产品品类的关注。由此可见，消费者对产品制作工艺和核心原产地尤为渴望，如图 4 - 9 所示。

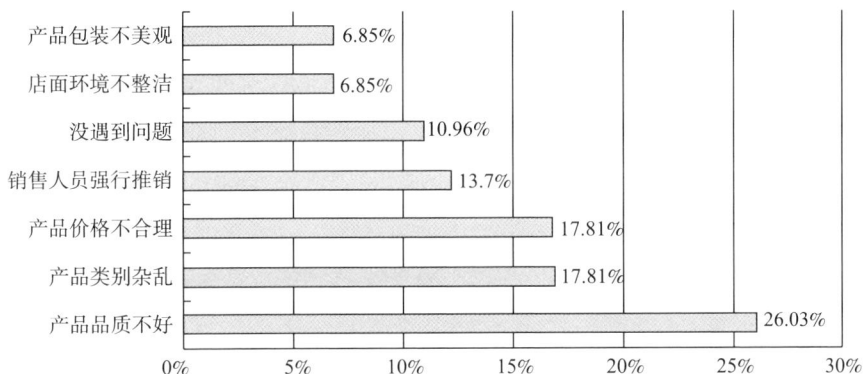

图 4 - 9　茶叶消费者最担忧的是什么

（2）提出的关键价值点是否被占领。

先从雅安茶行业检视开始，看对手是否抢先定位。通过深入走访研究得出：雅安大多数茶企没有系统的品牌规划，也未抢先定位蒙顶山制茶世家的概念。再从四川茶行业检视，竞争对手的诉求集中在文化历史、品质方面。DD 茶业"蒙顶山制茶世家"的定位，既诉求了文化历史，也诉求了蒙顶山茶品质第一。主要竞争品牌定位如表 4 - 5 所示。

表4-5 主要竞争品牌定位

范围	公司名称	品牌定位	核心价值	品牌诉求
雅安市	味独珍	核心原产地	正宗地道	与大熊猫共生的国宝级名茶
	大富	文化	宽泛虚无	做茶文化，做文化茶
	茗山茶业	无明确品牌定位	核心价值不明显	无明确诉求
	皇茗园	无明确品牌定位	核心价值不明显	无明确诉求
	禹贡茶业	无明确品牌定位	核心价值不明显	无明确诉求
四川省	竹叶青	文化	超脱意境	平常心，竹叶青
	峨眉雪芽	品质	安全绿色	品在有机，贵在珍稀
	仙芝竹尖	生态、品质	产地正宗	峨眉山涧，绿茶之巅
	一方茶水	文化	地域体验	一方茶水养一方人
	花秋	品质	工艺地道	花茶专家
	文君茶业	文化	身份品位	君者味，文君茶
	蜀涛茶业	文化、历史	厚重	传世茗香，品味蜀涛

（3）DD茶业能否支撑提出的价值点。

细看茶界风云变幻，中国茶背后是什么？是文化。文化卖的是什么？文化卖的是时空。历史时间的支撑点是故事和荣誉，是消费者的心理情结和文化情结；空间个性的支撑点是核心源产地、地道工艺，是消费者的生理体验和工艺认知。DD茶业在近20年发展历程中，地道工艺代表着蒙顶山茶的标准，包括色、香、味、形、包装、价格，代表着蒙顶山茶最好的品质和信得过的承诺。因此，DD茶业将从故事、荣誉、核心原产地、地道工艺四个维度全面提升品牌。其中，地道工艺成就了"蒙顶山制茶世家"，DD茶业已经奠定了坚实的根基。

1）故事。

公元前53年，吴理真在蒙顶山种下7株茶树，首开世界人工种茶之先河。由此而产生的蒙顶山茶文化，是人类共有的灿烂文明。蒙顶山茶自唐天宝元年（742年）就被列为贡品，历经宋元明清入贡皇室1200年，被誉为"天下第一茶"。1959年，蒙顶山茶被评为全国十大名茶之一。创业伊始，董事长与夫人白天在田间劳作，晚上背着幼子，点着煤油灯开荒种茶。天道酬勤，DD茶业一直以来得到张氏前辈老茶人的传授指点，20多年勤勤恳恳几经打拼，传承了蒙顶山制茶技艺。

2）荣誉。

张氏家族世代居住在茶马古道起点 LL 县蒙顶山南麓，以种茶制茶为业。作为祖先后人的传承祖艺，恪守"万事诚为本，手艺莫欺心"的祖训，诚实经营，千锤百炼做好茶，使得"DD 茶业"字号美名扬。DD 茶业凭借精湛的蒙顶山制茶技艺、诚实守信的经营理念、造福一方的质朴情怀，2010 年，董事长当选"全国劳动模范"称号，为四川茶界赢得了荣誉。其创办的 DD 茶业入围 2011 年全国茶叶行业百强、成为省级农业产业化经营重点龙头企业。此外，他先后荣获"雅安市优秀乡土人才""2007雅安茶业之星年度人物"、农业产业化贡献之星称号、"先进工作者"称号、"雅安市十大创新型先进人物""四川省茶祖杰出传人"等荣誉。DD茶业产品获得多项国家、国际大奖，连续五年作为四川省外事专用茶，馈赠给世界数十个国家领导人和贵宾。一直以来，DD 茶业品牌深受市场信赖，是四川茶业的一块金字招牌。

3）核心原产地。

蒙顶山是我国历史上有文字记载人工种茶最早的地方，是茶的发源地、世界茶文化圣山。蒙顶山古名蒙山，坐落在四川盆地边缘的雅安市 LL县境内，是蜀中一大名胜，与著名的峨眉山、青城山齐名，并称四川的三大历史文化名山。它久负盛名，因夏禹足迹所至而有"禹贡蒙山"之称；而"蒙顶山茶"自唐始作为贡茶便闻名遐迩，"扬子江心水，蒙顶山上茶"的绝句吟唱千年。一如既往，公司始终把"质量求生存，品牌谋发展"作为公司的核心宗旨，把产品质量放在首位。2012 年 5 月，DD 茶业作为四川省首家较完善运用四川省绿色食品质量追溯体系的茶业企业，利用标签追溯二维码，通过短信或网络可查询，能了解到包括产品基本信息、产地环境、生产记录、质量检测、物流记录等详细的产品信息，解决客户的食品安全担忧问题，让消费者买得明白、喝得放心。

4）地道工艺。

三炒三揉三烘焙是经验与灵感的最佳演绎。DD 茶业蒙顶山茶历经几代人的传承与不断探索，精益求精，传承创新。其生产的系列产品均采用

DD 茶业绿色食品生态茶园的优质蒙顶山茶为原料，严格执行《蒙山茶》国家标准。DD 茶业成熟的三炒三揉三烘焙制作工艺，确保 DD 茶业蒙顶山茶质量的长期稳定，产品获得国家质检总局批准的"蒙山茶原产地域保护"专用标志和国家绿色食品认证。完美蒙顶山茶口感更是 DD 茶业制茶技师历经千万次品茶记忆所凝聚的深湛理解。经典好茶的内涵正在于，三分天赐，七分人工。值得一提的是，2010 年 1 月 17 日，雅安 DD 茶业黄茶研究所正式挂牌成立，标志着四川省首个以研究蒙顶山黄芽为对象的专业研究机构即日成立，对 DD 茶业来说是一个发展壮大的里程碑，DD 茶业黄茶研究所是全国唯一的黄茶研究机构。

用 DD 茶业劳模的身份抢先喊出制茶世家的定位，完全可以支撑。结合消费者需求和竞争占位及自身资源优势，规划出品牌金字塔如图 4-10 所示。

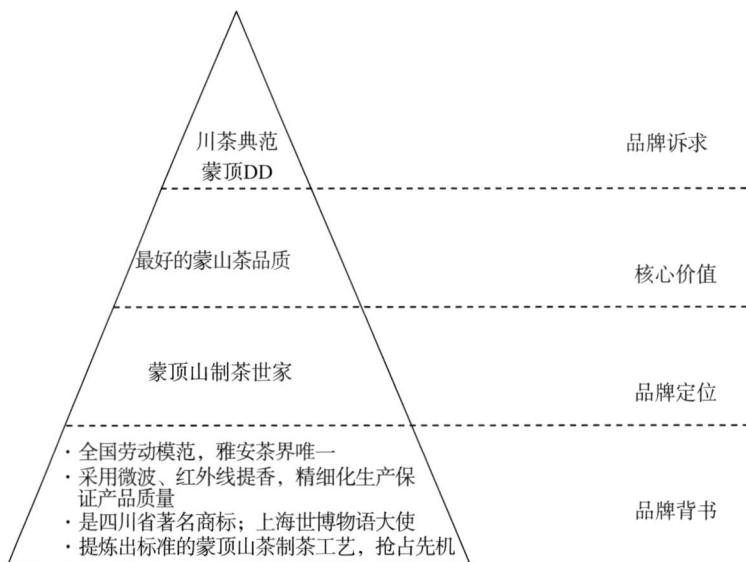

图 4-10　品牌金字塔

2. 品牌传播

营销的战场在心智、在情感，优秀的营销策略是赢得了消费者的心理需求，品牌认同从和消费者沟通开始，得心智者得天下。消费者愿意为自已认为最好的品牌花更多的钱，如表4－6所示。

表4－6　DD茶业年度品牌传播计划

对象	政府/行业人士	团购者	消费者	媒体
目的	获得支持，争取优惠政策	占领意见领袖，产生团购行为	获得认知认可，取得购买信任	获得支持，提高曝光率
内容	在LL县推动成立四大茶业集团公司的背景下，市场竞争力不断增强，使DD茶业成为LL茶业的表率品牌，成为雅安农业产业化龙头企业的美誉	DD茶业茶叶品质优异、品牌美誉度高、与企事业单位关系良好，是政府和企业商政送礼、亲朋好友送礼的首选	DD茶业是蒙顶山制茶世家代表，具有优异的质量、广泛的品牌知名度及美誉度，值得消费者长期购买饮用	DD茶业是一家质量为本，具有社会责任感、使命感的企业，是一个能够整合产业链，带动茶农致富的龙头企业，是各媒体关注的焦点
方式	公关	广告、公关	广告、营业推广、人员推销	公关

（1）针对政府：

传播目标：高峰论坛预告，提出关键问题，引发行业专家及政府关注．

论坛形式：论坛＋软文。

主题:《文化、品牌、产业》。

传播内容：长久以来，三农问题一直是县域经济发展中地方政府的主要问题。如何依托蒙顶山区得天独厚的茶叶资源，让龙头企业带动蒙顶山农业走上标准化、规模化道路，带领茶农脱贫致富，这是茶企的使命和责任，也是企业发展的必经之路。蒙顶山茶叶高峰论坛带领地方政府、行业专家和企业代表三方商讨农业企业的突围之路。

邀请媒体：地方政府的官方报纸，如《LL日报》《雅安日报》。

（2）针对行业人士：

传播目标：高峰论坛预告，提出关键问题，引发行业专家及政府关注。

传播形式：论坛＋软文。

主题:《DD茶业创新茶产业发展新模式》。

传播内容：茶业的根本是农业，但茶叶行业目前的产业模式不完善，造成产业链上游茶农的收益无法保证，这将对茶产业的长久发展造成不利影响。DD 茶业整合企业、政府与茶农三方产业要素，创新建设成一条以企业为龙头、以政府为支撑、以茶农为基础的紧密合作的新型农业合作模式。

邀请媒体：《茶博览》《茶周刊》《茶世界》。

（3）针对意见领袖：

传播目标：塑造 DD 茶业制茶世家、品质为本的概念，认知 DD 茶业为蒙顶山茶的杰出代表。

形式：品鉴会 + 软文。

主题：川茶典范，蒙顶 DD。

传播内容：LL 县地处蒙顶山南麓，公元前 53 年，吴理真在蒙顶山种下了七株茶树，是人工种茶的始祖，世界茶文明由此发祥。张氏家族祖先在茶马古道起点 LL 县蒙顶山制茶，并世代居住于此。张氏后人传承祖业，恪遵"千锤百炼做好茶"之祖训，诚信经营。2010 年，凭借精湛的蒙顶山制茶技术和诚信经营，张 DD 茶业获全国劳动模范称号，为四川茶人赢得了荣誉。DD 茶业品牌是深受市场信赖的川茶典范，是四川茶叶的一块金字招牌。

邀请媒体：地方官方报纸、航空杂志。

（4）针对消费者：

大众家庭：大众健康型品牌，传播绿色保健功能，女性购买者居多；城市新兴白领：对中国茶文化有个性的理解，应针对性推出时尚型品牌，传播新型的消费及生活方式。品牌的推广应注意加入时尚元素，赋予中国传统蒙顶山茶以新鲜的活力，赢得年轻消费者的芳心，覆盖时尚类媒体及时尚活动。

传播方式：销售终端采取生动化陈列、现场促销、折扣搭赠、小礼品赠送等方式。

（5）针对媒体：

尽快建立 DD 茶业的媒体库和媒体网络，包括全国性媒体，如《中国企业家》《创业家》；行业性媒体，如《茶博览》《茶周刊》《茶世界》等；省内媒体，如《成都商报》《成都日报》等。与媒体保持良好的关系，邀请媒体朋友经常参加公司重要商务活动。

第四部分　推进实施

在预算有限的情况下什么都做，不如集中力量、统一模式做最简单的传播，营造 DD 茶业品牌氛围，这就是最有效的传播。区域推广重点应放在核心终端品牌建设和品鉴会传播上，计划五年内在全国大中城市开设专卖店 100 家、加盟店 200 家，大幅度提升企业产品的国内市占有率，将"DD 茶业"打造为全国驰名商标。军事上有言："伤其十指，不如断其一指。"以雅安为根据地，集中优势打歼灭战，把企业的力量集中在一个点上，在攻下一个根据地之后，再辗转其他根据地。找准优势区域，集中优势资源，在高度分散市场的形势下深度营销，迅速把市场占有率做到43%，最终达到74%，如图 4 - 11 所示。

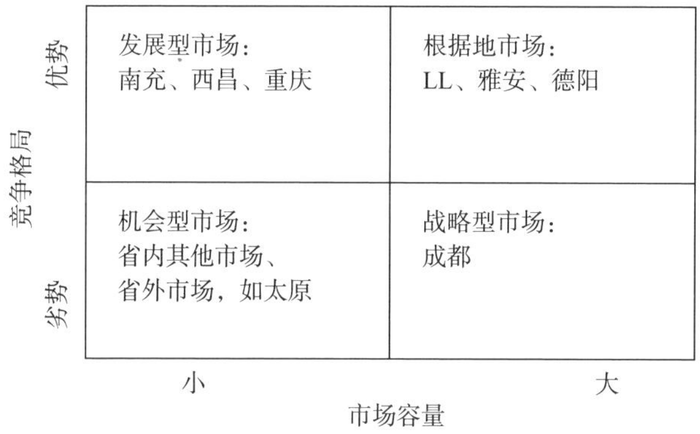

图 4 - 11　找准优势区域

短时期内中低端散装茶继续经营，以维持现金流。根据行业发展趋势，DD 茶业未来必须定位高端、形象升级、建立根据地，借船出海、步步为赢，最终实现战略的华丽转身。开发黄芽、甘露、红鼎一系列精装茶，与原有产品体系分开运作。新产品定位于蒙顶制茶世家，成为蒙顶山茶文化的传承代表。占领高端意见领袖资源，获取超高利润，反哺上游茶农。

2012 年 4 月，首届四川茶博会上，DD 茶业集团以"蒙顶山制茶世家"的全新品牌形象精彩亮相，受到了消费者超乎寻常的欢迎。在此之前，DD 茶业追求营销的战略性、系统性、长期性，打破了蒙顶山茶好原料、无品牌的怪现象。DD 茶业系蒙顶山茶界唯一全国劳模创办，世代为茶农，掌握正宗蒙顶山茶制作工艺，是蒙顶山也是四川茶业的荣耀。

为了夯实 DD 茶业品牌基础，DD 茶业引进先进制茶机械、研究茶叶制作技术，在现有的基础上进一步提升产品质量，丰富产品品类。未来五年建设 10000 亩标准化绿色食品原料基地、1000 亩有机茶基地，确保企业产品质量，力争进入欧洲等发达国家市场。适时引进战略投资者或合作伙伴，推行现代企业管理制度，探索先进营销模式，打造现代化的食品生产企业。DD 茶业成立了自己的商学院，系统地培训营销人才。成立具有营销职能的组织体系，发育一套成熟的市场业务开发模式，摸索出一套适合 DD 茶业资源和能力的打法，复制输出，区域扩张。在现有的品类内寻找合适的企业进行收购整合，完成蒙顶山茶品类集中度的提升，十年内公司入围全国十强茶叶企业，在适当时机发行股票上市。

第五章

饲料根据地市场打造

背景分析

随着养殖结构不断集约化、专业化和规模化，原有狩猎式营销模式已经不能适应形势要求。原料、养殖旺区、土地、水域等资源价值将持续得以体现，饲料厂将靠近资源建设，如南猪北养。养殖业的重新布局正在催生饲料万吨基地，尤其适用于全价料品类。以纵向整合和横向扩张获得物流半径和规模经济优势，全价料150km以内密集开发是主攻方向。

兰彻斯特第一法则又称"一对一法则"，攻击力＝兵力数×武器性能，近身战的时候双方损伤的兵力是1：1；第二法则适用于远距离战，攻击力＝兵力数的平方×武器性能，具有长距离攻击武器的一方，可以平方倍数损伤对方的兵力，如果双方的武器性能相等，兵力数的差距即是攻击力的差距。目前饲料营销从远距离战演变成近身战，兵力数和武器性能同样重要。下面是5种市场结构对应不同的作战指导思想：

（1）分散型：20%、18%、16%、14%、12%、10%、10%。

第一位占有率在26%以下，各公司战斗力关系在根号3之内，各品牌变动可能性极大。谁投入资源都可能改变竞争格局。

（2）相对寡占型：32%、25%、17%、11%、8%、6%。

前三位合计超过73.9%，第2位与第3位之和超过第1位，1位、3位战斗力的差距在根号3以外。这是三足鼎立的作战，达成一种平衡，目标对象不指定。

（3）二大寡占型：38%、36%、18%、5%、3%。

第1位与第2位合计超过73.9%，第1位与第2位的战斗力关系在根号3以内。这样的市场中，第1位和第2位会展开激烈的竞争，第三位如果展开差异化战略，则可坐收渔翁之利。所以，对于第1、第2位而言，第3位就是重点攻击对象。

（4）绝对独占型：43%、24%、17%、9%、7%。

第1位超越安定目标数值（41.7%），与第2位的战斗力关系在根号3以外。第1位为大幅领先，通常会大幅受益。处于2位、3位的必须联合起来才有获胜机会。

（5）完全独占型：74%、16%、7%、3%。

出现这种情况，表明该市场战斗已经结束。

不谋一域，无以谋天下。从兰彻斯特法则可见根据地市场对企业具有战略意义。根据地市场即样板市场，是基地思维在市场营销中的体现。企业只有成为区域市场占有率绝对第一，资源才会最大限度向你靠拢，竞争压力才会减小。饲料市场竞争饱和已成常态，营销人员开发养殖户和稳住经销商的难度越来越大。基于"聚焦区域、协同作战、攻坚克难、价值呈现"的原则，根据地市场能帮助企业制造来新的引擎，提高市场占有率和人均绩效，如图5－1所示。

图5－1　区域市场占有率

根据地市场作为其他地区的标杆，提供学习的前沿阵地，可以给企业员工和经销商树立信心。在根据地探索和验证营销模式，完善和修正营销方案，为其他区域提供参考和借鉴。根据地市场实践高效的管理方式，在营销过程中不断调整，为其他市场的操作提供经验。根据地市场还可以锻炼队伍、培养人才，为日后操作其他市场输出人才。

问题表现

笔者于 2002 年践行了一次根据地市场打造，选择了 4 个乡镇作为目标区域，制定了具体开发方案，概括起来为六定：定线路、定时间、定人员、定品种、定销量、定客户。通过全面深入调研，锁定目标经销商、养殖大户、竞争对手客户、村委会。计划用 7 天时间每个乡镇开发 3 个经销商，每个经销商提货 3 吨，4 个乡镇一共 36 吨。

从散养户、专业户、大型养殖场三大层面同时进入，扩大销售面。设立猪场特供服务部，推出专业户和猪场特供料。利用乳猪宝、乳猪奶、乳猪浓缩料、母猪浓缩料满足养殖户新的需求。组织专业户和养殖场开展各类培训和企业文化价值观导入。对品牌传播方式创新，采取墙体、车厢、电视、广播等喜闻乐见的形式。向专业户免费赠送饲料，向养殖大户赠送电脑并培训。推出专业户套餐服务，实施种苗＋饲料＋保健（兽药、疫苗）＋收猪＋培训一条龙服务。如图 5 - 2、表 5 - 1 所示。

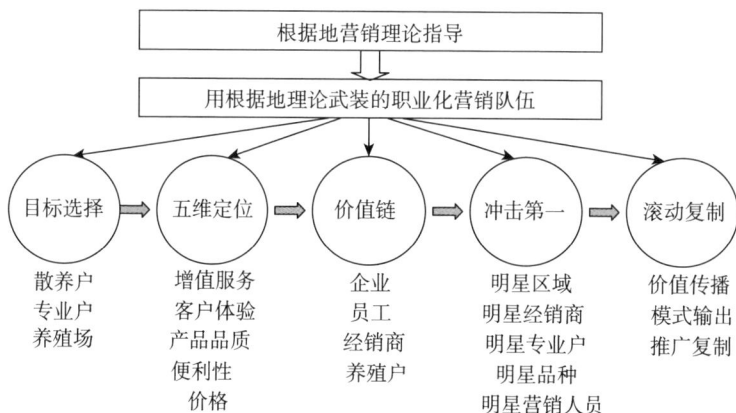

图 5 - 2　根据地营销理论指导

表 5 - 1　根据地市场打造计划表

拜访路线	所辖自然村	人数	交通工具	备注
1 路	金台、瞿家、友谊、石塘冲	1	一台摩托车	大区经理 1 名、区域经理 1 名、现场指挥一名；宣传车一台（司机一名）；促销物资若干
2 路	赵山、永家、金盘、长山	1	一台摩托车	
3 路	栗术坪、腰塘、三望、洪宜	1	一台摩托车	
4 路	岳峰、向阳、坝塘、镇上	1	一台摩托车	
5 路	白璧、荷太、荷塘、横塘	1	一台摩托车	

从实际效果来看，达到了每个乡镇平均 10 吨，4 个乡镇一共 40 吨的销量，产品结构以浓缩料为主，超额完成了计划任务。对 4 个乡镇潜力市场进行聚焦开发，进行了全面的深度调研。时间安排紧凑，工作目标明确，工作效率很高，改变了营销人员一贯懒散的工作状态。总结了一套根据地市场打造的宝贵经验，不再停留在概念阶段。锻炼了一支有战斗力的营销队伍。工作结果与工作过程紧密结合，对营销过程管理实现了全覆盖。但也存在以下问题：

1）没有打造根据地市场的意识。往往是平均使力，狩猎式获取订单，用户分散，市场攻击缺乏层次，市场的集中穿透力有待提高。人均绩效瓶颈难以突破，营销效率一直在低水平徘徊。乳猪料、保育料、育肥料、母猪料产品组合不优，全价料规模效应发挥不出来；

2）根据地市场选址有误。市场基础不牢，即使投入再多资源也无济于事。选址凭感觉和经验，没有经过仔细的定量分析，一步错、步步错；

3）市场调查走流程，竞争分析不细致，找不到突破口。用户信息收集的完整度较低，无法建立市场的全局视野，用户档案的使用不充分；

4）盲目派遣营销队伍进驻根据地市场，准备不充分，企业资源浪费严重，营销人员信心崩塌，士气低落，造成人才成长周期太长；

5）市场引爆策划落入俗套，难以起到四两拨千斤的作用。推广活动缺乏影响力，没有仪式感和新鲜感，不能给用户留下深刻印象。促销活动只起到即时作用，对后续销售形成的拉力不够；

6）经销商对公司的依赖性高。等、靠、要的思想严重，不主动投入资源，不积极配合公司。企业对经销商的根据地市场打造理念灌输也不够，不能与经销商形成统一思想。厂商之间的职责分工不明确，单纯地依靠厂家资源推动又难以持续；

7）营销团队执行力不足，激励机制不足以支撑营销人员保持激情。首先，根据地市场的投入要有足够的难度预期，如果需要营销人员承担市场风险，就会出现临阵脱逃的现象。因为营销人员的需求特点是投入和回报要基本同步，对延迟的回报没有足够耐心。其次，取得了一些业绩营销人员就会沾沾自喜，心态出现懈怠。最后，营销人员遇到困难存在畏难情绪，不敢进大户、害怕竞争对手反击，出现不了了之的现象。因此，前期培训和动员非常重要，需要里程碑式的总结表彰会议来鼓舞士气；

8）市场成果巩固较难，一定会出现"人走茶凉"的现象。因为竞争对手的强力反击，区域相对优势很难长期保持，一旦出现反弹，营销人员举手无措。出现"人走茶凉"的原理如图5-3所示。

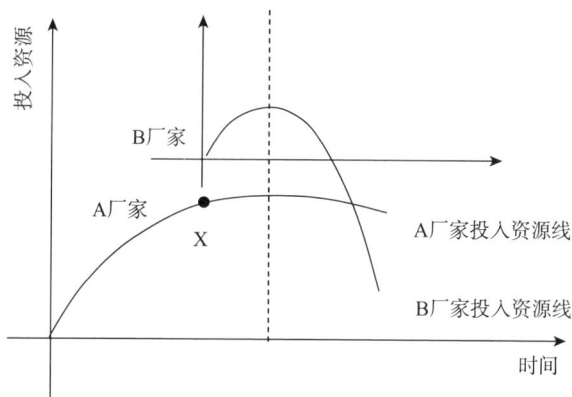

图5-3 出现"人走茶凉"的原理

解决方案

孙子兵法："故用兵之法，十则围之，五则攻之，倍则战之，敌则能分之，少则能逃之，不若则能避之。故小敌之坚，大敌之擒也。"根据地思维打的是阵地战，必须坚持"打死仗、攻得进、守得住"的思维。集中优势兵力打歼灭战，大战敌人 10 个团，还不如全歼敌人 1 个团，在 10 个市场有销量，还不如在 1 个市场做到极致。根据地市场秉持的原则如图 5 – 4 所示。

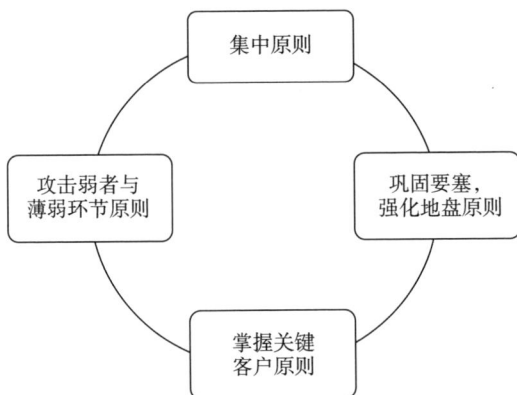

图 5 – 4 根据地市场秉持的原则

饲料企业以根据地为支点，冲击 150km 以内区域市场绝对 NO.1，向万吨基地迈进。达到不战而胜的目标需要实现四大转变：

1）从依靠个人孤军奋战向团队协同作战转变，实施群狼战术；

2）从风平浪静向鲶鱼效应转变，形成竞争机制，激活营销团队；

3）从浅尝辄止向纵深挖潜转变，做到下乡进村蹲户；

4）从零售思维向批发思维转变，洞悉农村文化特点，实施会议营销。

为了短期见效、长期见利，拟提出饲料根据地市场打造六步法：根据地选择 – 团队建设 – 深度调研 – 引爆启动 – 高效运作 – 巩固复制。

第一步：根据地市场选择

第一，根据地市场要有较好的品牌基础，市场有一定潜力规模，外部竞争具有相对优势。

第二，经销商的经营理念与企业高度吻合，主要考察渠道商的经营理念、社会资本、店面场地、资金实力、媒介资源等。

第三，市场要具有代表性，试点区域的消费特征、渠道特征、经销商特征等要对企业的未来发展具有代表意义，能摸索出一套模式向外输出。

第四，辐射能力要强，根据地市场要选择有区位优势的地方，具备向周边市场辐射的有利条件。

运用"根据地评估模型"对被选若干市场进行筛选。一级维度为市场吸引力，包括养殖户数量、养殖牲畜总数、饲料消费总额、人均 GDP；市场环境，包括本企业渗透率、区位优势、经销商实力；竞争态势，包括主要竞争对手、竞争集中度、本企业竞争力，每个指标各占一定权重，分别打分，得出被选市场的最终得分，得分最高的优先作为根据地打造对象，如表 5 – 2 所示。

表 5 – 2　根据地市场评估表

维度	评价指标	格式	权重	区域 A	区域 B	区域 C
市场吸引力	I1：养殖户数量	定量				
	I2：养殖牲畜总数	定量				
	I3：饲料消费总额	定量				
	I4：人均 GDP	定量				
市场环境	I5：本企业渗透率	定量				
	I6：区位优势	定性				
	I7：经销商实力	定性				
竞争态势	I8：主要竞争对手	定性				
	I9：竞争集中度	定性				
	I10：本企业竞争力	定性				
合　　计						

说明：1. 在三个市场进行比较，定量指标按照排名分别为 3 分、2 分、1 分。
　　　2. 定性按照 0 分、1 分，可以同时为 1 分或 0 分。

第二步：营销团队建设，注重发挥经销商的人力资本

孙子兵法："故知兵之将，民之司命，国家安危之主也。"一个根据地开发团队由 7～11 人组成，开发组长一般由大区经理兼任。2 人一小组，1 个"老"人带 1 个"新"人，形成小组之间的比、学、赶、帮的氛围。如表 5 – 3 所示。

表5－3 开发团队人员结构表

层级	团队组成	人数	标准	来源	职责
管理层	开发组长	1	大区经理以上标准	省区经理或大区经理	出规划、做计划、主管理
	开发主任	1～2	较强的独立开发能力，一定的管理经验，执行力强	行业成熟人员、区域经理，有机会走向大区经理等管理岗位人员	学习＋执行＋提升＋监督＋协调
执行层	开发专员	2～3	有独立开发客户的能力	一般成熟人员（相关行业1～2年销售经验），有机会走向区域经理岗位人员	学习＋执行＋提升
	开发助理	3～5	暂时无独立开发能力	新人、学员等	学习＋执行

　　开发团队分管理层和执行层进行考核，月度一小考，季度一大考。依据根据地市场的特殊使命，主要考核市场占有率、养殖户占有率、销量计划完成率。其中，业务管理层在大客户开发和团队管理方面重点考核，业务执行层在养殖户占有率和客户满意度方面重点考核。一方面是充分发挥管理层在大客户开发上的经验；另一方面加强客户关系管理，提高客户满意度。两方面都具有重要意义，如表5－4所示。

表5－4 绩效考核表

等级	考核周期及权重	考核指标						
		销量完成率	市场占有率	养殖户占有率	回款及时率	大客户开发数	客户满意度	团队管理
管理层	权重	30%	10%	10%	5%	20%	5%	20%
	第1个月							
	第2个月							
	第3个月							
	得分							
执行层	权重	40%	10%	20%	10%	10%	10%	0%
	第1个月							
	第2个月							
	第3个月							
	得分							

在发挥企业自身营销团队力量的同时，也要注重发挥经销商的价值。不同区域不同特征的经销商要因人而异，采用不同的管理方式。对于经验型经销商，要求业务员要深度介入，共商细节，把握整体方向；对于依赖型经销商，加强帮代培训，逐步介入，标准固化；对于守旧型经销商，要强势管理，反复教育，讨逆扶顺。必须把经销商的资源纳入根据地规划考虑之中，充分发挥经销商的人、财、物、网络、物流优势，建立共担风险、共享成果的机制。

第三步：深度市场调查

营销人员应遵循"出门一个方案、回来一个报告"的做事作风，保持足够的时间进行市场调查，切不可认为市场调查很简单，敷衍了事。为了避免调查的盲目性，在调查前进行全面的培训十分必要，人手一份《市场调查计划和报告模板》。调查完毕每人写一份市场调查报告，开发组长集合大家的报告，写出根据地市场操作目标、路径和思路。全体人员集中开会碰撞，由公司管理层提出修正意见，最后形成根据地市场作战指南，下发团队将士，严格执行，如表5-5所示。

表5-5　市场调查实施表

大类	小类	获取途径
区域宏观经济	人口、面积、行政区域等自然环境和社会环境、畜牧业相关的政策	地图、黄页、网站、农委、协会
市场容量	市场可能拥有的最大用户数量、养殖户比例	行业专家、经销商、供应商
产品	质量档次、产品特性、规格种类、包装风格等	经销商、养殖户
价格区间	用户可能接受的价格、畅销价格区间	经销商、养殖户
渠道	渠道模式、渠道层级、渠道冲突、渠道激励效果	经销商
促销	购买者的信息来源、影响其购买的方式、购买地点	经销商、养殖户
竞争对手	主要竞争品牌的产量、质量、价格、市场占有率、渠道、推广，包括潜在竞争者、可能替代品	竞争厂家、经销商
品牌认知	用户的品牌认知度、品牌偏好；媒体价格、读者（观众、听众）数量、频段、价格等	养殖户、媒体、广告代理商
未来发展趋势预测	对未来市场的发展趋势进行预测，找出影响市场的主要因素，分析可能的市场机会及不利情况	行业权威人士（政府、协会、院所）、供应商

德鲁克说："企业的唯一目的就是创造顾客。"这句话的背后其实包含两个逻辑：一是创造客户需求；二是争夺客户需求。在饲料市场，争夺客户需求是第一步。因此，对前三名竞争对手的调查必须深入细致，如图5－5所示。

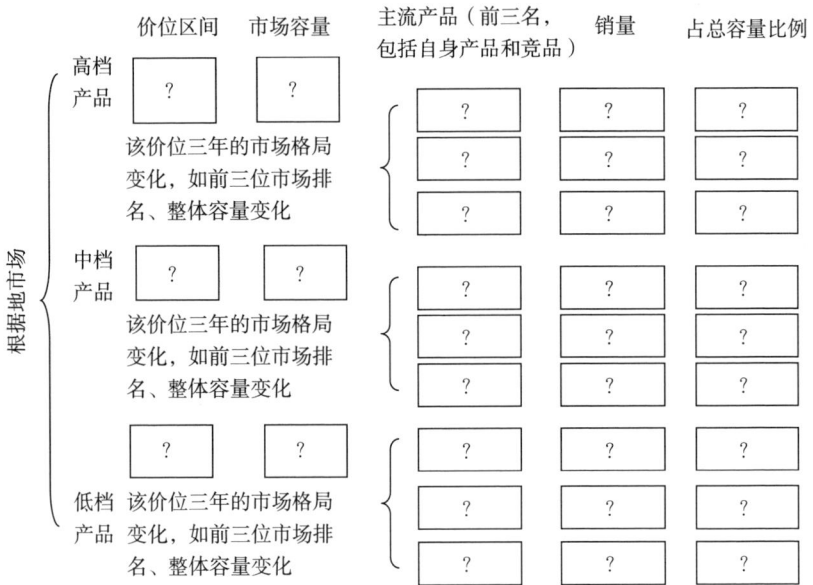

图5－5 根据地市场调查

通过调查，最终画出根据地区域作战地图，人手一幅，牢记在胸，如图5－6所示。

第四步：正式启动阶段

（1）后勤物资筹备。

兵马未动，粮草先行。寻找招待所或租赁房子，准备必要的办公和生活条件。地址要选在交通方便、阳光充足的地方。配置会议室和具有激励作用的标语，营销过程实施可视化管理。创造一个积极向上、开放轻松的工作氛围。配备必要的销售工具，包括公司彩页、产品彩页、销售政策、手机、产品检验报告复印件、名片、样品、小礼品、广宣品、笔、电脑、摩托车或轿车、作战地图、经销商档案表、专业户档案表、竞争对手信息收集表、出差行程计划表、示范户培育表、科技讲座登记表等。

（2）引爆启动。

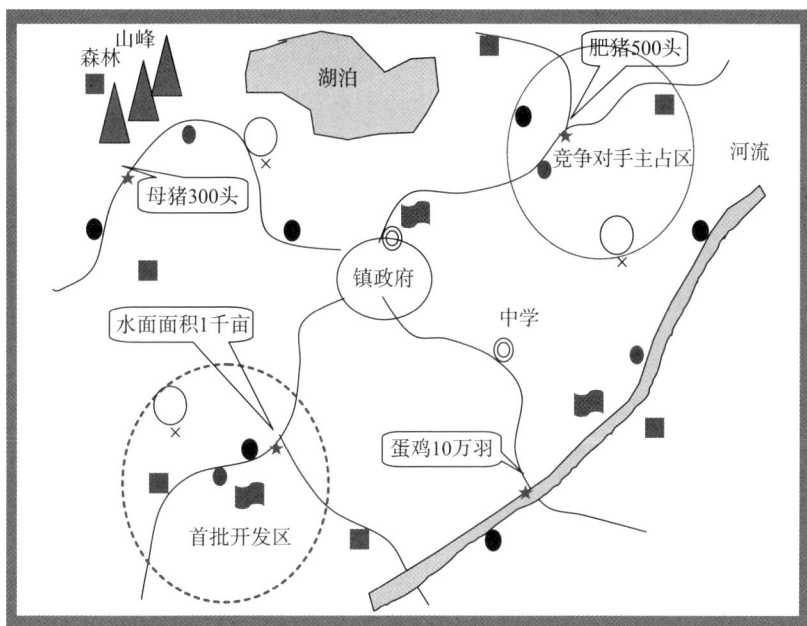

图 5-6　根据地区域作战地图

孙子兵法："凡战者，以正合，以奇胜，故善出奇者，无穷如天地，不竭如江海。"从需求和竞争两个角度，确定价格的高低和促销力度的大小，形成四种引爆策略，如图 5-7 所示。

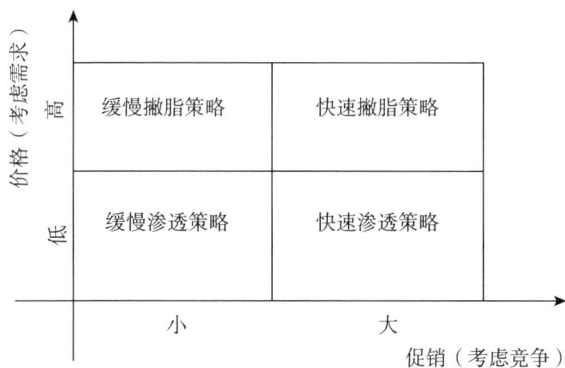

图 5-7　四种引爆策略

中国是一个农耕大国，十三亿人口就有七亿农民，农村民间文化才是中华民族的根脉所在。在引爆根据地市场的时候，充分利用农村文化的力量事半功倍。农村市场面积往往是城区的几十倍、上百倍，当地人对农村非常熟悉。根据地市场，首先你要找到当地合适的人，候选人包括兽医工作者、村干部、养殖大户、运输司机等，从中选聘一名做驻地营销人员。他们的工资前期可以由厂家承担，后期可以由厂家和经销商对半承担。遵循工作内容与报酬直接挂钩的原则，加强过程化管理。通过他们拜访当地经销商和养殖户，尽快建立客户档案。

经销商是一个基于乡情的赊销圈，第一圈是指直属亲戚，是靠血缘关系维持在一起的群体；第二圈有血缘关系，但平时不住在一起或不经常见面；第三圈是指远方亲戚，平时偶尔见面；第四圈是指同学、同事、老师、学生、领导、同乡、朋友、合作伙伴、熟人的亲戚或朋友等。所以，优质饲料经销商要符合三个条件：圈子大、资金足、商誉好。

在农村做传播要迎合当地的传统习俗，找到喜闻乐见的传播方式，形式大于内容，如赞助一场戏、祭祀寺庙、祠堂竣工典礼、修家谱、五好家庭评选、春联、灯笼、舞龙狮、放电影、修路架桥等。农村用户讲究礼尚往来，希望讨个好彩头，品牌取名尤为讲究，如发财人、黑土地、老村长、双胞胎。在节假日之际，把营销变得更有节日气氛。做农村市场，促销是必不可少的。促销品强调试用、功能、耐磨、实用，如加厚洗脸盆、加厚水桶、洗衣粉、加厚猪场工作服等。

目前，农村留下的是"三八、六一、九九"。由于接受信息不多、识别能力有限、跟风从众现象普遍，农民坚信"耳听为虚、眼见为实"的道理。因此，培育示范户是做好饲料销售的重要方式。现在每家每户都有电视机，看露天电影的机会都没有了，也不像过去村委会经常开会。因此，科技讲座会很受农户欢迎，但随着养殖规模不断扩大，会议营销的档次也在不断提升，内容比形式更重要。

第五步：日常营销运营

营销管理平台包括责任体系、绩效考核、流程管理、数据分析、会议管理、信息汇报六个方面。

首先，搭建组织框架，明确责、权、利，对新员工或空白市场可以设置3个月的过渡期，过渡期对结果指标不做考核，只考核过程指标，工作量与工资挂钩。

其次，数据分析与管理系统保证有数据，能从销售数据看到营销的问题。

最后，会议包括晨会、周会、月会等，做到言必行、行必果、果必真。信息层层汇报，一层对一层负责。

第六步：滚动复制

根据地将成为其他市场人员的练兵基地，市场完成区域布局以后，拓展人员可以转移到下一个区域，市场维护专员留守，以此类推……饲料行业竞争环境为"区域竞争全国化、全国竞争区域化"。"区域竞争全国化"强调企业整体资源实力的竞争优势，"全国竞争区域化"强调企业深耕细作、灵活性的竞争优势。直接反映"渗透容易立足难""招商容易挣钱难""短期容易长期难""做广容易做深难"。为了防止根据地市场"反弹"，注意以下要点：

1）帮助经销商建立自己的团队，逐步承接企业开发团队的职能；

2）开发团队实施提成衰减机制，建立"回头看"举措，明确留守责任人的考核指标，定期有针对性地开展营业推广活动；

3）根据市场情况逐渐调整或减少"推拉"的政策力度和比例；

4）建立情报收集制度，时刻关注竞争对手动态，有效拦截竞争对手；

5）坚持二八法则，抓住核心客户资源，及时处理客户投诉，80%的精力用于核心用户，以稳定销量，20%精力用于非核心用户，以借势扩张；

6）举行里程碑式的总结表彰仪式，及时兑现承诺，保持人员不掉队；

7）建立竞争壁垒，打造区域核心竞争力，如小产业链优势、低成本运作优势。

他山之石——EE 茶业：根据地市场打造

引言

市场是江湖，混乱而无序，重要的是我们要时刻清醒，拔剑要快，出招要准。如果不能抢占先手，那么一定要成为高手。依据饲料营销的最佳半径原理，全价料生产基地围绕 150km 以内进行密集开发，夯实根据地基础，建立竞争堡垒，这是下一阶段淘汰赛的主战场。根据地思维是每个企业家都应具备的战略思维，没有根据地就是无源之水、无本之木，就像一只远航的小舟没有归途。有了根据地，渠道、产品、品牌、运营模式就有了阵地，就有了坚强的后盾。

区域经济未来的关键在于企业家的潜力、素质和前途。EE 茶业公司是以董事长为核心的 80 后创业团队，给黔茶吹来了一缕清风。EE 茶业以遵义市区为根据地，步步为赢、稳定推进，总结出来一套方法论，为全国市场区域化的饲料企业提供了一个样板。

第一部分　案例背景

贵州优美的自然环境和人文环境孕育尊贵的茶叶品质。贵州茶叶内质好，但省内茶企缺乏深加工和品牌意识。贵州茶叶多以原料形式流向省外企业，茶叶精深加工不足，影响产业产值的提高。2011 年贵州精制茶只占茶叶总产量的 26.2%，精制茶占全省茶叶产量比重小，占全国精制茶产量比重更小。相比福建、浙江、安徽、四川、河南等省，贵州茶行业仍处于小、散、乱、弱的完全市场竞争阶段。省外强势茶叶品牌尚未在本地茶叶市场占据强势地位，市场发展空间大。因此，贵州茶业在国内市场仍是一方净土。EE 茶业应该抓住这样的机会，通过整合生态茶园、旅游资源、绿色有机产品等资源，在产业价值链上掌握话语权，实现企业实力快速提升，把贵州 MM 建设成绿茶的东方波尔多。

遵义地处中国西南腹地，是中国西部的重镇之一，贵州省第二大城市，属于国家规划的长江中上游综合开发和黔中经济区建设的主要区域。遵义市 MM 县是"贵州茶业第一县"，全县新增茶园 22.5 万亩，总面积超过 30 万亩，其中投产茶园 16.5 万亩，茶叶产量 15060 吨，产值 9.13 亿元，全县茶业综合收入近 14 亿元，先后荣获"中国名茶之乡""全国重点产茶县排名 16 位""全国特色产茶县""最受百姓欢迎产茶地"等称号；"MM 翠芽"获"贵州三大名茶"殊荣，品牌价值达 7.69 亿元。

所产"MM 翠芽""遵义红""湄江翠片""遵义毛峰""兰馨雀舌"等品牌茶叶畅销全国、香飘神州。主打"MM 翠芽""遵义红"两大品牌，"MM 翠芽"已获中国驰名商标称号。"MM 翠芽"先后 28 次荣获"中茶杯""中绿杯"等国家级名优茶评比金奖，在 2009"贵州十大名茶"、2010"贵州五大名茶"评比中荣登榜首。MM 县相继被中国茶叶学会、中国茶叶流通协会等授予"中国茶叶产业政府贡献奖""中国名茶之乡""全国重点产茶县"和"全国十大特色产茶县"称号，被人民网评为"最受百姓欢迎产茶地"。国家农业部农产品定点交易市场贵州·MM 西南茶城是黔北地区最大的茶叶集散地，占地面积 345 亩的"中国茶城"。

EE 茶业公司始建于 2000 年，以"EE 茶业，只做好茶"为理念，是集茶叶科研、生产、加工、营销及配套服务为一体的茶业民营企业。采用"公司＋专业合作社＋基地"的运行模式，公司在贵阳设有营销中心。公司创业之初把资源集中于商超渠道建设上，没有自有茶园和生产车间，采取收购和代加工轻资产发展模式，本质上是一家销售公司。2011年，企业发展出现了瓶颈，究其原因，茶叶的本质是农业，农业的关键在上游种植和加工，不能控制质量的农产品已经不能继续取得消费者的信任和政府的支持。在这样的背景下，公司高层决定投资建设厂房和茶园，引入智力机构。

2011年，EE茶业在贵州MM国家农业科技园区征地23亩，于当年6月开工建设年产1000吨名优茶生产线。新的车间和办公大楼也已经竣工，生产线为MM茶界最好，公司面貌焕然一新。公司生产的"古色古香"牌"MM翠芽"于2009年获中国国际绿茶博览会金奖，2011年公司生产的"JJ"获第九届"中茶杯"特等奖，2010年公司被评定为市级龙头企业，2012年公司已申报省级扶贫龙头企业和省级产业化龙头企业，申报国家级产业化龙头企业和国家级扶贫龙头企业。

经过3个月的咨询服务，营销战略、品牌规划、产品价格体系、渠道设计、品牌设计、整合推广计划已经完成，接下来面临根据地市场的打造。

第二部分　问题解读

项目组认为，EE茶业面临两大营销主题：

一是如何成为品类NO.1？如西湖龙井、信阳毛尖、洞庭山碧螺春、黄山毛峰每个品类都有成百上千家企业，EE茶业力争成为MM翠芽品类的NO.1和代名词。

二是如何产业为王，拥有产业位势，承担产业责任、贡献产业价值？打造中国茶产业的"翠芽模式"，政府是支持者、企业是组织者、茶农是参与者，形成政府、企业、茶农三者完美统一的产业关系，EE茶业必须要做产业龙头。公司以打造根据地市场，擦亮"MM翠芽"这块金字招牌，需要解决以下六大问题：

（1）商业模式如何设计。

EE茶业原有商超渠道狩猎式营销模式已经严重制约了公司的发展，销售渠道主要是商超、茶叶批发市场，营销渠道需要升级。茶园基地与加工生产均采用OEM模式，公司高层已经意识到该模式已经不能适应公司的发展，在高端市场失去了占位先机。茶叶从本质上讲是农产品，农产品特性离不开茶园、工艺等因素，研发生产基地和加工工艺是核心竞争力和创新的基础。商业形态亟待升级，在价值链上占据更有利的位置。

（2）制定什么样的营销战略。

茶业是为数不多能成为第一的行业。但 EE 茶业在市场区域规划上是狩猎式开发，省内和全国化扩张也是蜻蜓点水，营销战略没有统一规划，目标人群需要重新界定。有关时空布局的问题本质上是营销战略问题。由于营销战略不清晰，销售额多年徘徊不前。

（3）品牌如何定位与传播。

古言："大河涨水小河满。"十多年的老品牌为什么还只是地方性品牌，走不出大山的根本性问题是什么？地方品牌要走出大山，有哪些有效的推广方式，企业是否能承受前期推广的费用投入，EE 茶业如何成为 MM 翠芽大家庭中的一支生力军，如何借政府推动 MM 翠芽公共品牌的东风，这是一个品牌定位问题。品牌打造是一个系统工程，同时也是一个"战略投入工程"。MM 翠芽产品品种太多，没有主打产品，如何规划明星产品？产品规划乱，包括名称、价格、包装等。尚未建立完善的品牌管理体系，无法应对来自国内外优秀品牌的大举进攻。

（4）如何从游击战转变为阵地战。

原来没有根据地的意识，客户遍地开花，来者不拒。公司一线营销队伍已经不足以支撑公司未来 3～5 年的发展要求。基于这一现状，搭建快速反应的区域销售平台，实现销售指挥机构前移，完成根据地市场打造就显得尤为紧迫。但如何实施根据地市场打造在方法论上是缺失的。

（5）营销组织能力如何培育。

营销能力不是在家里想出来的，而是在战场上总结出来的。EE 茶业的组织能力还需要充实，包括思想建设、组织建设、团队建设。MM 县位置较偏，交通不便，招人有难度。招聘到企业需要的人才，组建一个专业、高效的营销铁军，是当务之急。

（6）资源是否匹配渠道升级。

本省及全国的茶业企业都处于发展中，竞争加剧，门槛提高。渠道模式是选择团购还是继续分销模式，团购又如何操作。做团购高端市场，广告和品鉴会是重要的方法，公司是否具备这样的资源，没有强大的知名度，能否建立起自己的品牌直营店或加盟店。

第三部分 解决方案

EE 茶业近期战略为"根据地区域深耕"。对具备较好品牌基础或经济基础的区域市场实施区域深耕、传播拉动模式，将其打造成为"根据地市场"，典型市场为遵义、贵阳、MM；中期战略为"战略性市场占领制高点"。利用旗舰店和现有资源进行拓展，制造品牌影响力，典型市场为北京、上海；长期战略为"大区买断模式"，如图 5 - 8 所示。

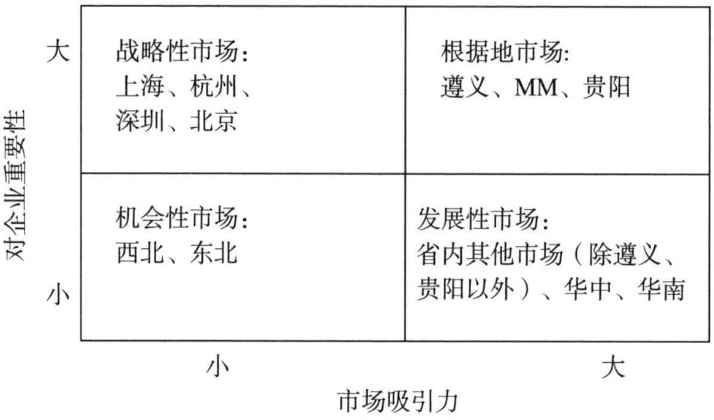

大	战略性市场： 上海、杭州、 深圳、北京	根据地市场： 遵义、MM、贵阳
小	机会性市场： 西北、东北	发展性市场： 省内其他市场（除遵义、 贵阳以外）、华中、华南

（纵轴：对企业重要性）（横轴：小 ———— 大 市场吸引力）

图 5 - 8 根据地区域深耕

1. 根据地选择

明确中国茶产业大势，充分利用 EE 茶业已经积累起来的资本、人脉、物资优势，找到 EE 茶业进入根据地市场的切入点。依据根据地选择模型，对备选城市贵阳、遵义、六盘水进行打分，最终遵义得分最高。以遵义为试点，集中优势资源打造根据地市场，如表 5 - 6 所示。

表 5 - 6 备选根据地市场评估表

指标	格式	权重	贵阳	分数	遵义	分数	六盘水	分数
市区人口数量	定量	0.1	3	0.3	2	0.2	1	0.1
地区总人口数量	定量	0.05	2	0.1	3	0.15	1	0.05
人均 GDP	定量	0.05	3	0.15	2	0.1	1	0.05

续表

指标	格式	权重	贵阳	分数	遵义	分数	六盘水	分数
茶叶消费总额	定量	0.05	3	0.15	2	0.1	1	0.05
市场习惯	定性	0.05	1	0.05	1	0.05	1	0.05
进入壁垒	定性	0.2	0	0	1	0.2	1	0.2
EE茶业茶渗透率	定量	0.05	2	0.1	3	0.15	1	0.05
主要竞争对手实力	定性	0.2	0	0	0	0	1	0.2
市场集中度	定性	0.05	0	0	1	0.05	1	0.05
直接经营成本	定性	0.2	0	0	1	0.2	0	0
总分				0.85		1.2		0.8

2. 团队建设

把营销中心移师到遵义市，缓解招人难问题。通过根据地市场的打造，形成人才招聘、培养、晋升体系，规范企业组织化运营，完成从销售公司到实体企业的转变，为区域夯实和全国扩张建立有保障的人、财、物后勤体系。完善营销组织架构，公司组建了几十人的销售团队，着力建设组织化营销能力，并聘请了经验丰富的培训师资，定期进行公司营销队伍的实战培训，为公司随后的市场操作活动准备人才资源，如图5-9所示。

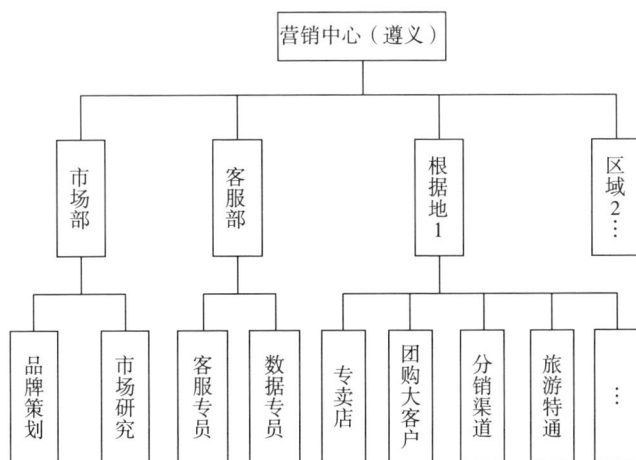

图5-9 营销组织架构

3. 深度调研

为了探究遵义黔茶品类研产销各个环节现状，探究都匀毛尖、MM 翠芽等省内品类、省外品类在贵州区域市场的竞争态势。按照项目调研计划，项目组深度走访了 MM、遵义、仁怀、贵阳等区域市场，为最终品牌营销战略的制定，收集到了大量的一手资料。

项目组重点对遵义市区密集排查，建立遵义根据地市场团购客户档案。对遵义红色旅游渠道进行盘点。调查渠道商的现状、需求和潜力，为渠道商的加盟寻找契机。掌握竞争对手的营销策略、营销数据、营销状况，对根据地媒体资源进行调查沟通联系，为启动引爆市场做好准备。调查实施计划如表 5 – 7 所示。

表 5 – 7　调查实施计划

大类	小　类	获取方式
地理环境	人口、面积、行政区域等自然和社会环境、政府相关政策	地图、黄页、网站
团购用户	文化、习惯、市场规模、潜量、需求特点、商政团购情况、喝茶水平、喝茶方式、品种、旺区和淡区、旺季和淡季、当地茶叶原料供应、消费者结构、购买渠道、采购习惯、消费过程中遇到的主要困难等 填写《团购关键决策人档案》	通过当地农委或商务系统网站查阅和拜访焦点消费者
终端渠道	专卖店、经销商、茶庄茶馆、旅游、会所、烟酒店、大型浴场等渠道区域市场分布；经营情况：一二级经销商销量、价格、利润、资金、厂家给予扶持政策、资信、家庭状况、个人喜好与能力、信誉情况、客户服务能力、经营产品的品牌数量、促销支持情况、客户反映等 填写《终端渠道信息汇总表》，最后填好详细的档案表，画出流通渠道结构图及各层级利润分布图	通过实地地毯式走访获得
竞品情况	畅销品种、款式、包装规格、运输费、返利、一二级经销商利润率、质量情况、售后服务、消费者与渠道商对产品认知程度、媒体广告投入的种类、分布、频段、力度等 填写《竞争对手档案表》，最终画出每个主要竞品的出厂价、批发价、团购价、零售价价格结构图	一般间接访谈渠道商和消费者获得这方面的信息，也可以通过实地店面走访获得
本品表现	销售情况、市场价格管理体系执行情况、消费者反馈的信息、渠道商意见、渠道商经营中的困难等 填写《本品市场表现表》	通过实地走访获得

4. 导入启动

（1）时机。

2013 年清明新茶上市时机隆重推出高端产品品牌"JJ"。正式进军遵义市场前召开一次动员大会，围绕大型品鉴会展开，通过一次大型的品鉴会来启动整个市场，启动 EE 茶业在遵义市场的第一批核心意见领袖。品鉴会结束后，对所有核心意见领袖进行开发。此前，空间传播要预热整个市场，为 2013 年的业绩突破打好坚实的基础。找准优势区域，集中优势资源，在高度分散的市场，迅速把市场占有率做到43%。

（2）进驻。

把营销中心移师遵义，租赁房子，配置办公生活用具。房间要求交通方便、阳光充足、宽敞明亮，办公室装饰简洁明快，营造积极向上、乐观自信的氛围，适当配备具有激励作用的标语口号、上墙看板和文化墙等。

（3）品牌定位。

根据小企业推产品品牌、大企业推公司品牌的原则。经过论证，选择采取集中推广明星产品品牌，重点规划 JJ 品牌，EE 茶业作为背书，如图 5 - 10所示。

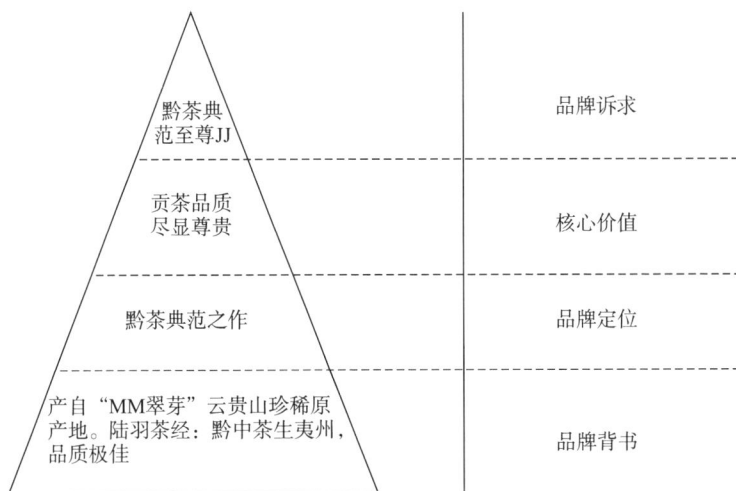

图 5 - 10　品牌定位

诉求语为"黔茶典范·至尊贵牙"，副标题为"产自 MM 翠芽云贵山珍稀原产地"。支撑理由为 MM 地处云贵高原，高海拔、低纬度、弱光照的独特自然环境，其山常年云雾缭绕，遍地幽兰丛生，所产 MM 翠芽自古是贡品，茶圣陆羽在《茶经》中称赞"黔中茶生夷州，其味极佳"。此山所产茶荣获第七届"中茶杯"一等奖，有"一两黄金一两茶"之美称。

中高端以"JJ"实现突破，启动"消费者盘中盘加终端盘中盘"模式。一方面对团购客户进行公关；另一方面进入高档销售渠道。通过"一店一策"的运作和在酒店免费赠茶，使"JJ"产品可靠的品质获得主流商务人士的认可，最终实现市场整体突围和流行性消费。中端阻击产品：以"遵义红"、MM 翠片、名优散茶等为主打产品，以较好的品质赢得旅游市场和家庭自饮市场，同时以稍高于市场同类产品的价格，获得渠道推力，从渠道和消费者层面阻击竞争对手。渠道形式有旅游景点特产专卖店、茶叶专卖店、茶楼、茶庄，以及档次较高的商超、店中店等。

（4）品牌传播。

2012 年品牌推广目标："贵牙"品牌成为"MM 翠芽"区域公共品类第一品牌；2013 品牌推广目标：EE 茶业公司成为贵州茶行业领军企业；2014 品牌推广目标：EE 茶业公司成为国内知名茶业企业。着手排查媒介资源，了解根据地市场可用的媒介资源，进行前期沟通洽谈。

1）团购市场传播策略：

传播目标：塑造 JJ 为黔茶经典之作、品质为尊的印象；

传播思路：品鉴会；软文＋大牌＋电视；

核心诉求：黔茶典范，品质 JJ；

媒介建议：地方政府网站、报纸、高速路大牌、航空杂志、行业专业媒体传播思路：

传播内容：物极为尊，物稀为贵。至尊 JJ 产自贡茶之山 MM 翠芽云贵山珍稀原产地。其海拔于白云之上，于寒霜之下，贡茶树丛错落而生。每年清明时分，细雨流瀑，茶枞沐甘露生发，采茶人精选数万颗肥厚茶芽制成黔茶典范之作——至尊 JJ。2007 年，公司产品一举荣获第七届"中茶杯"特等奖。

2）大众渠道传播策略：

传播目标：塑造 EE 茶业品质为本、造福地方的企业形象；

传播思路：墙体、地方活动、地方网站、地方报纸；

核心诉求：EE 茶业，只做好茶；

媒介建议：地方政府网站、报纸、行业网站、行业媒体；

传播内容：贵州茶叶内质丰富，品质优异，属国内茶叶上等原料。作为贵州茶叶主产区，MM 的发展靠茶叶，茶叶的生产靠茶农。EE 茶业以振兴 MM 茶业为己任，依托国家对农业产业化的支持，致力于 MM 茶产业的发展和本地数十万茶农生活品质的改善，坚持只做好茶，打造 MM 的茶叶名片，造福地方。

3）旅游市场传播策略：

传播目标：打造地方特色品牌，渲染红色革命气息；

传播思路：借国内旅游大势、黔文化传播大势、本地旅游资源优势。2013 年毛泽东诞辰 120 周年，红色文化圣地遵义必将迎来怀旧旅游热潮；多彩贵州文化推广活动在全国火热进行。遵义具备丰富的红色旅游资源；

核心诉求：红色之旅，共饮一杯；

媒介建议：首选酒店、宾馆《客户服务手册》植入广告、景区户外广告、交通工具、软文广告；其次选择互联网广告，交通工具座套广告、视频广告、列车到站报站冠名、景点门票附带广告；机会性的选择地方旅游局对外宣传活动中的植入广告。

（5）引爆策略。

鉴于遵义市场有较大的需求潜力，目标顾客具有求新心理，急于购买新产品，并愿意为此付出高价；企业面临潜在竞争者的威胁，需要及早树立名牌；品类在根据地市场有极好的群众基础，品质是消费者选择产品的首要因素，公司产品品质有保障，且具有包装和概念优势，竞争双方势均力敌，EE 茶业决定实施"快速撇脂策略"。实行高价格，在每一单位销售量中获取最大的利润，同时，实行高促销，引起目标市场的注意，加快市场渗透，建立竞争壁垒。

EE 茶业产品定位于商政礼品市场，主推中高端产品品牌，包装设计秉持尊贵理念，价格比竞争对手更高，目标是树立高端形象。年度整合营销推广采取高速大牌和品鉴会两种方式。总之，以品鉴会为引擎，以旗舰店为阵地，开展系统化的团购。为了把团购、品鉴会、店面运营工作执行到位，客户开发实施"专线切入，专业运作"。

党政专线：四套班子及各级政府接待办、公、检、法、司；

执法专线：工商、国税、地税、质检、技监、环保、海关、商检、烟草、交通、公路、审计、国土、防疫部门等；

金融专线：四大国有银行、商业银行、信用社、保险、信托、证券等；

通信专线：移动、联通、电信、邮政、网通、铁通等；

能源专线：电力局、自来水公司、天然气公司、石油部门等；

文教卫专线：教育局、学校、电视、广播、报纸、卫生局、各大医院；

军警专线：当地驻军、武警、消防队等；

实力企业专线：当地龙头企业或者有实力的各类大中型企业。

第一阶段：产品品牌突围。

某一历史悠久的老品类的领导者，但是老品牌消失或者已经被消费者固化认知，企业产品线宽但认知模糊，品牌没有新意。以一支新的概念性主导产品或一个新品牌传播概念，强力扭转消费者对品牌的认知，实施这一策略需要具备如下条件：

☞ 品牌有一定基础。

☞ 产品设计概念性强。

☞ 产品前期的市场培育。

☞ 产品价差设计及动态创新促销。

☞ 新品牌概念设计及品牌投入集中、前瞻性投入。

EE 茶业茶叶目前具备品牌基础，且是 MM 茶的主要推动者，适合此种方式。EE 茶业先启动"产品创新激活老品牌"突围模式，待"JJ"新品牌有一定影响力时候，再启动"意见领袖驱动"模式。线上广告拉动＋线下组织推动，掌握核心意见领袖资源。参加各类茶博会、组织区域经济发展论坛、茶叶发展论坛等，优化企业形象，通过销量的提升形成品牌影响力。

第二阶段：意见领袖突围。

所在品类是垄断性的名优茶，但是"小散乱弱"，没有品牌茶，竞争对手都很弱小，短期内不会有很大变化。通过在当地的社会资本，撬动当地的礼品茶、办公接待用茶市场，再联动大的企业礼品、团购，通过高端消费者的口碑传播不断提高品牌影响力。实施这一策略需要具备如下条件：

☞ 有社会资本做支撑。

☞ 根据地强力广告投入。

☞ 围绕"意见领袖"的品牌传播策略。

EE茶业在MM及遵义，有广泛的社会资本，并拥有财力支撑进行广告投入，适合采用此种方式。梳理已有的团购资源，借助已有的行业协会、其他行业社会资源，开拓社会资本，吸纳相近行业优秀的团购经理嫁接社会资本。

5. 日常运营

任命一位遵义大区经理，大区经理再自由组合团队，主要包括公关专员、团购专员、特通渠道专员。组织运作直接决定执行力，运营管理的真谛在"严+细"。管理就像按跳蚤，如果不到位，按住这个另一个又起来了。日常运营包括组织责任体系构建、流程优化、激励考核、数据分析、信息汇报制度、员工学习与成长六个方面。每件事情责任到人、落实到点，事前计划好、事中监督好、事后奖惩好。按照PDCA循环，把一年的营销计划称作一个大的PDCA循环，那么每季、每月、每周、每日都是一个小的PDCA循环，就是在一次小的PDCA中不断提高。从某种程度上说，这个团队组织运营力将决定其战斗力，也将决定遵义市场的成败。

6. 巩固复制

遵义是公司着力打造的第一个根据地市场，只能成功，不能失败。遵义将成为其他市场人员的练兵基地，市场完成区域布局以后，拓展人员可以转移到下一个区域，留下市场维护专员留守，以此类推……前期市场区域主要集中在贵州省内。近几年，公司在稳定 MM 市场的基础上，逐步拓展了遵义、贵阳、六盘水等区域。同时，公司在省外广东、山东、东北等积极开拓市场，力图让 EE 茶业品牌和渠道得到跨越式发展，走向全国。

第四部分 推进实施

咨询方案到实践落地中间有一条"河"，要顺利渡过这条"河"需要有一条"船"，这条船就是根据地的成功打造。事实上，根据地打造的难度不亚于方案的制定，也正好印证了"知易行难"的真谛。EE 茶业高层严格按照"根据地选择 – 团队建设 – 深度调研 – 导入启动 – 日常运营 – 巩固复制"六步法思路，制定了详细的半年计划甘特图，召开了根据地市场启动大会，遵义区域人员士气高涨、信心倍增。2015—2016 年连续两年荣获"中国百强茶企"称号，董事长被评为"2016 年中国茶业年度经济人物"。

第六章

饲料『+互联网』

背景分析

商场不努力，淘宝就帮他努力；

银行不努力，支付宝就帮他努力；

通信不努力，微信就帮他努力；

诺基亚不努力，小米就帮他努力。

......

今天，如果你还在抱怨，就一定有人愿意替你代劳。趋势的来临是抵挡不住的。在当今跨界颠覆的时代，你的资源不整合别人就拿走你的资源，当你看懂了、相信了，已经来不及了，这就是趋势。海尔集团董事局主席、首席执行官张瑞敏说过："没有成功的企业，只有时代的企业。"在互联网时代的浪潮里经营的唯一风险就是观望。

2012 年，中国政府提出"宽带中国"战略，《通信业"十二五"发展规划》发布，针对我国宽带普及、物联网和云计算等新型服务业态制定了未来发展目标和规划。这些政策加快了我国新技术的应用步伐，将推动互联网的持续创新。截至2014年6月，我国网民规模达6.18亿，互联网普及率为46%，我国手机网民规模为5.68亿，网民中使用手机上网的用户占比达80.5%。截至2013年年底，中国电子商务市场交易规模达10.2万亿元，同比增长29.9%。其中，B2B电子商务市场交易额达8.2万亿元，占比80.4%，同比增长31.2%。网络零售市场交易规模达18851亿元，同比增长42.8%。电子商务相比传统分销的优势体现如表6-1所示。

表6-1　电子商务相比传统分销的优势体现

	传统分销	电子商务
生产模式	大批量，低成本	小批量，多品种，快速反应
销售模式	工厂-分销商-消费者	工厂-消费者
库存模式	大量库存	零库存成为可能
广告模式	狂轰滥炸	精准制导
管理模式	模拟化管理	数据化管理

2015年政府工作报告中指出：要制定互联网+行动计划，推动移动互联网、云计算、大数据、物联网等与现代制造业结合，促进电子商务、工业互联网和互联网金融健康发展，引导互联网企业拓展国际市场。壮大信息消费，全面推进电信网、电视网和互联网"三网"融合，加快建设光纤网络，大幅提升宽带网络速率，发展物流快递。以互联网为载体、线上线下互动，互联网金融异军突起，电子商务、物流快递等新业态快速成长。

与传统营销相比，网络营销手段更加多样化、更方便快捷，也更符合现代人的需求。在如今网络支付的场景越来越多，也越来越被人们所接受。大到高端商场，小到菜市场小贩都支持非纸币支付的网络交易模式，无现金时代已逐渐来临。而且网络营销渠道相比于传统营销渠道也更广，企业既可以进驻第三方交易平台，如阿里巴巴、淘宝、京东、天猫等，也可以自己建立网站平台，甚至只需要微信就可以建立自己的交易市场。此外，网络营销由于渠道成本较低，往往可以降低商品的销售价格，从而提高交易的效率和利润。

（1）饲料厂家痛点：

1）产能过剩：厂家多、产能大、产品同质化严重、造成资产闲置，产能不能释放；

2）分销力弱：优质大量产品不能够通过高效的分销到达农户的手里；

3）服务力弱：企业技术专家资源严重不足，服务团队十分薄弱，养殖户得不到科学及时高效的专业指导和培训；

4）管理费高：依赖传统的会议营销、上门拜访、现场指导等，增加了厂家的人力成本和管理费用，盈利能力普遍低下；

5）信息化弱：缺乏来自市场一线的大数据，缺乏农户购买行为、养殖结构、购买水平的了解与分析，众多产品不适销对路，既造成厂家的研发成本高，又造成库存居高不下。

（2）饲料经销商痛点：

1）传统经营：竞争力差，抗风险能力弱，互联网台风来了，迫切需要接地气的转型升级；

2）品种缺乏：缺少高端前卫有竞争力的优势产品品种；

3）单打独斗：资源有限，分散经营，采购与人力成本越来越高，盈利能力越来越差；

4）同质服务：传统线下低效，缺乏线上线下相结合的差异化高效服务；

5）融资困难：经营资金短缺，资源有限，制约生意继续做大；

6）发展缓慢：养殖趋于集中，依靠原有人脉销售饲料愈发艰难，扩大市场心有余而力不足；

7）市场混乱：窜货滥价现象严重，价格战、促销战使饲料厂家生存空间越来越小；

8）赊销严重：我不赊，别人赊，不赊欠，不好卖，回款难，坏账多。

（3）养殖户痛点：

1）产品问题：缺少规模化生产下的适用对路的产品，对厂家和产品的识别能力弱，常常被推销、被动选择、被动购买假劣产品；

2）养殖风险高：抗疫病灾害风险能力弱，猪价波动频繁，亏损严重；

3）卖猪难：产品附加值低，非规模化养殖，产品品质参差不齐，信息不对称，无法实现产需对接和定制化生产高附加值农产品；

4）贷款困难：无抵押能力、无人担保、小额贷款利率高，扩大规模养殖难以实现；

5）养殖成本高、赚钱难：农村人力成本不断攀升，农资产品价格有涨无减、缺乏产业链依托，造成农户增量不增收；

6）获取养殖商情能力弱：获取信息途径少、不及时、不系统、不专业，无法实现产需对接；

7）农技服务与培训得不到保障：不能及时有效地保障最实用、最有效、前沿的养殖技术。

2015 年中央一号文件提出：支持涉农电子商务平台建设，农资电商生逢其时，机遇与挑战并存。农村网民规模正在快速增长，但受农业发展水平整体落后的影响，各类农资电商举步维艰，或方兴未艾，需要解决的问题众多。信息流不畅最突出，并造成产业链各环节效率低下，互联网信息技术及电商平台大有可为。农资电商作为下一个蓝海，农资企业和互联网巨头虎视眈眈，依托各自优势开拓市场。移动互联网全面渗透到日常生活，互联网大数据，比你更懂你，大数据，让精准营销成为可能。

问题表现

跟着感觉走，抓住梦的手；

在关注，但一直没行动；

在没想清楚怎么运作之前，不敢轻举妄动；

少了也没事，多了更好；

互联网焦虑症，害怕错过风口而掉队；

有的企业在做，但还不够接地气；

原来的渠道还在做，会不会有冲突；

农民走向互联网还需要时间；

经销商担心被互联网甩掉；

会不会服务越来越多，利润越来越少；

......

以上是摘选于对饲料行业人士调查的原话，从不同侧面反映了饲料电商的现状。当前，饲料产能明显过剩，市场竞争加剧，经营成本上升，新技术和新产品的获取越来越困难，养殖环节对饲料的要求越来越高。饲料企业从规模扩张阶段向着"价值创造"阶段转变。为了降低养殖户的饲养成本，提升行情波动下的经济效益，已有部分饲料企业开始触网。2014年，网络和移动互联网在预混料环节开始试水，这些探索者大多是一些具备一定质量、物流优势的中小企业，如浙江东立、湖南百宜、江苏远方中汇、江西派尼、西安禾丰等，虽然取得了一些业绩，但还是有不少问题：

（1）农村电商条件不够成熟。

农村网络普及率低，老人和小孩对电商不了解，零散的养殖户不具备网上购买能力。线上销售需要品牌号召力，对电商的产品及商业信誉持怀疑态度。线上销售的信任来自两方面：一是付款方式的信任；二是产品质量的信任。第一点已经不是什么问题，很多是物流代收或者是第三方支付保障等，这使得网上销售成为现实；第二点消费者对没有品牌背书的饲料质量难以相信。大部分养殖户资金紧张，对赊销需求还很强，暂时还离不开传统经销商。对于大多数依赖经销商资金支持的养殖户而言，他们本来就不关心饲料电商。农村与城市电商环境对比如表6－2所示。

表6－2　农村与城市电商环境对比

比较维度	城市	农村
人群对象	白领、年轻人，思维活跃	老人、小孩、妇女，思想保守
硬件软件	网络全覆盖，PC、智能手机普及	网络存在盲区，智能手机为主
对中间商依赖度	现款现货，不依赖经销商	需要赊销，高度依赖经销商
集客持续性	人口密度大，集客成本低	人口密度小，集客成本高
物流成本	第三方物流发达，成本低	物流发展滞后，隐形成本高
品牌影响力	品牌意识强，赢者通吃	品牌意识弱，品牌鱼龙混居
政府监管	监管严格，信任度高	监管有盲点，信任度建立难

（2）饲料经销商成电商掣肘。

当线上价格低于线下，将无可避免地冲击主营线下业务，容易招致经销商的不满甚至倒戈，竞争对手如果乘虚而入，必然得不偿失。更大的忧虑还在于既要发展好线上业务，又想维护好线下地位，难度非常大。特别是对大品牌企业而言，线上销售会对自身成熟的线下销售渠道造成干扰冲击，涉及产品价格界定、经销商利润、业务员去留等一系列问题。全国各地线下零售价不统一，不利于网络直接明码标价，线上线下价格体系混乱、中间渠道臃肿、标准化程度低、运营能力差。目前主要靠发展线上代购、线下收取佣金，抛弃中间经销商，颠覆传统模式。因此，传统经销商和业务员对电子商务具有反感情绪，配合度普遍不高甚至暗地抗拒。鱼与熊掌难以一时兼得，需要时间去过渡。

（3）企业电商人才缺乏，运作专业度不高。

饲料企业原本就缺少互联网基因，互联网专业水平低，又没有信息化技术，电商团队运营效率不高。电子商务人才招聘和培养显得很缓慢，85后、90后电商专业人才依然缺乏。缺乏成熟的饲料＋互联网样板，也没有真正逃离价格战、人海战、促销战，想真正互联网＋化谈何容易。虽然已有许多饲料企业建设了自己的官方网站，但都没有得到妥善的管理和维护，只是将企业的官方网站当作单纯的宣传推广工具，或是形象工程，未能充分发挥其在网络营销市场中的作用。

社会化网络营销是利用社会关系网络开展的营销活动，是集广告、促销、公关、推广为一体的营销手段，是典型的整合营销行为。相对于其他行业，饲料企业很少在网络上进行营销推广。很少有企业在行业论坛里进行营销推广，如中国畜牧论坛、畜牧人论坛、百度饲料贴吧等。绝大多数饲料企业都没有利用微博网络进行营销推广。在微信营销方面，不少饲料企业已建立相关微信公众号，而且也有业务员开始在朋友圈进行企业营销推广，但在创意、传播面、转化率等方面还需要下很大工夫。数据积累少，缺乏数据分析和应用，导致产品生产、流通及技术服务效率低下；技术服务能力弱，无法为农户提供养殖解决方案。信贷保险难以有效推广，缺乏互联网金融参与，企业难以做大。企业思维还停留在网络营销阶段，离互真正的联网思维差距还很大。

（4）集客不可持续。

养殖户的网购习惯难以培养，传统会议营销方式集客成本高，会后活跃用户存活率低。无客户基础，无流量支持，成交量也少。目前企业仅有的一点线上订单几乎是线下经销商的尝试，真正农户网购饲料还非常有限。网站推广力度弱，网址知名度低，导致客户找不到网站。客户的复购就是对公司产品和服务极大的认可，只有客户不断地复购才会有稳定上升的销量，否则只是一锤子买卖。促销方式不具有吸引力，客户忠诚度低。开始大范围的推广，靠地推烧钱抢客户、打造形象，需要大量的资金投入，如果没有外来资本的支持，企业很难坚持下去。

（5）服务成本高。

农村地广人稀，物流发展步伐滞后，物流基地、设施和信息技术较缺乏，物流人才综合能力欠缺。小吨位订单物流配送困难，传统电商仓储模式物流配送成本居高不下。运输过程中的不可控因素多，比如风吹雨淋、包装袋磨损，容易引起饲料质量纠纷，饲料企业在物流配套服务功能方面提供有限。

总而言之，我国的物流存在较多的问题，如流通环节过多、流通方式较落后、流通成本过高、配套服务不健全、信息化建设不完善等，严重影响了饲料电商的发展。由于业务员或者经销商大多不懂技术，很难为养殖户解决实际的问题。养殖户出现问题，企业技术人员又分身乏术，无法及时赶到处理。

解决方案

战略层面

2018年7月9日，成立只有8年的小米在香港主板成功上市，预示着市场对互联网新物种的高度认同。2017年小米收入1146亿元，7年就跨越了1000亿元营业收入门槛，2017年收入同比增长67.5%，电商及新零售平台贡献的收入占比63.5%，互联网服务收入占比8.6%，也达到了99亿元的惊人规模，2018年Q1互联网服务收入占比又提升至9.4%。这充分说明互联网的业务能力，可以把硬件和电商带来的流量转化成收入和利润。总结起来，小米至少拥有这几个特征：懂行业、轻资产、会营销、重研发、强调用户体验和口碑。随着养殖从业者日趋年轻化、知识化、网络化，预示着饲料"＋互联网"将是大趋势。从做行业互联网平台的角度出发，设计商业画布如表6-3所示。

表6-3　商业画布

KP（重要伙伴）：	KA（关键业务）：	VP（价值主张）：	CR（客户关系）：	CS（客户细分）：
技术平台开发合作伙伴 经销商合作伙伴（县级、镇级服务站） 供应商合作伙伴（种药饲机） 服务商合作伙伴（农技服务商、物流服务商、金融服务商等）	线上：电商平台的开发维护，大数据的收集汇总分析，APP的上线测试，构建P2P金融平台 线下：经销商的招商，核心产品信息的发布，加盟店的建立与开业	饲料供应商：提供了一个强大的分销平台和服务网络 经销商：免费获得企业最新产品品种的区域经销权，增加线上电商销售渠道获得更大销量，免费获得经销商内部管理系统，免费获得微商城及大数据支持；免费获得其他厂家的明星产品的代理权	线上：会员服务、微信群发、推送助手、评价系统、进销存管理系统、线上推广活动、养殖宝典 线下：养殖牛人、会员服务、VIP（农场主等大户）、地推支持	养殖专业户 家庭农场 养殖合作社 养殖企业
	KR（核心资源）： 企业最新产品 企业的品牌影响力 优质的经销商网络 广泛的社会资源 资金实力（P2P金融）	养殖户：获得种药饲机一站式农资购物；获得养管收一体化服务 以最实惠的价格购到最新高效实用的产品 免费获取饲料商情和实时的动物低料肉比的解决方案 获取农业养殖保险与金融信贷支持	CH（分销渠道）： 微信公众号平台 农网 县级服务中心站 镇级服务标准站 牛人圈（含经纪人）	
C＄（成本结构）： 技术平台开发维护费用、运营费用（行政办公场地租赁、员工薪资、品牌推广费用等）		R＄（收益来源）： 销售收入、增值服务收入（广告、培训、推广活动策划、大数据报告、农技支持等）、金融运营业收入、潜在收入（基于大数据和肉食农产品等其他领域收入）		

通过线上品牌塑造，打造一个"互联网＋饲料＋金融＋服务＋动物销售"的生态圈。线上以互联网平台为核心，线下以经销商体验店为依托，以大数据为基础，以饲料销售、金融、物流服务为支撑，打通线上线下，

实现厂商一体化转型、价值链增值。帮助经销商提高产品配送和技术服务能力，建设标准化经销商门店、标准化的服务、标准化的产品，推动经销商逐步转型为饲料物流商和服务商，促进行业优化和传统经销商转型升级。致力于经销商、供应商、养殖户的信息化服务，构建厂商户三位一体的信息化网络，提高行业的透明度。通过建标准、求透明，目的就是让养殖户购买饲料、销售动物、享受农技服务更有保障。借力互联网 P2P 金融，实现供应商、经销商、养殖户、农业信贷、农业保险五方联动。总之，互联网＋是一种思维，不要把它当作一个赚快钱的工具。

策略层面

（1）业务。

不同阶段和规模的饲料企业在面对互联网来袭时，要根据自身资源和优劣势做出取舍。目前存在三种玩家：

第一种是刚刚成立不久或规模较小的企业，核心诉求是扩大品牌知名度，在信息碎片化时代，全网推广是很多企业采取的方式。

第二种是有一定品牌知名度，并且有适合在线上销售的产品，主要目的是产品销售。

第三种是本行业实力企业或跨界大鳄，他们的目标是颠覆行业，以气吞山河之势占领制高点。

客观讲，饲料行业已触网企业大部分属于第一种，只是利用网络推广线下品牌来实现销量增加。已经有少部分企业在第三方平台或自建平台上销售饲料，在尝试的过程中遇到了这样那样的问题，但随着农村电商条件的不断成熟，情况会向有利的方向转化，如湖南百宜、远方中汇、江西派尼、西安禾丰等。拟建大农业生态圈的行业翘楚已经在布局，引入战略投资方联合成立饲料"＋互联网"公司，聘请互联网专业人士，互联网＋产品＋服务＋P2P 金融＋农业保险＋农产品销售提供养殖解决方案。

饲料行业最典型的企业为农信互联，农药行业最典型的企业为田田圈，化肥行业最典型的企业为鲁西化工，种子行业最典型的企业为牛我我。经营粉丝是小米的核心思想，饲料行业也不能排除会出现"类小米"公司。到那时，不是传统意义上的饲料企业，没有加工车间，没有销售渠道，甚至没有销售成本，只拥有非常强大的管理团队、研发投入、服务力量、物流体系，现实饲料定制化生产甚至委托生产，着力提高饲料质量和性价比。用雷军的话说："始终坚持做感动人心、价格厚道的好产品。"如图6-1所示。

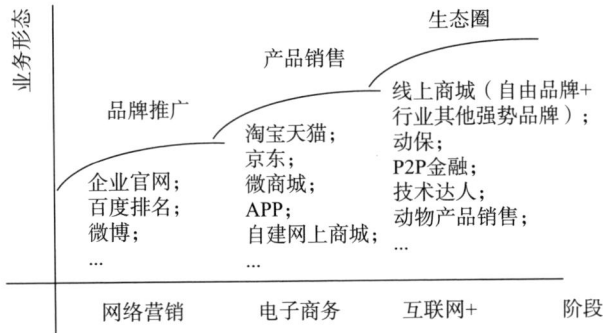

图 6-1 企业不同阶段业务形态

（2）渠道。

O2O 即将线下商务机会与互联网结合在一起。早期 O2O 比较简单，是单向的信息传输，线上 O 侧重于引流，线下的 O 侧重于体验。目前的 O2O 是线上拉动消费者需求，线下推动用户需求。O2O 特点是精准营销，推广效果可查阅，每笔交易可跟踪，能够大幅减少营销人员和销售费用。传统模式是"我去找他"，电子商务的销售则是通过一个平台"他来找我"。经销商需要改变传统"坐商""人情集客"思维，拥抱互联网思维。可以通过入股互联网平台公司实现资本一体化，实现价值观协同、共同打造厂商联盟，共同再次创业。饲料企业线上渠道的方式主要有两种：

第一种是自建网站和移动网站，往往访问量少、转化率低，主要用来塑造品牌形象；

第二种叫作融入第三方平台，这是目前饲料企业发展电商的主要选择，比如淘宝、京东。减少中间环节，优化中间商，还利于养殖户抢占市场，这就是饲料电商的根本理念"制造环节服务化，服务环节科技化"。

现在中国 70% 以上饲料都是通过经销商卖给养殖户的，互联网的到来，经销商近来广受质疑。为了解决饲料电子商务信任建立的问题，建立配送站或叫信息站是当前有效的一种形式。帮助经销商进行转型升级，经销商成为农村信息服务站站长，配送站是一种降低养殖户养殖成本的渠道。养殖户在服务站通过互联网查看到企业的产品报价及销售政策，养殖户可让服务站代购也可自行网上购买。服务站提供代购、物流配送、养殖技术等多项增值服务，让经销商从销售饲料转变成协助养殖户采购饲料的角色，让信息更加透明，消除养殖户对经销商的疑虑。配送站人选标准是具有一定推广能力和仓储物流配送能力，信誉度好、对公司忠诚度较高的客户，可由区域内业务员提出申请，经大区经理、营销总监签字后，签订建设合同，业务员签订担保书后开始建设。公司统一制定网购产品零售价格，严禁赊销，并且配送站不能随意调整零售价格。每个配送站在经营场所内要区隔出电商配送货物展示专区。

配送站货款有三种结算方式：

第一，对于通过公司电子商务网站订货但用现金支付给配送站的订单，每月月底与公司结算一次货款，把本月销售所得货款通过网银汇到公司账户，并把销售明细一同发送到电子商务部，业务员每月负责对区域内配送站库存产品进行清点，落实回款余额是否准确，做到月清月结。

第二，配送站引导用户直接在公司电子商务网站注册用户或使用经销商在网站注册的账户，在线支付货款购买的订单，公司每月与客户结算一次，把利润返还到经销商账户，同时通过在线支付购买的订单每吨给经销商一定数额的推广费。

第三，用户直接通过电子商务网站注册个人账户，并且在线支付货款购买的，公司每月与客户结算一次，把利润返还到经销商账户，同时每吨给予区域内经销商一定数额的推广费。

（3）物流。

第一，饲料企业要重视物流体系的构建，对于饲料企业最好有自己的物流体系，以保证产品及时准确地送达。加强对物流信息技术支持能力与平台信息化建设，提高企业对信息技术的支持能力。过去饲料企业一般采用基于单个职能的绩效考核体系，很难实现企业内外部一体化的经营结构，为了解决这个难题，促进企业组织内部职能和流程一体化发展，必须完善业绩考核评价体系。

第二，大力发挥经销商物流配送优势。经销商服务站能够展示样品、辅导养殖户进行网购，并且负责整个区域的饲料配送。对于一些小的、比较分散的养殖户，可以利用已有门店进行预订铺货，经销商对临近养殖户进行集中配送等。然后，饲料企业可将第三方物流与第四方物流结合起来，实现共同发展。这主要是因为对于第三方物流来说，第四方物流所提供的包括技术、资源整合策略等在内的一系列服务都是其所需要的。通过引进信息技术，加入咨询服务等，在原有的基础上可促进第三方物流加快发展，从而使其在相互促进中与第四方物流实现共同发展。

第三，在饲料企业物流发展上，强大的综合物流人才储备是必不可少的。推动饲料企业物流持续发展的人才除了要对专业知识绝对精通外，还需要对业务技能熟练掌握。在时代不断发展的今天，饲料企业已经不能将视角单纯地放在提升客户满意度上，而应加快创造超越客户需求的更大价值，以获得客户对企业的忠诚。这就要求饲料企业充分发挥供应链管理的整合优势，将更加多样化、个性化的物流服务不断地提供给客户，从而获得客户更长期的订单。京东物流在智能化分拣、无人机配送等尖端技术应用上迈出了实质性步伐。用刘强东的话说："物流效率的本质是找到速度和成本的结合点，增强客户体验感。"

（4）推广。

没有推广就没有流量，没有流量就没有转化。如何获取点击量，需要设计一套复合式业务开发模式，形成庞大的客户数据库，再把流量转化成订单，最后是培养客户的忠诚度。企业官网是网络营销的核心，是其他网络营销最基础的支撑。优秀的企业官方网站应包括简洁易懂的页面、吸引人的产品介绍、完备的搜索功能、及时更新的信息等方面。相较之下，大北农、新希望、正大等大型饲料企业的官网设计布局都比较合理，更新速度也较快。其中，只有大北农设置了"大北农商城登录"入口。

利用一切可以利用的销售平台打造"全网"营销，覆盖更广阔的目标客户。社会化网络营销建立在精准定位的基础上，偏重于口碑效应的传播。除了地面常规推广外，还要积极采取公关营销推广，利用杠杆原理

"花小钱，办大事"，主要方式有软文、DM、网络推广、促销等。付费推
广方式有淘宝、天猫、京东、百度竞价、360竞价及其他涉农网站推广等；
免费推广方式有QQ、微信朋友圈、微信公众号、百度（贴吧、知道、百
科、新闻、知识问答）、360、微博、博客、论坛及其他视频网站等。互联
网的发展使得信息透明化，现在每个人都是传播者，危机公关必须重视
起来。

总之，互联网思维推广强调：建生态圈，免费集客，推送价值，放水
养鱼，收获信任、用户货币化，如图6-2所示。

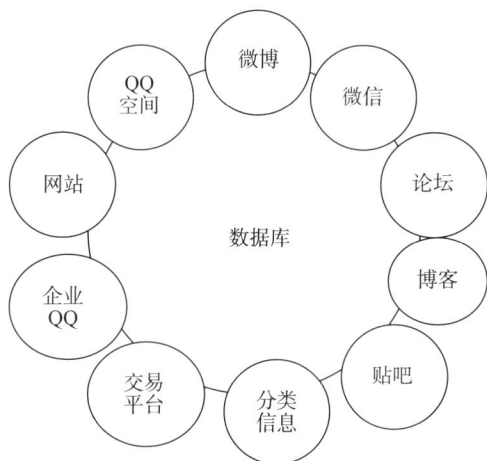

图6-2　数据库

（5）服务。

低沟通成本是互联网实现高效服务的优势所在。饲料生产企业要充分
利用互联网，帮助养殖户解决饲养管理、疫病防治及市场信息等方面的问
题，赢得养殖场户的信任与好评，扩大企业饲料品牌知名度与美誉度。通
过当前便捷的移动网络，饲料企业、供应商、经销商、养殖户可以利用手
机终端随时进行无缝交流，有问题都能得到及时反应。企业通过建立有效
的服务模式，结合企业的资源与能力，将自身的服务定义于价值营销，服
务标准是温馨、准时、专业，线上和线下结合起来。因此，为做好服务，
饲料企业一定要建立一支经验丰富的技术团队，其中包括企业自有专家和

社会技术达人，可以随时随地解决客户遇到的问题，提高产品销售额和品牌美誉度。

据预测，未来饲料企业成长的风口，也是真正实现企业转型的机遇，是基于大数据之上的信息革命，数据将成为服务养殖户的稀缺资源。在大数据时代，每一个养殖场都将是数据的提供者，同时也是数据的使用者，信息产生和更新速度更快，信息传播和整合效率也显著提升。饲料企业可以在最短时间内获得更多数据信息，掌握更多的网络营销数据，对于市场的发展建设也就更加了解，从而提前预测自身今后的发展趋势。建立客户数据库，分析客户潜在需求以求做到精准营销。吸引新客户产生消费，维护老客户持续消费，用现在的数据培养未来的需求。

组织层面

（1）组织结构。

根据互联网三阶段：网络营销－电子商务－互联网＋。处在网络营销

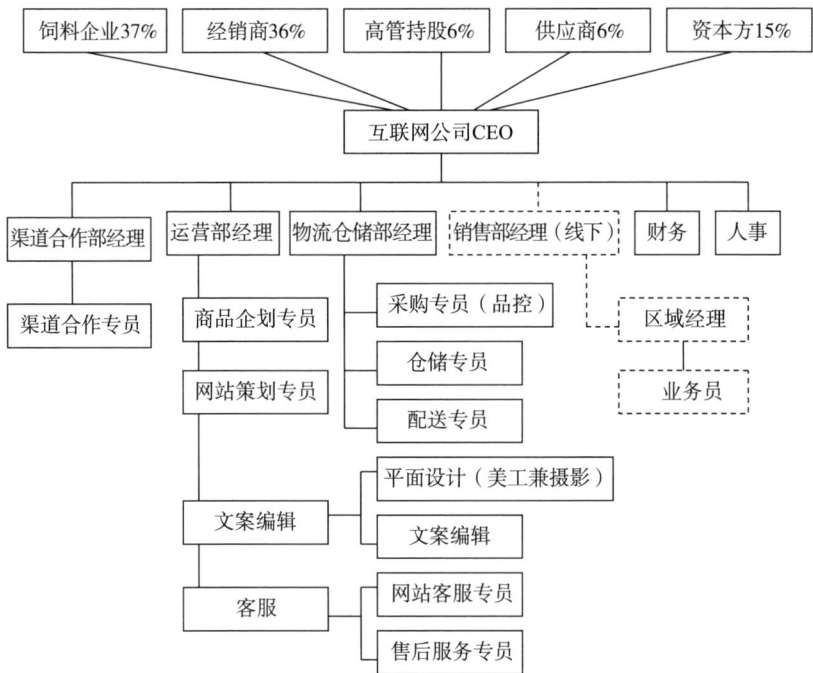

图6－3　组织结构图

阶段的公司一般不需要成立专门的电商部门，只要在线下市场部增加网络推广岗位，主要职能为品牌推广；电子商务阶段要设立单独的运营部门，主要职能为产品销售；互联网＋阶段要单独成立网络公司，引入战略尤关方，按照上市公司标准设置股份，设计组织结构图如图6－3所示。

（2）岗位职责。

1）渠道合作专员：

☞ 开拓在线B2C分销渠道，并负责淘宝、阿里巴巴、京东等平台大卖家分销市场开拓。

☞ 落实并执行公司的在线销售策略及分销计划，并完成分配的分销目标。

☞ 洞悉合作渠道的特点和需求，与合作伙伴充分沟通，建立良好的合作关系。

☞ 保持亲善的态度，树立公司的专业形象。

☞ 做好市场预测、分析，有效提出市场合理化建议，定期了解客户的销售状况，做好渠道客户的销售目标管理与分析。

☞ 协助相关部门制定可行的促销、激励、市场活动方案，并且跟踪活动情况。

任职资格：

☞ 市场营销或相关专业，2年以上在线销售市场开拓、渠道与销售工作经验。

☞ 具有良好的沟通协调、管理潜能、开拓意识、团队合作精神及市场营销能力，较强的工作情绪调节能力。

☞ 精通电子商务销售模式，拥有丰富的农资在线分销渠道者优先。

☞ 具有敏锐的市场洞察力，能够独立进行商务谈判。

2）商品企划专员：

☞ 根据公司战略需要进行产品的规划及实施，并保证业务目标的实现。

☞ 负责收集市场信息，规划产品策划、研发、设计包装，制定产品价格策略，建立销售组合，以及整个产品线的生命周期管理。

☞ 能够深刻把握、挖掘用户需求，完善用户体验，不断推出有竞争力的产品。

☞ 负责分析行业销售趋势及公司发展计划，制定产品采购和销售规划。

☞ 负责对网站各种产品的销售情况进行分析，按周汇总各时间点销售商品重点，按质完成商品分析预测报表。

☞ 负责产品促销计划，与其他相关部门一起确定产品促销方案，以及促销产品和促销资源的调配。

3）网站策划专员：

☞ 负责网站前端的规划、功能设计、改版优化。

☞ 负责网站日常内容更新，参与网站重要活动和专题的策划、制作。

☞ 根据要求协助完成网站重要栏目、频道的内容规划，提升网站的整体质量。

☞ 负责用户体验研究，包括计划和执行相关的调研、访谈、参与式设计、业务概念测试和可用性研究等。

☞ 与设计、技术、市场人员等一起改进网站频道、业务线产品的用户体验。

☞ 参与网站建设实际项目，负责网站发布后的用户体验效果跟踪分析。

4）平面设计/美工专员（兼摄影）：

☞ 负责网站的策划创意、设计和制作。

☞ 负责公司产品介绍和促销活动页面的设计和制作。

☞ 负责网络广告和相关专题的设计和制作。

☞ 负责公司网站美工方面的开发与维护。

☞ 负责公司宣传品和宣传单的制作。

5）文案编辑：

☞ 负责网店产品文案策划和编辑，挖掘亮点与卖点，对商品进行直观、感性、富有吸引力的描述，提高产品描述的转换率。

☞ 跟踪和分析产品描述的效果，并对内容进行调整和优化。

☞ 根据品牌、产品及消费者特点，结合潮流和社会热点，针对消费者进行软性传播，策划软文传播主题，撰写软文稿件。

☞ 跟踪公关、软文传播效果，不断调整优化公关传播策略。

☞ 协同其他相关部门，策划公司的促销活动及品牌宣传工作，协同平面设计师完成平面海报的版面设计与制作。

6）网站客服专员：

☞ 受理呼入订购热线电话咨询和淘宝旺旺等在线咨询，准确理解客户的表达及需求信息，很好地完成客户咨询及客户下单交流，引导客户消费。

☞ 负责订单的处理和跟进，保证客户喜爱的商品能快速、顺利到达客户手中，保持良好的客户体验度。

☞ 突破传统销售局限，创造良好的销售额记录。

☞ 无须拨出电话，只需按照客户来电引导销售，做好客户的服务工作和会员客户的 2 次销售开发等。

7）售后服务专员：

☞ 负责客户售后服务，接听销售热线信息反馈。

☞ 负责跟踪销售情况，销售日报表催收及查询，并定时上报销售分析报告。

☞ 了解客户需求，分析和反馈合作渠道的客户需求和市场信息。

☞ 建立和维护客户关系，解决退换货等售后问题。

☞ 处理客户投诉和纠纷，处理情况跟踪及分析，并及时向上级反馈。

8）采购专员（内部采购兼品控）：

☞ 密切配合商品企划工作，广泛收集供应商的资料，为产品开发提供资源和依据。

☞ 了解供应商的背景、商业信誉及生产能力，与供应商保持良好关系，争取最低的
采购价格。

☞ 协助商品企划部进行产品的打样开发、询价、确认规格和数量，签订采购合同。

☞ 跟踪订单的生产进度，生产初期、中期、尾期检验，监控生产质量和入库质量检验，严格把控交货周期，及时处理生产过程中所发现的问题。

☞ 从商品入库到出库，严格把控质量，确立并发起残次品返厂工作流程，降低公司运营成本及风险；跟踪每天/周/月生产进度，定期填写 QC 报表。

任职资格：

☞ 三年以上农资采购工作经验，有农资行业供应商或工厂资源。

☞ 熟悉业务跟单流程，能独立操作整个跟单流程，有较强的质量和货期控制能力。

☞ 熟悉饲料的各项检验标准、生产流程、生产计划安排。

☞ 具备良好的沟通、协调和独立解决问题的能力，应变力强。

☞ 工作严谨，责任心强，具有良好的团队合作意识。

☞ 能适应经常出差。

9）仓储专员：

☞ 初期负责仓储运营管理实施和供应链优化两项职责。

☞ 负责仓储中心的内部布局，产品从采购入库到出库整个流程管理和实施。

☞ 负责仓储管理系统的流程设计和改进优化工作。

☞ 负责从采购、产品入库、产品销售、订单配送，到用户收到产品的供应链过程中的优化，尽可能缩短仓储周转周期，提高资金周转率和仓储利用率。

☞ 监控分析各品类和单品的商库存状况，为公司整体库存正常周转负责。

☞ 从库存管理角度，为提升客户体验提出合理化建议并付诸实施。

10）配送专员：

☞ 负责订单处理、包装及配送和稽核。

☞ 对用户提交的订单进行审核，对于地址不清晰、电话格式不对、信息不完全的订单进行重新确认，对恶意订单等进行辨别与确认。

☞ 负责产品的分拣和包装，订单的配送。

☞ 负责配送标准的制定和优化，包装的设计，物流合作伙伴的选择等。

☞ 配送稽核负责对配送的质量进行监督，提高配送服务的水平，提高用户满意度，对配送合作伙伴的不恰当配送行为进行处罚和处理。

11）销售公司经理：负责建设配送站客户的标准审批工作。

12）销售区域内业务员、大区经理：负责宣传、推广、引导使用电子商务。

13）财务部、人力资源部及行政部：暂时由母公司相关人员兼职。

互联网＋是技术创新商业模式的工具。当前是饲料"＋互联网"，等到互联网＋饲料的时候，留给饲料企业的机会已经不多了。互联网时代，不是厂家把经销商抛弃，而是经销商抛弃不思进取的厂家。规模经济在互联网世界里没有上限，只有第一，没有第二。预计，养殖户不再依赖经销商的那天，就是饲料"＋互联网"的春天。

他山之石——FF 茶业：互联网＋

引言

互联网＋具有广阔的应用空间，从消费领域不断向生产流通领域渗透。去中介化是互联网＋对饲料营销的价值所在，让厂家、经销商和养殖户的信息不断对称，消除多余动作。重新分配价值链利益，降低销售成本，让利于养殖户，提高企业价格竞争力。

FF 茶业公司的互联网＋是探索性的商业实践，在 2010 年具有一定的前瞻性。今天，互联网技术日新月异，新的商业模式层出不穷，但 FF 茶业公司的互联网孕育过程历久弥新，为饲料企业互联网＋计划可以提供参照。

第一部分　案例背景

"长尾理论"告诉我们，只要产品的存储和流通的渠道足够大，需求不旺或销量不佳的产品所共同占据的市场份额可以和那些少数热销产品所占据的市场份额相匹敌，甚至更大，即众多小市场汇聚成可产生与主流相

匹敌的市场能量。"长尾理论"被认为是对传统的"二八定律"的彻底叛
逆。要使长尾理论更有效，应该尽量降低成本，增大尾巴，也就是降低门
槛，制造小额消费者。企业应该把注意力放在把蛋糕做大，通过鼓励用户
尝试，将众多可以忽略不计的零散流量汇集成巨大的商业价值。最理想的
长尾商业模式是成本为定值，而销量可以无限增长。要创造以上理想状
态，互联网极低的沟通成本具有先天优势。截至 2011 年，由于环境变化，
茶行业 20% 的高端团购市场已经饱和，并呈现下降趋势，80% 的长尾市场
有望救市。此时，电子商务刚好迎合了 FF 茶业公司转型的这种需要，如
图 6 - 4 所示。

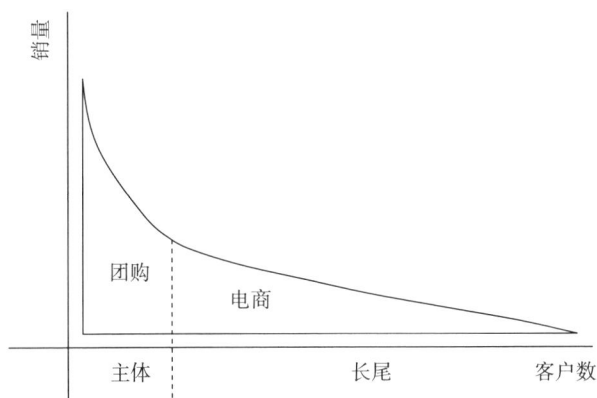

图 6 - 4　长尾商业模式

福建省茶叶生产区域分布广，形成了以安溪铁观音为主的闽南乌龙茶
区，以武夷山岩茶为主的闽北乌龙茶区，以宁德市为主的闽东绿茶区，以
三明、龙岩、南平市为主的多茶类区，以茉莉花茶为依托的茉莉花茶加工
区，以及部分的红茶和白茶产区。其中，安溪铁观音、武夷岩茶被列入全
国十大名茶。

2010 年由中国茶叶流通协会发布的中国茶叶行业百强企业中，福建省
有 32 家企业入围，占全国的近三分之一，入围数量居全国第一。其中，年
销售额 3 亿元以上的达 8 家，而在销售额超 3 亿元的茶企中有 4 家泉州企
业，分别为 FF 茶业、理想、中闽魏氏和日春。福建制茶企业的前 4 家卖
方集中度达 22.5%，前 8 家集中度在 39.2%，据此可以判断，福建制茶业

属于低度集中的市场型（CR4 = 10% ~ 30%属低度集中市场）的市场结构。2010 年福建省共出口茶叶 2432 批，1.41 万吨，计 6977.3 万美元，与 2009 年同期相比分别增 6.62%、-0.37% 和 16.25%，茶叶出口呈现量减价增态势，盈利能力持续向好。

FF 茶业源于百年前名扬东南亚的"××"茶行，目前掌门人是非物质文化遗产代表性传承人，也是铁观音发现者的第十三代传人。是一家以经营安溪铁观音为主，集基地种植、新品研发、生产加工和产品销售的全产业链、全茶类连锁经营企业，其中以自产铁观音为核心茶类，明星产品为 KK 铁观音系列。公司旗下有安溪 FF 茶业有限公司为公司总部，并具体负责产品生产和外销、深圳 FF 茶业连锁有限公司，负责全国自营连锁、厦门 FF 茶业有限公司，负责加盟及福建自营。目前，公司参与管理茶园基地 50000 多亩，现有西坪和龙门两个加工基地，总建筑面积 6 万平方米，年加工能力 6000 吨。其中，龙门加工厂是目前亚洲最具现代化的乌龙茶铁观音精制加工厂。

FF 茶业优势主要体现于四个方面：

一是具有强大的加工和生产基地，可以源源不断地向全国、全世界输出优质安全的产品。

二是遍布全国各地的销售网络终端，尤其是分布在沃尔玛等多家大型零售商场的专柜，奠定了 FF 茶业能决胜千里的基础。

三是具有极具竞争力的外销网络，既确保了乌龙茶老大的地位，又推进了公司管理水平与国际接轨。

四是具有一流的管理和技术团队，能谱写出 FF 茶业更辉煌的篇章。

总之，优质的产品和连锁店的规模化扩张成为 FF 茶业持续发展的原动力。

FF 茶业在全国拥有庞大的连锁销售系统，截至 2015 年 6 月，FF 茶业全国连锁门店 800 余家，覆盖华南、华东、华北等地区，规模在业内位居前列，并入驻众多国内知名连锁超市及一线购物广场，如沃尔玛、天虹、华润万家、华润·万象城、金光华广场、益田假日广场、怡景中心城、广州天河城等。

第二部分　问题解读

（1）竞争压力剧增。

FF茶业面临的挑战非常大，原有粗放式跑马圈地开店的模式已经不适应市场形势，现在要深耕细作提高单店的盈利能力，同时，面临从高端市场向大众市场延伸的问题。茶叶和电子商务的结合已经成为未来的发展趋势。在未来五年内，电子商务的逐步深化和提升，新型的电商消费者将会更加充分地依赖网络。茶界电商竞争结构图如图6-5所示。

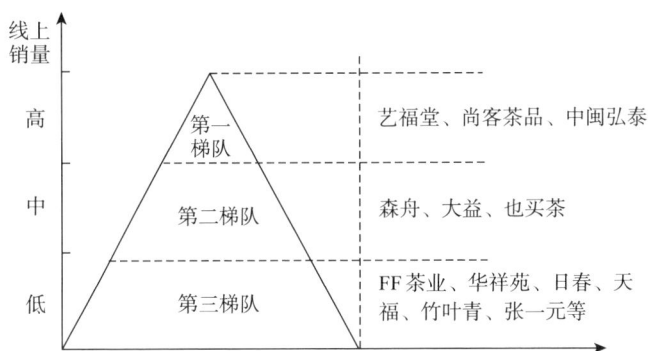

图6-5　茶界电商竞争结构图

现今茶叶电子商务以中闽宏泰、尚客、艺福堂为龙头，碧生源、立顿、买买茶、简品100、吉顺号、知茗度等群雄纷争。FF茶业电商主要竞争对手有艺福堂、尚客茶品、简品100、以美等品牌。其中，艺福堂是整个茶叶电商中交易额最大的品牌。中闽宏泰因为进入早，具备电商经验。但中闽宏泰、尚客、艺福堂等代表性的强势品牌暂没实现年销售额五千万以上，还不具备规模优势。而传统茶企如天福、大益、竹叶青、华祥苑、张一元、吴裕泰等在电子商务领域并未见大的起色。越来越多的传统茶企将涉足电子商务，竞争将进入白热化阶段，如何前瞻性布局电商，从众多茶叶电商品牌的纷争中脱颖而出，是FF茶业必须面对的重要课题。部分相对成功的茶叶电商品牌已经充分证明，电子商务领域的市场非常庞大，而且还会继续扩大。所以，FF茶业现在不能打开电子商务市场，在未来3～5年内将会完全被竞争对手所超越。

（2）一切从0开始，电商人才缺乏。

FF 茶业最擅长是连锁实体店运营，并取得了不俗的业绩，但在电子商务领域处于空白，线上销量极少。突出表现为电商团队缺乏，也没有相关的人才储备，没有现存的人才可以培养。公司虽然身处深圳，但要招聘到相关人才也相当有难度。

（3）线上品牌认知弱。

FF 茶业线上新品牌 YY 起步晚，品牌影响力小，远远低于 FF 茶业的认知度和影响力。在网络上和其他很多小茶叶品牌一样，没有一个系统的品牌形象定位。品牌价值点提炼不够，没有充分发挥优势资源，如设备、茶园管理、GAP、食品安全、庄园、制茶师傅，与客户缺乏互动，导致用户对品牌的认知不深，难以产生共鸣。品牌整合营销传播不到位，公司与加盟商推广上各自为战，步调不统一。网络营销成本在不断增高，存在严重的资源浪费现象，网络广告成本在市场需求和资本的双重推动下不断拉升，在新客户开发和二次营销上需要更多的方式进行有效补充。

2011 年第一个季度，电商 B2C 购物网站重复购买率依次为 35.6%、31.1% 和 34.9%，显然，客户忠诚度是线上低于线下，网络顾客看到更多的是时尚和新潮，他们很容易将注意力投向竞争品牌。在淘宝关键词搜索中，产品属性关键词量遥遥领先于品牌关键词搜索量，用户关注主要集中在价格、质量、配送速度、售前售后服务四个基本要素上，产品和品牌的差异化不足，可替代性强。

（4）线上产品单一。

由于以前的战略选择导致产品集中在商政礼节茶。YY 新品牌产品需要重新企划，在前期商品开发成本控制的影响下，商品种类比较少。相对于成熟的电商品牌，客户能购买的商品少之又少。产品开发需要一定的流程和周期，短期内有些产品尚不能开发出来，如一些功能性产品。同样，白领市场产品、老年市场产品、女性市场产品等细分产品有待挖掘。电子商务失败的原因可能是产品档次定位、产品调性、产品品种单一。FF 茶业与其他茶企在产品数量存在一定差距，如表 6－4 所示。

表6－4　各茶业电商品牌的产品品种数

品牌	品种数量	畅销品类
艺福堂	1190	花草保健茶、绿茶
尚客茶品	235	花草保健茶、乌龙茶
中闽弘泰	58	铁观音、大红袍
知茗度	40	抹茶玄米茶、花草保健茶
也买茶	76	十大名茶、花草保健茶、铁观音、普洱、龙井
吉顺号	271	普洱茶、花草保健茶、玄米茶
祺彤香	245	普洱茶、乌龙茶
天福	226	茶食品、绿茶粉、铁观音、普洱、上班族休闲用茶
碧生源	38	常润茶、减肥茶
大益	129	普洱
立顿	79	立雅茶、花茶保健茶

（5）线上对线下实体有冲击。

由于同业结盟等因素的影响，造成价格制度不系统，审货时有发生，管理很难彻底，造成产品价格混乱。传统品牌在做电子商务时，如果市场定位一致，线上和线下的利益很难协调。线下店面租金太贵，营运费用偏高，未来拟通过电子商务减少线下店面数量，把线下的连锁体系纳入电子商务，一定会遇到相当大的阻力。如果利用线下连锁店实现快速配送，FF茶业加盟店不会有效配合，主要原因是利益分配问题和对加盟前景的担忧。如网上搞特价8折销售，而线下贵宾VIP才88折，明显影响到加盟商的价格体系。所以，线上和线下产品最好不要重叠，但即使产品包装不一样，客户认知也会出现对号入座的现象。

第三部分　解决方案

1. 战略层面

针对大众消费市场的需求特点，公司决定向线上发展。推出一系列质量稳定、更高性价比的产品，实现从"高端礼节茶"向"亲民自饮茶"的转型，吸引大量新客户，实现客单数的大幅增长，开启自饮茶市场空间的挖掘。茶行业竞争格局尚未定型，FF茶业力争尽快占位铁观音品类第一，公司未来 3~5 年的整体营销战略规划如表 6-5 所示。

表 6-5 FF 茶业未来 3~5 年的整体营销战略规划

	过去	现在	未来 3 年	未来 5 年
战术方式	铁观音的传人	率先请策划公司借助外脑 定位于"商政礼节茶"	夯实根据地市场基础 建立全国若干个根据地市场 线下店转型为配送和体验功能 线下和电子商务互动 基于消费者信任的物联网 铁观音绝对的领导品牌 引入战略性资本，做铁观音之外的若干个区域品牌的运营商	全球最大的茶业电子商务购买平台 全球最大的茶业品牌运营商
竞争要点	敏锐的市场洞察能力	企业家魄力	根据地市场运作能力	资本供给能力
行业地位	2008 年进入中国茶叶行业前十强	2011 年行业前五强、乌龙茶第一	铁观音第一品牌、民族优秀茶叶品牌	争取上市

电子商务是一种营销模式，更重要的是要明确目标市场在哪里。网络用户中年龄 19~35 岁的占网民 90%，35 岁以上的占 9.5%。电商处在初步发展期，还不具备整合全产业链的能力，竞争对手主要采用的是跟随策略。电子商务板块需要进行全面的规划和目标设定，结合 FF 茶业企业实际和不同阶段的资源配给情况，制定可行的电子商务发展三阶段，如图 6-6 所示。

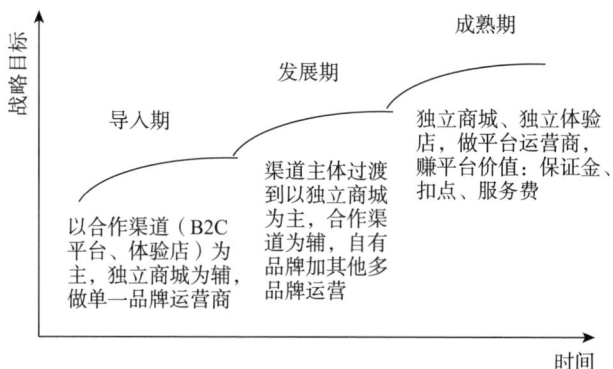

图 6-6 电子商务发展三阶段

2. 策略层面

（1）产品策划。

FF 茶业研发模式为自主研发，针对客户群体饮茶偏好的变化，凭借公司独有的精湛拼配和烘焙技术，选择不同季节、不同产地、不同风味的原材料以不同工艺创造出口感独特、符合需求的新产品。同时，凭借公司标准化的工艺流程和设备，确保同一新产品规模化生产时口味的一致性。公司根据每年的经营目标等制定生产计划，分别在自有工厂与委托加工工厂完成。对于铁观音类产品，生产场所为公司在安溪龙门拥有一座大型现代化茶叶加工厂，由清洁化、自动化、标准化的现代生产流水线依据独有生产工艺进行加工与封装，制作出最终成品，实现了标准化、清洁化、规模化的现代食品企业生产模式。对于非铁观音类产品、茶具及茶食品，由委托生产厂家依据公司的要求进行生产，并由公司进行监督。

先看看一些成功的 B2C 网站的市场导入点：当当网以图书导入；京东商城以 3C 产品导入；凡客诚品以衬衫导入。以上 B2C 商家都有一个共同点，专业领域导入市场，逐步扩展到综合产品销售或更丰富的品类。试问，FF 茶业市场导入产品够"尖"吗？"尖"是专业、领域要窄；"尖"是锐利、是产品的品牌、质量、设计、价格等因素形成强大冲击力，势不可挡；"尖"要精准，直接切中要害，打动用户的心；"尖"要速度，用最快的速度进入市场，快速形成一定规模的、稳定的客户群体。线上和线下要卖不一样的产品，使用不一样的品牌，避免电子商务对传统销售形成冲击和干扰。

目前，FF 茶业"XY""KK"系列是商政界送礼、自品的首选；"XY""QX"系列满足了企事业单位招待用茶；"XP"系列立体袋泡茶适用于办公室自饮用茶，FF 茶业可先以"XP"系列作为切入点在电子商务平台进行推广。线上产品线规划如表 6－6 所示。

表6-6 线上产品线规划

产品系列	描述	用途	包装		
			形式	规格	材质
轻松茶饮 Relax 系列	采用三角立体茶包，使茶在冲泡过程中能得到充分浸泡，轻松便捷	办公、自饮茶（狙击产品、促销产品）	立体袋泡装	2g×20 袋	盒装、罐装
经典系列 Tea 系列	包含传统十大名茶及近年来比较受欢迎的品种，走标准化、高性价比的路线	自饮茶（主销产品）	传统茶形式	84~250g	罐装
单一产区 TOP 系列	针对单一品种、单一产区的顶级品种	中高端自饮商务系列（形象产品）	传统茶形式	100g	罐装
礼品系列 Gift 系列	从经典系列、TOP 系列提炼出的单一品种礼品和组合礼品	轻礼品（盈利性产品）	传统茶形式	200~500g	礼盒装
趣味系列（Fun 系列）	通过传统茶与花草、干果之间的组合，开发出混合口味系列	自饮茶（主销产品）	四角包系列	1.5g×20 袋	盒装
体验装系列	试饮产品、新品体验包	赠品、促销品广告商品	小袋单包组合包	3g	盒装
茶具系列	简约时尚、实惠好用的泡茶器具	自饮、商务招待	单杯、组合套装	小巧、便捷	玻璃

电子商务开始时要创造很多试销的机会，价格适中，甚至可以战略性亏损，随着品牌升值不断提高盈利能力，同样产品设置几级价格区间，满足消费者趋中的心理需求。由于新客户关注包装，所以针对新客户在包装上多做创新，把包装规格做小，力求包装精致、不给人感觉奢华浪费，在包装里放一个茶文化小册子讲解茶业常识。包装要体现时尚、精致、创新、趣味。针对白领市场、老年市场、女性茶市场可以有针对性地开发产品，在北方可以打造解酒功能茶。食品安全很重要，低成本整合权威机构出具研究证明，把品质相关证书上传至网页上，重点标明生产日期，凸显农产品的新鲜感。

（2）渠道借力。

在 B2C 平台还没有取得绝对强势地位的情况下，FF 茶业电子商务首要工作不是建独立商城，而是要快速和优势 B2C 平台达成合作，确立深度合作关系，建立渠道优势。针对大众消费者日益年轻化的趋势，公司持续加大对线上渠道的投入力度，着重发展电商平台、电视购物等新媒体渠道，扩大电商合作平台，突破传统线下渠道的地域限制，实现线上线下联动发展。快速铺设网络渠道是当前的重要工作，京东、当当、卓越、1号店等平台随着销售规模迅速增长，在与供应商的谈判中日益趋于强势地位。

公司通过调整门店类型，增加社区型小店，吸引更多自饮茶消费者，同时，通过调整门店运营管理方式和绩效考核方式，提升了门店的坪效。定期举办加盟商和经销商区域交流会，分享经营经验和方法，并进行现场指导、培训，在加盟商的响应和积极配合下，取得较大成效。公司计划在大部分省会及主要城市设立大型旗舰店，辐射发展周边二三级城市的加盟店，以旗舰店为中心，配套相应物流、服务、培训、督导等区域管理，快速占领市场、提高品牌知名度。线下实体店除了承担现有的线下销售渠道功能外，同时充当线上电子商务的货物配送商，公司给予线下配送商分成或配送费用等。

FF茶业采用"直营＋加盟""线下＋线上"的现代销售模式，主要包括直营店销售、加盟店销售、电商平台销售、电视购物销售等。其中，电商销售有三种形式，如图6-7所示。线上渠道开发计划如表6-7所示。

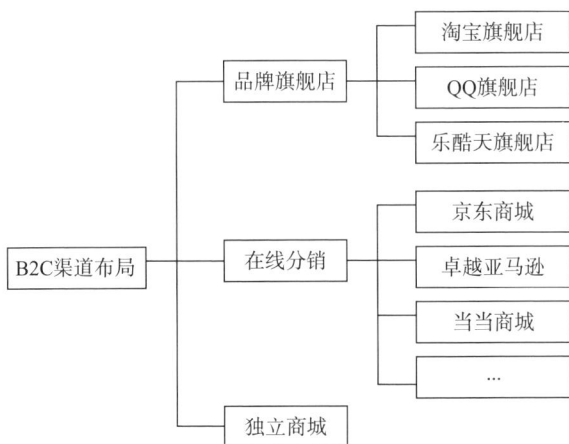

图6-7　电商销售三种形式

表6-7 线上渠道开发计划表

渠道类型	渠道名称	工作内容
品牌旗舰店 （×家）	淘宝商城旗舰店 拍拍商城旗舰店 百度乐酷天旗舰店	旗舰店开通 店铺设计制作 商品拍摄及处理 商品描述文案和平面设计 商品上架 店铺推广 在线销售 订单处理 售后服务 销售数据统计分析 产品关键词优化 提升用户体验 客户关系管理
B2C商城分销 （×家）	京东商城 当当网 卓越亚马逊 新蛋 苏宁易购 红孩子 麦网 1号店 我买网	商城入驻 商品描述文案和平面设计 商品上架 促销活动策划 订单处理 售后服务 销售数据统计分析 产品优化 渠道关系维护和服务
系统分销 （×家）	淘宝网：×家优质代销商 拍拍商城：×家优质代销商	提供分销系统平台 分销渠道开发 分销商服务 分销渠道价格管控 分销订单处理 售后服务

（3）品牌推广。

FF茶业电子商务需要另外注册公司单独运作，使用新的公司品牌"××电子商务有限公司"。公司由FF茶业控股，产品可委托FF茶业企业生产。FF茶业品牌有两条线路：显线是高举商政礼节茶的定位；隐线是FF茶业要成为铁观音的名片、代名词，成为红星二锅头、东阿阿胶、茅台，甚至是福建名片，如漳州片仔癀。

在未来的茶叶电子商务发展中，提供多种品类、便捷购买饮用的茶叶是企业生存和发展的关键。铁观音尚未出现一个绝对的领导者。对 GAP、茶艺师、庄园等进行包装策划，说明 FF 茶业在做产业链经营，以 FF 茶业品牌为背书。在当地 CBD 建立高档旗舰店，来占领品牌形象制高点，这种策略在二线城市会更好，如万达广场中心建旗舰店。FF 茶业电子商务只有建立了更加牢固的顾客关系，才能在竞争中真正处于领先地位，否则，品牌资产的优势将随着顾客忠诚度的丧失而消逝。在关注销售额增长的同时，更应该冷静分析品牌忠诚度的稳定情况，随时警惕竞争对手对忠诚顾客的侵蚀。一个成熟的品牌，其 80% 的利润来自于 20% 忠诚消费者的重复购买，提升自身的品牌忠诚度，培养一批忠诚的消费者，形成固定的消费群体，促使他们主动购买，是每个品牌的最终目标。

YY 品牌优选年龄在 20～40 岁的办公人群，自饮市场。该市场具有容量大、增长速度快的特点，竞争品牌少。该市场人群对生活品质有一定的要求，有品牌塑造的空间，易于办公室传播。YY 品牌金字塔规划如图 6－8 所示。

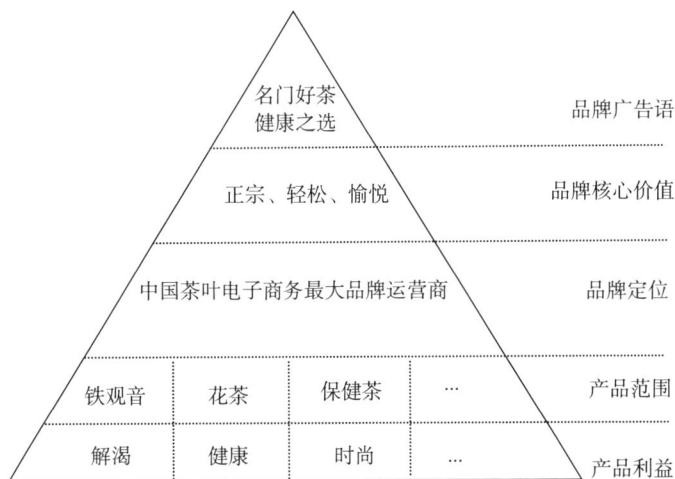

图 6－8　YY 品牌金字塔规划

YY 的品牌名所包含的内涵是指处于黄金分割点的事物是最美好的，状态是最佳的。YY 产品取自产品黄金分割点最佳发酵状态，生产出来的产品口感好，带给人们最愉悦的享受。年轻白领工作压力大，向往轻松愉悦的生活状态。若能在工作之余，轻松享受一杯好茶，尽情体验喝茶带给你的乐趣，在喝茶之时，放飞自己、放下执着，不再需要理会那些生活与工作的条条框框。在可能的情况下，尽可能地轻松、自如地享受喝茶带给你的愉快感觉，简简单单地喝茶，去感受茶的灵气和茶的精髓。该目标消费人群代表社会的主流思想，他们承载着生活与自我实现的压力，他们渴望得到真正的快乐，他们在压力中寻找心灵放飞的途径。YY市场定位于中国茶叶电子商务最大品牌运营商，核心价值为正宗、轻松、愉悦，广告语为"名门好茶，健康之选"。

实行有效的广告投放策略，以区域性、阶段性投放为主，广告费一般按不低于年销售额的×%投入，建立360品牌推广模式如图6-9所示。

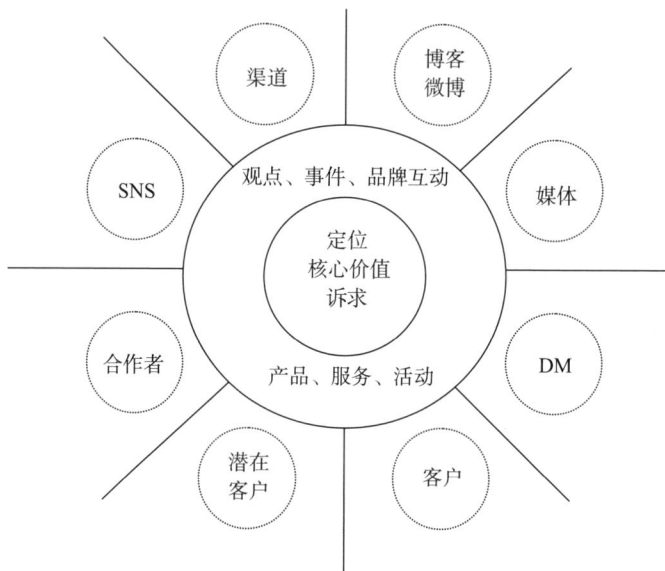

图6-9　360品牌推广模式

FF茶业电子商务营销方式需要采取更主动、更加多样化的营销方式，以期在最短时间内超越竞争对手，打造品牌在消费者和行业内的影响力，遵循精准推广策略。近期具体举措如图6-10所示。

（4）后台保障。

客户是任何一家电子商务公司的核心，产品供应及快速安全的物流配送尤为关键。如何建立一套高效的供应链系统对FF茶业电子商务发展的

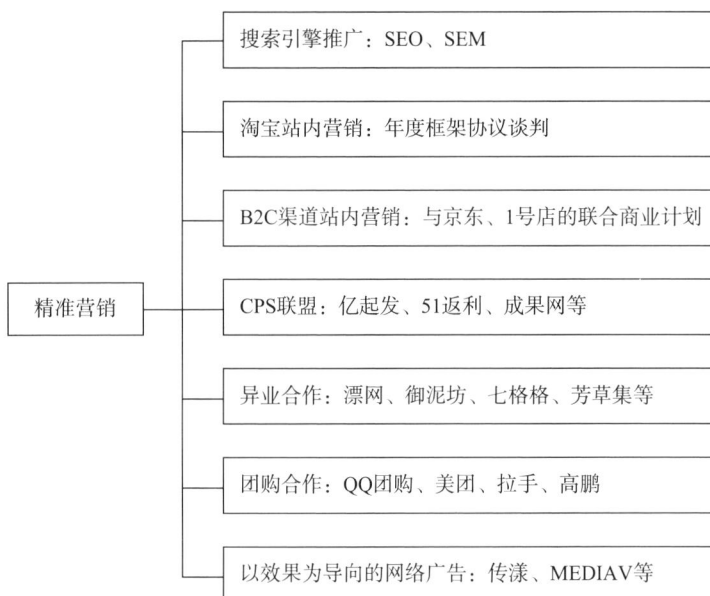

图 6－10　精准推广策略

作用是至关重要的，FF 茶业导入 ERP 系统建立一套低成本高效率的供应链体系。以客户为核心的电子商务运营主要分为三个部分，如图 6－11、表 6－8 所示。

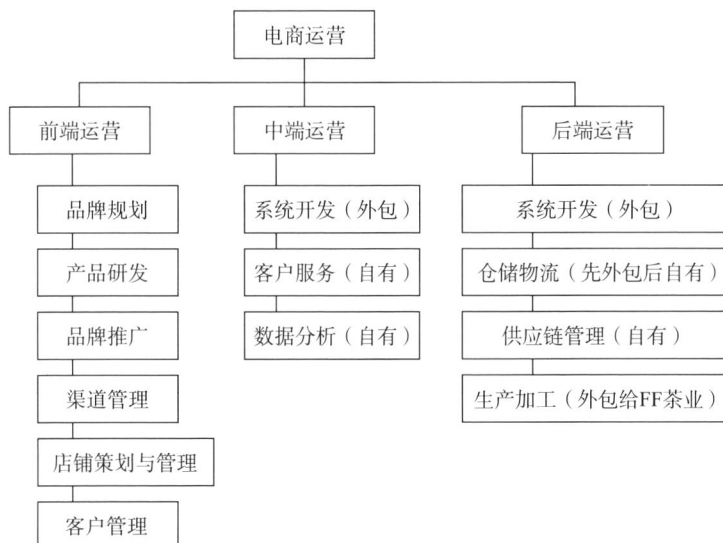

图 6－11　电子商务运营

表6-8 电子商务运营三个阶段

阶段	使命	策 略
前端	如何吸引客户	自然流量策略；会员/客户流量策略；推广流量策略
中端	如何引导客户下单	优化流程策略；产品线策略；诚信机制策略；促销策略；客户见证策略；会员营销策略
后端	如何留住客户	订单确认；订单处理；物流配送；售后服务；CRM策略；客户数据中心（库）建立；数据分析模型策略；VIP会员服务系统策略；客户重复购买策略设计与实施路径

FF茶业主要采购铁观音毛净、非铁观音类成品茶、茶具及茶食品成品。毛净采购的来源包括自有及合作茶园，目前以合作茶园为主，公司对这两种渠道均实行供应商准入制度，并采取同样严格的质量控制标准，以确保原料品质的稳定。非铁观音类成品茶、茶具及茶食成品的采购来源为与公司长期合作的委托生产厂家。公司积极实施反向营销化，向战略供应商树立公司形象，获得供应商认同，争取到最优惠的供货条件。供应链竞争到最后，钱是采购赚回来的，采购要为公司创造纯利润，成为第二利润中心。

第一，利润中心是销售。

第二，利润中心是采购。

第三，利润中心是服务。

电商的成功之道很大程度上在于其后台的供应链管理，包括电子商务供应链的集成、电子商务供应链的网络架构、供应链的物流、资金流、信息流的实时控制、供应链系统的优化，实现质量、成本、交期最优化。

（5）夯实忠诚度。

FF茶业首创"头等舱"VIP服务、"礼节卡"等营销工具的推出，均围绕着客户为中心，以传承茶文化，为客户倡导健康的品茶习惯为遵旨。通过颇具特色的渗透式、体验式、顾问式服务体系。建立以数据为中心的电子商务运营策略，分析日常运营基本数据，全面提高运营效果。制定VIP会员管理章程；邀请客户参加FF茶业活动，通过情感营销增加客户黏性。建立一种满足客户应急需求的策略，通过电话、网络沟通方式，如实现急速送货上门。对客户进行分级管理，建立客户服务内容和标准，分基本服务、应急服务和超值服务。建立服务培训机制，防止不合格人员在店面产生负面影响。建立客户服务热线，落实责任体系，及时化解投诉和危机。在网络营销中，顾客忠诚度的增长才会真正拉动公司利润的增长，而且随着时间的推移，重复消费者的消费额会与日俱增，FF 茶业电子商务营销重心应该放在构筑客户的忠诚度上。

3. 组织层面

（1）组织结构。

以 FF 茶业为投资主体，新注册成立"深圳××茶业电子商务有限公司"，以 YY 为线上产品品牌，组建电商创业团队，独立运营。FF 茶业招聘的人才不需要很懂茶叶，但需要懂电子商务运营，第一阶段组织结构图如图 6 - 12 所示。

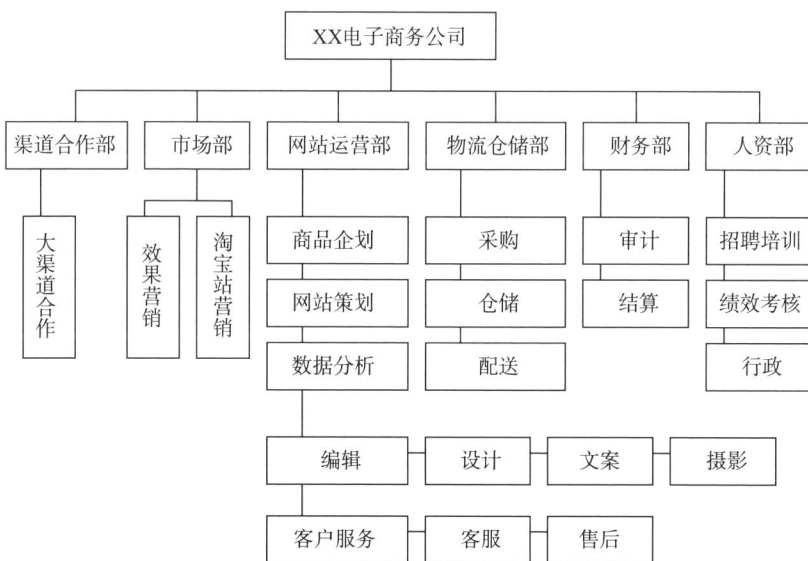

图 6 - 12　第一阶段组织结构图

（2）岗位设置，如表 6 - 9 所示。

表 6 - 9　岗位设置

部门	职　位	岗位性质
××公司	运营总监	管理
运营部	商品企划专员	研发
	研发专员	研发
	网站策划专员	技术
	平面设计/美工专员（兼摄影）	技术
	文案编辑专员	技术
	网站客服专员（售前、售中）	服务、销售
	售后服务专员	服务
	运营分析专员	市场
渠道部	渠道专员	销售
市场部	效果营销专员	市场
	淘宝站内营销专员	销售
物流仓储部	采购专员（内部采购兼品控）	采购

（3）绩效考核，如表 6 - 10 所示。

表 6 - 10　绩效考核

岗位名称	指标名称	权重	指标定义/计算	评分标准	目标设定	考核频率	信息来源
商品企划专员	出勤率	10	按时上下班，不早退，不迟到	一人一次扣 1 分	100%	月度	内勤人员记录
	有效新产品计划完成率	30	有效新产品数/计划完成数	新产品有效规划计划完成率×权重的分数	1 个月 5 个	月度	审核表
	销售额计划完成率	20	当期实际销售收入/当期计划销售收入	销售额计划完成率×权重的分数	见月度销售目标	月度	销售报表
	分析报告提交的及时性及质量	30	报告的质量以打分为主，上级部门占50%，其他部门占50%	实际得分/100×权重分数；未及时提交扣 5 分	每个月 5 号之前提交	月度	报告打分
	促销量增长率	10	促销品增长量/促销前销量	每增长或下降 5%加或减 3 分	10%	月度	销售报表

岗位名称	指标名称	权重	指标定义/计算	评分标准	目标设定	考核频率	信息来源
研发专员	出勤率	10	按时上下班，不早退，不迟到	一人一次扣1分	100%	月度	内勤人员记录
	新口味的有效规划计划完成率	40	权重的分数×（1个月有效新品个数/5个）	完成率×权重分数	5个	月度	审核表
	销售额计划完成率	20	权重的分数×销售额计划完成率	完成率×权重分数	100%	月度	销售报表
	新产品试饮测试合格率	30	测试合格数/测试总数	完成率×权重分数	100%	月度	测试表
网站策划专员	出勤率	10	按时上下班，不早退，不迟到	一人一次扣1分	100%	月度	内勤人员记录
	转化率	30	下单数/浏览数	每高于或低于标准的1%加或减3分，以此类推	10%	月度	后台记录
	浏览停留时间增长率	20	停留时间增加数/上期平均停留数	每增加1%加1分	2分钟	月度	后台记录
	注册增长率	20	注册数/浏览数	每增长或下降5%加或减3分	5%	月度	后台记录
	时效性	20	达到有效信息更新标准	少一次扣1分	每天更新信息3次	月度	网页更新记录
平面设计/美工专员（兼摄影）	内勤人员记录	出勤率	10	按时上下班，不早退，不迟到	一人一次扣1分	100%	月度
	浏览量增长率	30	增加浏览数/上期浏览量	每增长或下降5%加3分	大于平均增长率10%	月度	网页记录
	转化增长率	20	下单数/浏览数	每增长或下降5%加3分	大于平均增长率5%	月度	网页记录
	平均停留时间增长率	20	平均增长停留时间/上期停留时间	每增长或下降5%加3分	大于平均增长率5%	月度	网页记录
	有效信息更新及时性	20	达到有效信息更新标准	少一次扣1分	每天更新信息3次	月度	信息更新记录
文案编辑	转化率	20	下单数/浏览数	每增长或下降5%加3分	大于平均增长率5%	月度	网页记录
	平均停留时间增长率	20	平均增长停留时间/上期停留时间	每增长或下降5%加3分	大于平均增长率5%	月度	网页记录

岗位名称	指标名称	权重	指标定义/计算	评分标准	目标设定	考核频率	信息来源
	有效信息更新及时性	10	达到有效信息更新标准	少一次扣1分	每天更新信息3次	月度	信息更新记录
	百字抽查出错率	20	出错数/字量总数	扣除出错率×权重分数	小于1%	月度	抽查数据
网站客服（售前、售中）	出勤率	10	按时上下班，不早退，不迟到	一人一次扣1分	100%	月度	内勤人员记录
	客户满意度	30	接受随机调研的客户和代理人对服务满意度评分的算术平均值	满意率×权重分数	90%	月度	客户满意度调研
	销售目标达成率	30	（实际销售额/计划销售额）×100%	达成率×权重分数	100%	月度	销售报表
	语言措辞抽查不合标准率	10	不合标准数/字量总数	扣除不合格率×权重分数	5%	月度	抽查记录
	百字抽查订单出错率	10	出错数/订单总数	扣除出错率×权重分数	5%	月度	抽查数据
	投诉次数	10	客户投诉数	投诉一次扣2分	1次	月度	投诉记录表
售后服务专员	出勤率	10	按时上下班，不早退，不迟到	一人一次扣1分	100%	月度	内勤人员记录
	售后服务处理及时率	20	（按时处理的服务数/客户提出处理总数）×100%	及时率×权重分数	24小时	月度	售后服务处理记录表
	投诉处理抽查满意率	20	投诉处理满意客户数/总客户投诉数	满意率×权重分数	90%	月度	满意度调查问卷
	退换货的处理及时性	10	（及时退换货处理数/客户提出退换货总数）×100%	及时率×权重分数	24小时	月度	退换货处理记录表
	售后服务一次性成功率	20	（一次性处理成功客户数/客户服务总数）×100%	每月25号由售后服务部填写完服务满意度调查表，报销售支持部调查反馈用户服务一次成功率	80%	月度	售后服务处理记录表
	分析和反馈合作渠道的客户需求和市场信息报告及时性和质量	20	分析和反馈合作渠道的客户需求和市场信息报告及时性和质量	报告的质量以打分为主，上级部门占50%，其他部门占50%	每个月5号之前提交	月度	报告

岗位名称	指标名称	权重	指标定义/计算	评分标准	目标设定	考核频率	信息来源
渠道专员	出勤率	10	按时上下班，不早退，不迟到	一人一次扣1分	100%	月度	内勤人员记录
	销售目标达成率	30	实际销售额/计划销售额×100%	达成率×权重分数	100%	月度	销售报表
	客户开发计划完成数	20	成功开发渠道数/计划完成数	成功率×权重分数	100%	月度	客户档案
	关键渠道培育数量	10	关键渠道培养成优质渠道合作商标准	培育一名奖励3分	1	月度	客户档案
	关键渠道的流失数	15	关键渠道与公司中断合作关系	流失一名扣除3分	0	月度	渠道档案
	市场费用预算控制率	15	销售费用/销售收入	每高于或低于标准的1%加或减3分，以此类推	5%	月度	财务数据
效果营销专员	出勤率	10	按时上下班，不早退，不迟到	一人一次扣1分	100%	月度	内勤人员记录
	浏览量增长率	20	增加浏览数/上期浏览量	每增长或下降5%加3分	大于平均增长率10%	月度	网页记录
	注册增长率	20	注册数/浏览数	每增长或下降5%加或减3分	5%	月度	网页记录
	销售目标达成率	20	（实际销售额/计划销售额）×100%	达成率×权重分数	100%	月度	销售报表
	商务合作网站的增加数量	10	成功合作产生显性或潜在价值	每增加一个加2分	5	月度	渠道档案
	CPS、CPA合作资源的数量	10	成功合作产生显性或潜在价值	每增加一个加2分	5	月度	推广合作者档案
	市场费用预算控制率	10	销售费用/销售收入	每高于或低于标准的1%加或减3分，以此类推	5%	月度	财务数据
	出勤率	10	按时上下班，不早退，不迟到	一人一次扣1分	100%	月度	内勤人员记录
	浏览量增长率	20	增加浏览数/上期浏览量	每增长或下降5%加3分	大于平均增长率10%	月度	网页记录

岗位名称	指标名称	权重	指标定义/计算	评分标准	目标设定	考核频率	信息来源
淘宝站内营销	淘宝销售目标达成率	30	（实际销售额/计划销售额）×100%	达成率×权重分数	100%	月度	销售数据
	市场费用预算控制率	10	销售费用/销售收入	每高于或低于标准的1%加或减3分，以此类推	5%	月度	财务数据
	淘宝活动参与率	10	参加活动人数/浏览总人数	参与率×权重分数	30%	月度	网页记录
	转化率	10	下单数/浏览数	每增长或下降5%加或减3分	大于平均增长率5%	月度	网页记录
	淘宝客户及竞争对手研究报告	10	报告的质量以打分为主，上级部门占50%，其他部门占50%	实际得分/100×权重分数；未及时提交扣5分	每个月5号之前提交	月度	报告打分
采购专员（内部采购兼品控）	出勤率	10	按时上下班，不早退，不迟到	一人一次扣1分	100%	月度	内勤人员记录
	采购成本降低率	20	（上期采购成本－本期采购成本）/上期采购成本	每增长或下降5%加或减3分	1%	月度	财务数据
	采购质量抽查合格率	20	抽检合格产品总数/抽检产品总数	合格率×权重分数	98%	月度	抽查记录
	库存周转率	10	销售成本/存货平均值	增加或减少1次加或减5分		月度	财务数据
	采购计划的准确率	30	（1－超出或未达成计划/采购计划）×100%	准确率×权重分数	95%	月度	采购计划表
	优质供应商的数量	10	达到公司优质供应商的标准	增加1名加5分	每月增加1名	月度	供应商档案

（4）团队培养，如表6－11所示。

表 6－11　团队培养

	培训维度	具体内容
电子商务培训	电子商务运营	认识电子商务项目运营所涉及的各个环节；各部门如何协同作战；运营流程；关键点分析等
	网络营销	营销策略和计划制定；旗舰店的营销思路；渠道促销方案的制定；站外营销等
	岗位职责和绩效考核	岗位说明书；绩效考核的方法；各部门之间的衔接等
	客户服务	售前服务、售后服务、客户投诉处理、客户关系管理等
	管理知识	人力资源规划管理；现金流管理；物流管理；信息流管理；基于业务流程的信息整合

第四部分　推进实施

围绕"复合开发，借力渠道，高效运营，深耕区域，尖刀切入，精准传播"六大营销策略，不断推动××电子商务 2011—2012 年度营销计划实施。甄选了十几位电商专业人才，进行了多场全方位培训，团队基本成型，战斗力日益高涨。淘宝旗舰店已经进入正常的店铺运营阶段，迈出了可喜的第一步。建立了严格的绩效考核机制，奖惩分明，极大地调动了团队的积极性。

继续做好营销推广以获取流量，店铺转化率提高之后，再加大推广投入，增加订单基数和好评率。通过社区营销、联盟活动、软文增加店铺流量和品牌知名度。积极参加淘宝平台的活动，如淘金币、VIP 专享、周末购、超级麦霸等。做好店铺内关键词优化、钻石展位、直通车、淘宝客等付费推广，可以从低到高，根据投放效果，逐步加大投入。自 2012 年起，已陆续入驻各大主流电商平台，铁观音线上销售额位居行业前列，连续三年全网乌龙茶类目第一。目前，电商收入占总个公司销售额接近 10%，通过实践得出如下结论：

（1）电商需要真做，而不是作秀。

千万不可抱有尝试心理和侥幸心理，这一点看似最不需要任何投入，恰恰是决定整个项目能否操作成功的关键性因素。没有一位电商创始人是抱着尝试心态而成功的。很多传统企业早在 10 年前已经开始电商之路，如联华 OK、第一百货、永乐、报喜鸟等，可惜他们认为网络只是甜点，线下才是正餐。结果报喜鸟只能看着 VANCL 以火箭的速度飞翔，而京东用 3 年走过了国美 15 年的路。

（2）电商团队成长需要磨合。

一个成熟的电商团队至少要经过半年以上的磨砺和成长，不仅需要熟悉淘宝旗舰店，以及其他平台的各项规则和营销工具、电子商务运营和服务流程，团队成员、部门之间的协调和默契也需要时间培养，最重要的是需要了解我们的客户，理解我们的客户消费心理和习惯，对于一个年轻的尚不成熟的团队需要一定时间磨合。

（3）互联网可以创造商业奇迹。

抖音上的猫咪哥和土耳其冰淇淋为什么如此之火？因为通过互联网聚集了 200 多万的粉丝，猫咪哥和土耳其魔术师就是 90 后、00 后的明星。产品已经不是单纯意义上的物理概念，而是一种娱乐、社交和消费的融合体，满足了消费者更高层面的需求。抖音这样传播能量就像原子核裂变一样，而且是免费的。互联网对于每个企业都有机会，关键是如何制造差异。

（4）用发展的视角看待互联网未来价值。

为什么日本人不爱网购？原因很简单，日本的线下零售业实在是太发达了。日本线下零售的服务态度好，最重要的原因还是电商相比零售并没有什么价格优势。单纯线上无法满足客户的全方位需求，随着中国物流体系的完善，电商的发展轨迹将是一条抛物线。

第七章

养殖户组织化

背景分析

党的十九大明确提出："构建现代农业产业体系、生产体系、经营体系，完善农业支持保护制度，发展多种形式适度规模经营，培育新型农业经营主体，健全农业社会化服务体系，实现小农户和现代农业发展有机衔接。"2018 年中央一号文件有关农民组织化生产的摘录：统筹兼顾培育新型农业经营主体和小农户，采取有针对性的措施，把小农生产引入现代农业发展轨道；培育各类专业化、市场化服务组织，推进农业生产全程社会化服务，帮助小农户节本增效；发展多样化的联合与合作，提升小农户组织化程度；实施新型农业经营主体培育工程，培育发展家庭农场、合作社、龙头企业、社会化服务组织和农业产业化联合体，发展多种形式适度规模经营；推动资源变资产、资金变股金、农民变股东，探索农村集体经济新的实现形式和运行机制。

农业组织化就是在农业生产过程中，以提高农业生产效率为目标，实现农业生产各要素的功能整合，使之构成一个相互联系、相互依赖的有机整体的过程。农业组织化是农业经营活动的组织化，其实质就是农业生产中各种资源要素的合理、优化配置。组织的作用在于利用群体的力量克服自身的不足。龙头企业组织农民实现集约化生产，即化解了农民的市场风险，又解决了饲料企业的销售问题。典型饲料企业如表 7 - 1 所示。

表 7 - 1　典型饲料企业

公司	组织模式	产业链覆盖	养猪规模（万头/年）
温氏	公司 + 农户（或家庭农场）	饲料、兽药、生猪繁育养殖、食品加工、农牧设备	1700
正大	公司 + 农户	饲料生产与销售、畜禽水产育种养殖、谷物育种、动物健度防疫、肉食品加工	350
雏鹰	公司 + 基地 + 农户	饲料生产、种猪繁育、生猪养殖、屠宰加工、终端零售	250
中粮	公司 + 基地 + 养殖大户	饲料加工、畜禽养殖、屠宰、深加工、冷链配送、分销及肉类产品进出口	200
宝迪	公司 + 基地 + 养殖大户	饲料、种猪繁育、养殖、生猪屠宰、低温肉食品、生物制品、禽业加工、农副产品物流	150
新希望六和	公司 + 规模农户	饲料生产、畜禽养殖、屠宰、肉制品	150
天邦	公司 + 家庭农场	饲料、动保、养殖、终端销售	55
大北农	平台 + 公司 + 猪场	饲料生产、种猪繁育、兽药疫苗、作物种子、农业互联网、金融服务	50
唐人神	公司 + 家庭农场	饲料、种猪繁育、养殖、肉品加工	60
罗牛山	公司 + 农户	种猪、猪苗、商品猪、饲料、环保咨询	10
大康	公司 + 养殖大户 + 农户	饲料生产、种猪繁育、生猪养殖、屠宰、终端零售等在内的一体化经营模式	50
新五丰	公司 + 适当规模小农场	饲料生产、种猪繁育、商品猪饲养、生猪屠宰及肉品加工、冷链物流、生猪交易	60
扬翔	公司 + 基地 + 农场	种猪、肉猪、猪精、猪饲料、养猪设备	130
九鼎	公司 + 农户	饲料、养殖、设备、动保、食品终端	60
双胞胎	公司 + 农户	饲料研发与制造、生猪养殖、粮食贸易、金融服务	20
海大	公司 + 农户	水产和畜禽饲料、优质水产动物种苗、动物保健品、生物制品	40

公司	组织模式	产业链覆盖	养猪规模（万头/年）
金新农	公司＋农户	猪饲料研产销、种猪繁育、动保兽药、互联网通信技术	20
牧原	自育自繁自养一体化	饲料加工、生猪育种、种猪扩繁、生猪饲养、屠宰加工	310
正邦	自育自繁自养一体化	饲料、生猪、兽药、农药	230

2016 年，温氏股份以 1713 万头的出栏量排名第一。目前这些养猪企业年出栏总量接近 4000 万头，未来年出栏总量将超过 2 亿头，占 7 亿总出栏数的 28%，还有 70% 的生猪数需要去组织生产。从发展模式来看，自营一体化企业实力雄厚，"公司＋农户"模式也备受青睐，资本的力量不容小觑。

根据中国畜牧协会的统计，中国生猪出栏量中 59% 来自规模在年出栏 500 头以下的养殖户，31% 来自年出栏在 5000 ~ 10000 头的养殖场，剩下的 10% 来自于年出栏在 10000 以上的养殖场。按照能繁母猪存栏 30 头以下为散户、30 ~ 300 头为小型猪场、300 ~ 500 头为中型猪场的标准划分，全国一半以上养殖场是小型养殖户。在我国家庭联产承包责任制的基本制度下，决定了小农家庭经营仍将在一定时间内长期存在。越是小农生产，越是需要组织化，越是需要在服务上的规模经营，在此基础上的社会化服务才具有大面积推广的经济性。如图 7 - 1 所示。

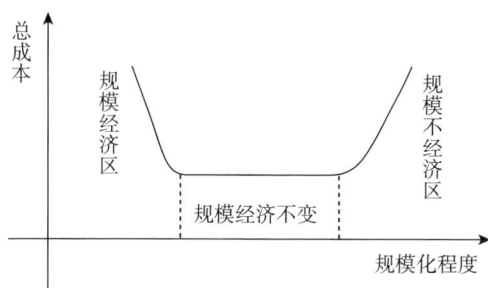

图 7 - 1　总成本与规模化程度

面对养殖规模化，饲料企业如果不做规模场，也不做产业链，客户已经在逐步消失，甚至不能称为"参赛选手"。当然，饲料企业有很多选择的方向：直销、"公司＋农户"、产业链一体化。利用资本的力量切入养殖业，既符合政策导向，又符合经济规律。客观来讲，农民组织化的话题很大，涉及研发、生产、销售和服务等很多环节，也涉及政府、企业和农户诸多利益相关者。这里只从饲料营销的角度出发，即如何利用养殖户组织化来推动饲料的销售。组织农户是手段，销售饲料是目的，简称"组织化嵌入式营销"。

问题表现

（1）农户单打独斗成思维定势。

农业生产的特殊性体现在生产的季节性，不同农作物整地、播种、除草、施肥、收获都要根据生产季节合理安排，不同于工厂的生产流水线，农业生产不靠组织就能完成，而是靠家庭、个人、市场就能很好地完成。而且农民普遍认为，加入合作社后产量水平不可能会提高。农民成立合作社的意识非常淡薄，他们只看到了合作社农产品的产量水平，而忽略了综合经济效益的提升。农户因家庭分散经营所带来的生产规模小、经济实力弱，以及农民科学文化素质低和社会关系的原子化等使农民的弱势群体特点进一步突显，呈现无组织的游离状态，改变起来障碍重重。

（2）农户诉求千差万别，思想统一难度很大。

自古以来，把农民组织起来就是一件相当困难的事情，分化农民的意愿难以协调构成了农业服务规模化推行的基本假设。当前，农户在农业劳动力禀赋、生产资料占有量、农业社会关系等方面都发生了巨大分化，从而使不同农户对农业服务规模化产生了完全不同的态度。普遍存在人情包袱重，不患寡而患不均的思想。比如养殖小区集中起来团购饲料，因为每个人都有自己的采购关系网，统一思想几乎是不可能的，因此失去了议价的机会。分田到户以来，尤其是随着打工经济的兴起，农民分化的程度不断加剧。现阶段，农村的优秀人才已经脱离了农村，从事农业以外的其他行业，常年在外谋生，对家乡农村经济发展漠不关心。而留在农村的优秀人才，往往也不愿意从事"土里刨食"的工作。再有剩余的优秀人才，只能是"望洋兴叹"，心有余力不足。

（3）养殖户道德风险大，企业逆向选择，信任基础薄弱。

近年来频繁出现的农产品质量安全事件，让过去一段时间颇受重视而又备受争议的"公司＋农户"组织模式受到重创。如2008年的三聚氰胺事件将这种"公司＋农户"的合作模式推向了道德十字架。牛奶产业链从上游的牛种研发、奶牛的养殖、畜医养护、原奶收集与运输，到中游乳品加工、品牌运营、包装物料的供应，再到下游的物流运输、乳制品批发、终端零售，诸多环节中，最重要也是最核心的部分就是奶源。

奶业巨头们按照"公司＋农户"的产业链组织模式，主攻品牌经营、奶品加工及营销，而养牛挤奶环节交给农民。由于自然产奶的蛋白质含量不能达到公司收购的标准，中间环节的奶源收集者为了使从农民那里收来的奶达到公司的检测标准而不惜故意添加违禁成分。随着人们对食品产业链安全的关注，许多人开始对农业产业链盛行的"公司＋农户"组织模式进行反思。如何对"公司＋农户"的产业链组织模式进行改造，特别是如何解决产业链的各利益体的利益均衡问题、质量标准化问题和生产者教育问题，以维护食品产业链健康运转，成为理论和实践界面临的重大课题。因此，2018年畜牧业工作要点通知指出："整顿生鲜乳收购秩序，依法查处和公布不履行生鲜乳购销合同，以及凭借购销关系强推强卖兽药、饲料等行为。"

（4）合作组织形式大于内容，名存实亡。

行政力量在农业服务规模化实践中起到重要的推动作用，不但构成了村社组织发挥统筹作用的直接动力，而且发挥着行政指导和资源倾斜的作用。从纵向的层级来看，各级政府对农业服务规模化的认识和重视程度没有形成统一。从横向的部门来看，各自为政使现有资源无法形成合力。政府内生动力存在明显不足，这主要是因为农业服务规模化对于村社干部来讲是件"吃力不讨好"的工作。

显然，农业服务规模化极大地增加了村社干部的工作量，但是农业生产中产生的一些风险和问题，村民往往将其归咎于村社干部，从而使其承担了无限责任。根本在于村社干部和村民之间没有形成良好的责、权、利平衡关系，只是简单的给补贴，给完补贴就偃旗息鼓。组织化程度不高，服务水平低，服务基本停留在信息、技术咨询等层面，提供加工、储运等配套服务能力较弱，吸引力、凝聚力不强，尚不能适应新时期农业升级发展要求。此外，贫困地区由于受经济文化等因素影响，专业经济合作组织处在初步发育阶段，农民合作社经营规模较小，整体实力不强，人员素质也不高，管理缺乏经验，发展还比较脆弱，农民组织化发展也缺乏相应的法律保障。发展壮大的难点包括资金缺乏，农村金融体系建设滞后。

（5）产业链成畸形，可持续性不强。

农牧产业链利益分配缺乏公正和谐，如奶牛养殖生产、奶品加工、奶品销售三个环节的利润比0.8：3：6.2。与此相反，奶牛养殖生产、奶品加工、奶品销售三个环节的成本比例的变化却正好相反，为6：3：1。究其本质，农业生产组织不能代表农户们的自身利益，与农户不是利益共同体，在市场竞争中难以站在农户的立场上考虑问题，使得农户的利益受到侵害。资本和合作社的结合可能导致农民组织的弱化，合作社和农村外部资本合谋而架空农户。作为资本方的龙头企业、农业大户，实际上支配了合作社的决策和运营，农民只是形式上的合伙人，缺乏决策权，无法公平分享合作社收益。同时，作为个体的农民，不仅组织能力不足，处于社会弱势地位，而且组织合作不够规范，组织与会员之间的利益关系不够紧密，没有明确的约束，存在较大的不稳定性。

解决方案

国际经验借鉴

农业部《2018年畜牧业工作要点》提出："强化产业发展专题研究，聚焦加快实现畜牧业现代化的发展目标，坚持问题导向，组织开展畜牧业现代化及国际经验、畜牧业新业态、新型种养关系、中小养殖场户与现代畜牧业发展有机衔接、畜牧科技创新与推广、畜牧业监管方式改革、牧区草原畜牧业转型升级、草原承包经营权流转、质量兴牧品牌强牧等专题研究，提升中小养殖场户的生产经营水平。"可见，借鉴国际经验是缩短我国畜牧业现代化周期的有效途径，后发优势明显。世界上典型国家和模式如表7-2所示。

表7-2 世界上典型国家和模式

国家	组织形式	历史渊源	特点
美国	农场主合作社	有近200年历史，全国4000多个农场合作社，300多万会员，年交易额1000亿美元	股本金具有稳定性 享有同投资额相当的交货权 发展加工业提高产品的附加值 将"一人一票制"的民主管理同委托专家管理相结合 实行以交易量分红返利为主的利益分配机制
丹麦	农民合作社	1884年丹麦出现了第一家合作社，全国90%以上的农场主加入了一个或者多个合作社	宽进严出的社员资格管理制度 高水平专业化运作 按交易额进行利益分配 "一人一票"的民主管理原则和决策机制 给农户提供最优惠的交易条件
德国	农民合作社	起步于19世纪中后期，截至2009年年底，德国农业合作社共有2675个，拥有合作社成员约180万人	社员加入合作社要有一次性资金投入 实行董事会、监事会和社员大会分权制的治理机制 农村金融体系健全 严格的审计制度 适当的政府扶持
日本	农协	1947年11月颁布的《农业协同组合法》，截至2014年12月，日本共有各种全国性农协联合会18个，各类专业农协2011个，农协共有社员969万人	集合作经济组织、行政辅助机构和政治压力团体于一体 综合农协和专业农协共存 业务功能齐全，以金融为支柱开展综合经营 重视教育，全国和县一级农协都设立培训中心 政府扶持力度大

美国以大规模高效农业为基本特征，规模较大的家庭农场经营是美国农业的主体，劳动生产效率较高，多数农场都采用高度机械化的操作方式，充分利用遥感等信息技术为农业生产服务。农业合作社发挥重要作

用，合作社为社员提供物资与资金、组织经营管理等，对外输出劳务和销售农副产品等，成为一种能够避免市场风险、保护农民利益的合作经济组织，促进了农业经济的发展。

德国和丹麦合作社发展的成功经验表明，对农民合作社领导人及社员进行培训是必须长期加以重视的工作。丹麦大约2％的年轻人从事农业，在他们进入农业生产领域之前必须接受相应的基础教育，全面了解农业的必要知识。农民也必须经常更新自己的知识，农场主、雇员及州农业委员等也必须轮流入学，进行技术知识更新。我国应该广泛汲取丹麦、德国等的经验，为农民专业合作社的发展注入强大的智力支撑，进而增强农民参加农业合作社的内生动力，提升农业合作社的运行效率和水平。日本综合农协模式通过政府在全国建立立体的综合农协体系来整合分散农户，以实现生活、生产、销售、加工、金融等各个领域的服务规模化。

国内案例分析

案例1：温氏食品集团创立于1983年，主营养鸡业和养猪业。2015年11月2日深交所上市，市值突破2000亿元，成为养殖业第一股。2005—2014年，温氏营业收入从61.42亿元增至380.4亿元，复合增长率达20％，净利从3.8亿元增至26.63亿元，复合增速21.47％。2017年温氏股份在永州发布的"公司＋农户"计划，年出栏量达500万头，几乎与永州原有出栏量持平。毋庸置疑，"温氏模式"具有强大的生命力，其成功原因如下：

1）轻资产运作：通过为合作农户提供养殖服务，将重资产的后端育肥委托外包，创造性地将自己的商业本质从养殖企业变成养殖服务企业。公司提供猪苗、饲料等，农户负责肉猪饲养管理环节；

2）有效分配机制：按合同约定计算农户收益，保护最低收益，让农民吃上"定心丸"，设置收益上限标准，斩断农户添加"瘦肉精"的动机。公司承担市场变化等重大风险，农户负责饲养阶段的风险；

3）组织化生产：以紧密型"公司＋农户（家庭农场）"为核心、以适度规模化养殖为基础的发展和经营管理模式，这种独特的发展模式被业界

称为"温氏模式";

4）价值链接：温氏股份是目前最成功的三农服务平台，"服务三农"令温氏模式科学扩张，为养殖户提供超值服务，降低养殖风险、稳定农户军心。更重要的是，养殖户既能同甘，更能共苦，具有强大凝聚力，获得了养殖户的高度信任；

5）信息化：温氏股份建立了温氏集团大数据生态，并积极探索物联网技术，推广智能化养殖，通过信息化提供了养殖管理的保障。

案例 2：海大集团成立十多年以来，实际上是建立一个新的模式，是有效地组织农民一起发展养殖，通过给农民提供整体解决方案，从种苗到饲料，到养殖技术，到资本，到最后回购动物产品，整个过程把农民变成产业工人。前十几年，已经与近 30 万名农户一起在发展，未来五年，公司年产值过千亿，同时能带动 50 万养殖户变成未来的农场主。畜牧业、养殖业、饲料业是非常传统的行业，有 10 万亿的规模，当前的核心问题就是效率，未来十年是行业升级的黄金十年，效率提升来自三个方面：

第一个方面是技术，以前我国的农牧业技术落后于欧美国家，到目前为止，我国的农牧行业技术已经与欧美国家处在同一阵营，在某些领域已经处于领先地位。

第二个方面是整个行业进入变革阶段，从以前的散户走向未来的工业化和规模化阶段，这会极大地提升行业的效率。

第三个方面是全产业链模式，从种苗到饲料、养殖、屠宰、流通，建立封闭的、高效的、可追溯的食品体系，这都是未来提效有力的措施。

组织化嵌入式营销

（1）形成"铁三角"稳定关系。

形成政府引导、龙头企业带动、养殖户参与的生产模式。从实际运行情况来看，三者缺一不可。坚持优势互补、平等共赢的原则，形成责、权、利平衡机制，不缺位、不越位、不错位，模型如图 7-2 所示。"铁三角"各方资源和能力优势如表 7-3 所示。

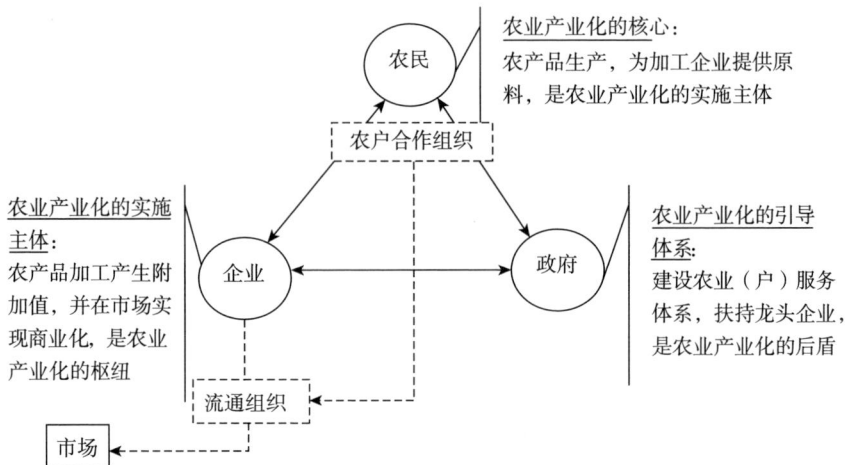

农业产业化的核心：
农产品生产，为加工企业提供原
料，是农业产业化的实施主体

农业产业化的实施
主体：
农产品加工产生附
加值，并在市场实
现商业化，是农业
产业化的枢纽

农业产业化的引导
体系：
建设农业（户）服务
体系，扶持龙头企业，
是农业产业化的后盾

图7-2　"铁三角"模型

表7-3　"铁三角"各方资源和能力优势

	政府	企业	农户
资源和能力	政府	企业	农户
	政策	技术	土地
	税收	管理	硬件
	金融	信息	时间
	行政力	销售渠道	劳力
	宏观指导	品牌	社会资本
	支农资金	资金	村社组织
	法律法规	企业家精神	规模潜力
	…	环保解决方案	…
			品种
		…	
优势	具备公共行政职能，导向作用强，号召力大	具备软实力，抗风险能力强	自然禀赋好，原始资源获取成本低，重视合作情感
劣势	停留在概念层，内生动力不足，容易形式主义	资金压力大，管理难度大，存在逆向选择	小农意识浓，存在道德风险大，忠诚度低
诉求	追求政绩，壮大集体经济	追求规模效益，重视长期合作	追求零风险，稳定的社会平均收益

（2）选择适合自身的组织方式。

饲料企业与养殖户合作方式有紧密型、半紧密型、松散型三种，如表7-4所示。

表7-4 饲料企业与养殖户合作方式

组织形式		组织主体	经营特点	企业
第一种	公司＋农业产业工人	饲料企业	紧密型，完全控股，自给自足 实质是一种将公司与农户的外部关系内部化的过程 质量进行全程规范控制 较强的抗风险能力 产品品质的一致性得以实现 需要巨大的资金投入	牧原 正邦 圣农
第二种	公司＋农户	饲料企业	订单委托半紧密型，合作方式有参股、托管（全托和半托）、代养等 非产权连接的契约关系并不具备严格的约束力 当约束机制不严密时，当市场价格高于合同约定的价格时，农民不愿意将产品交售给签约的公司 保底＋分红机制，可以降低农户道德风险，提高食品安全指数	温氏 正大 新希望 新五丰
第三种	公司＋基地/小区＋农户 公司＋基地/小区＋农户	饲料企业	年度合同松散型，合作方式有委托、众筹等 基地是连接公司与农户的中介，是一种临时契约关系，交易成本高 通常会引发农户契约履行中的道德风险和公司契约签订中的逆向选择，食品安全往往很难以保障	雏鹰 中粮
	公司＋合作社＋农户	农村能人/经销商/大户	商务交易松散型，合作方式有参股、托管、委托、外包等 奉行自愿平等原则，有利于保持农民主体地位，受到法律保护 抱团实施投入品采购、农产品销售、资金互助、社会化服务 可以聘请职业经理人进行运作，实施股权激励 强化集体质量连带责任，联合担保，起到凝聚养殖户作用 合作组织内部不容易达成一致，合作组织属于松散型合作，对成员没有强制力	中澳肉鸭 太湖水殖
	公司＋农协/村社组织＋农户	政府	政府干预松散型 政府提供技术咨询、指导生产、组织培训，按照标准监督养殖户生产、保护名牌、促进销售 整合细碎养殖场、协同养殖品种、统一机械作业、共同采购农资；一手联系养殖户，一手联系社会化服务 成本自担、收益共享 起到行政压力、行政指导、资源倾斜的作用	我国还停留在理念层面，尚未得到实践

综合以上三种模式，第一种紧密型适合资金充足的上市公司；第二种半紧密型具备先进性，但这种模式可复制性值得商榷；第三种具备一定的普遍性，但致命的缺点就是可持续性不强。所以，目前呈现以松散型为主的局面，直接后果就是食品安全形势不容乐观。

通过农民自发的成立专业性的合作社，将分散的农户整合起来，一起分享生产、销售、加工等环节的规模效益，实现 1 + 1 > 2 的目标。2017 年 12 月 27 日第十二届全国人民代表大会常务委员会第三十一次会议修订《农民专业合作社法》，本法自 2018 年 7 月 1 日起施行。可以预见，工商企业主导下的市场化模式最具有生命力，虽然目前还存在许多问题，但随着新的《农民专业合作社法》的实施，"公司 + 合作社 + 农户"模式将会成为主流。饲料企业应该抓住机会，全力支持农村能人、经销商或养殖大户成立专业合作社，实施组织化嵌入式营销。

（3）制定具有约束力的分配机制。

我国已有的农民合作社大多具有政府领办、集体主办的性质，加入合作社的农户更多是为了享受政府转移出来的利益，缺少自治的足够激励。农村合作社本身就是农民为自我服务的经济组织，而良好的运行机制是促进合作社健康发展的内在动力。促进农民合作社健康、可持续发展，必须逐步改变那种政府领办、集体主办的合作社现状，真正把权力下放给农民，调动和提高农民的积极性。在形式上，可以多鼓励农村大户和农村能人作为带头人，建立农民自己的农村合作社，并开展社员自治管理。

重新拾起农村传统社会资本，提高农村社会资本的存量，激发农民组织的内源式发展，重新形成农民之间的团结性和平等互惠的合作机制。形成一种即使彼此之间并没有产权连接，但却具有共同价值目标的柔性网络战略联盟。农民专业合作社应当遵循下列原则：

☞ 成员以农民为主体。

☞ 以服务成员为宗旨，谋求全体成员的共同利益。

☞ 入社自愿、退社自由。

☞ 成员地位平等，实行民主管理。

☞ 盈余主要按照成员与农民专业合作社的交易量（额）比例返还。

现以"公司＋合作社＋农户"组织模式为例。首先，制定合作社章程，明确企业与农民职责分工，按约定保证农户收益，企业承担市场变化大风险，农户负责生产阶段的小风险，收益分配结构设计为：

合作社收益＝养殖户保底收益＋养殖户年底返利＋分红＋合作社服务费＋农业保险费＋盈余公积

其中，保底收益起到稳定农户军心的作用；年底返利起到约束农户行为的作用；分红起到激励做大做强的作用；服务费有利于聘请职业经理人，增强合作社主导者的积极性；农业保险起到降低风险作用；盈余公积用于弥补亏损、扩大生产经营或者转为成员出资。

（4）夯实"股权＋服务＋产品"的价值，增强组织黏性。

《农民专业合作社法》指出：农民专业合作社是指在农村家庭承包经营基础上，农产品的生产经营者或者农业生产经营服务的提供者、利用者，自愿联合、民主管理的互助性经济组织。如果对照现代企业十六字方针"产权清晰、政企分开、权责明确、管理科学"，以及国外如火如荼的合作组织，不难发现我国合作组织存在如下问题：

1）自愿联合、民主管理、互助性是一种理想状态。市场化程度严重不足，单纯依靠情怀、觉悟是非常不切实际的，农户"宁为鸡头，不为凤尾"的传统思想在作祟；

2）进入自愿，退出自由，门槛太低，退出成本几乎为零。造成成员忠诚度低，不会主动为合作社的发展出谋划策，有它不多，缺之不少，索取意识浓，奉献精神淡；

3）农产品的生产经营者或者农业生产经营服务的提供者、利用者只有责任，权力和利益不明确、不突出。以企业为主导的"公司＋农户"的动机是销售农资，或是回收农产品；以经销商为主导的合作社的动机是促进饲料销售；养殖大户和能人主导的合作社的动机是获得工资和分红。企业的动机普遍得到认可，但经销商、养殖大户或农村能人的动机普遍遭到成员的反感，认为动机不纯。由此，凝聚力和信任度无法建立起来；

4）合作组织成立容易，价值呈现难。在农业生产资料的购买、使用、农产品的生产、销售、加工、运输、贮藏及其他相关服务、农技推广、与农业生产经营有关的技术、信息、设施建设运营等动作不大。主要原因是内生动力不足，等靠要思想严重，最终合作社变成可有可无的鸡肋；

5）成员大会、理事会、监事会治理机制成摆设，财务人员和经理容易滋生腐败，侵害成员利益，农户是"一朝被蛇咬，十年怕井绳"，纷纷退出合作组织；

6）政府支农资金是把双刃剑，让它变成催化剂，而不是催眠药，不要把政府资金变成成立合作组织的唯一目的。

针对以上合作组织的种种弊端，饲料企业凭借自身的优势，可以帮助经销商或养殖大户建立合作社，切实创新"股权＋服务＋产品"价值内涵，增强养殖户黏性。总之，合作组织的成败关键在领头人，设计组织结构图如图7－3所示。

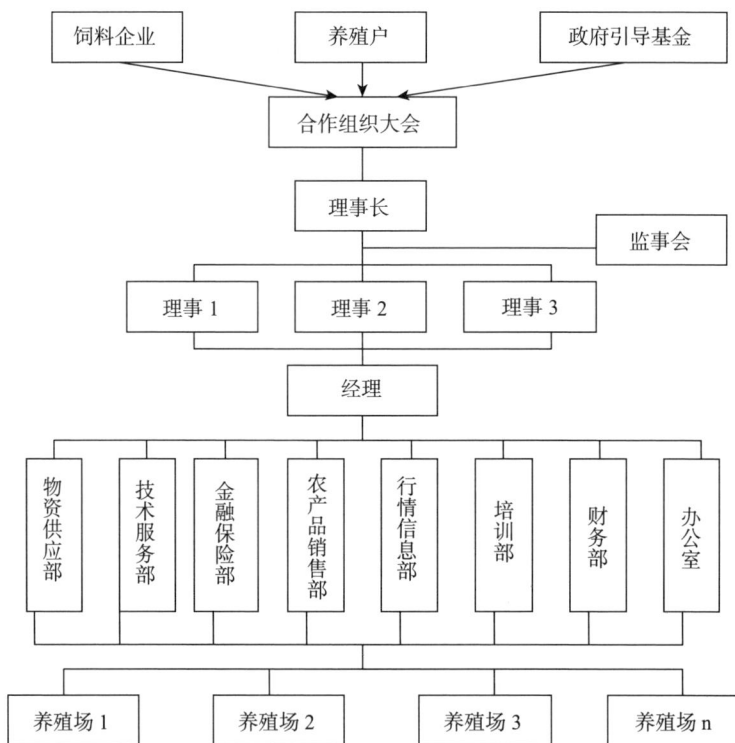

图7－3 合作组织的设计组织结构图

他山之石——GG 股份：农民组织化

引言

饲料行业正处于散户退出，规模形成的关键时期。可以预见，哪家企业组织的农户越多、整合的猪、鸡、鸭、鱼越多，谁就能最终赢得市场，养殖户组织化的重要性会得到不断证实。

随着国家城镇化的不断深入，留在农村的农民数量会减少，但并不意味着农产品的产量要下降，而是通过生产模式和农业技术创新带来效率的提升，把肉碗、饭碗牢牢端在自己手里。现代管理理论起源于工业化时代的泰勒，知识经济时代德鲁克提出了知识型员工的管理课题，到了现代农业时代，现代农民的管理问题日益迫切，组织农民进行产业化实践将是重要课题。显然，农民与流水线上的工人、电脑前的知识型员工有较大差异，需要有新的理论来指导实践。

非常钦佩 GG 股份创业者的勇气、格局和韧性。GG 股份的茶农组织化生产实践找到了农民组织化过程中的普遍重点、难点和焦点，提出了一些大胆的假设，为饲料企业的养殖户组织化打开了一扇窗。

第一部分 案例背景

纵观我国农业组织模式变革历史，20世纪50年代为土地革命；70年代实行家庭联产承包责任制，如苏南模式；80年代大举"公司＋基地＋农户"大旗，如山东模式。据统计，全国农业产业化龙头企业有近11万家，农业产业化经营覆盖了种植、畜牧、水产等领域，辐射带动全国50%以上的农作物播种面积，以及70%以上的畜禽饲养量和水产养殖面积。据工商总局最新统计，截至2017年，全国农民专业合作社数量有193.3万家，入社农户超过1亿户。

从2000年开始，中国茶产业连续10年年复合增长率超20%，市场容量超过2000亿元，但按全球茶业消费标准，中国茶业仍有巨大的提升空间。预计未来5年，市场容量可达万亿，将诞生一批产值过百亿的品牌，出现一批茶叶中的"王老吉""茅台""金龙鱼"。

中国茶叶产量集中在福建、浙江、云南、湖北、湖南、四川、安徽、广东和贵州九个产茶大省，九省茶叶产量占全国茶叶产量的86.71%。云南、福建、四川、河南等省自上而下大力发展茶产业，培植龙头企业，茶业已经成为这些省份支柱性产业，诞生了一批全国性大企业，并有数家成功上市，实现经济效益和社会效益双丰收。遗憾的是，作为中国主要产茶省之一的广东，尤其是中国著名红茶产区的JJ，虽然自然条件优越、区位优势明显，但茶产业格局仍然是"小、散、乱、弱"。而滇闽豫等产茶大省已涌现出了一批全国一线品牌，并有数家成功上市。GG与铁观音、普洱茶、大红袍、金骏眉、信阳红、福鼎白茶、坦洋功夫、安吉白茶等全国性公共品牌相比，无论是品牌知名度还是市场占有率，尚有很大差距。

JJ，广东省著名的"红茶之乡"。20世纪50年代中期，为了发展农业，提倡侨民种了10万亩茶叶在GG镇，从此有了"JJ红茶"这个名字。GG股份的茶园基地就坐落于这驰名中外的优质JJ红茶核心原产地——GG镇。JJ红茶，享誉世界。"GG"是与"祁红""滇红"并列的中国三大红茶之一，20世纪50年代便出口到欧洲各国，在国际舞台上大放光彩。

1963 年，英国女皇在盛大宴会上用老 GG 华侨茶场生产的 GG 茶来招待贵宾并列为皇室用茶，一时间，GG 风靡英国朝野，这是 JJ 红茶的世界级礼赞。

2012 年 GG 镇政府报告明确指出：再出台种茶优惠扶持措施，投入 140 多万元大力发展高新名优茶，进一步巩固和发展"JJ 红茶之乡"的生产基地，着力打造和提升茶业品牌。因为没有龙头企业，国家政策无法集中哺育，人人有份，导致资源分散、重复建设。企业的同质化竞争严重，多数茶企都是赚原料初级加工的利润，很少有茶企能通过品牌提升来增加产品的附加值。从产业发展规律看，GG 茶产业将进入品牌竞争和资本竞争时代。GG 茶产业将逐步被整合，决定企业和区域竞争优势的关键要素是品牌影响力和资本控制力，最终形成一家或者数家优势企业相对垄断竞争的市场格局。

鉴于良好的产业机会，由企业家牵头，咨询公司提供智力支持，进行资源整合。经过数月酝酿和筹备，2012 年 10 月，广东 GG 茶业股份有限公司成立了。广东 GG 茶业股份有限公司源于 1951 年的广东省 GG 华侨茶场。1959 年，GG 华侨茶场研制出了第一批 JJ 红茶。作为历史最悠久的 JJ 红茶制造商，历时 61 载潜心前行，其主要产品 II · GG 九号自问世以来，好评如潮。依托老 GG 华侨茶场的生产工艺及新团队先进的企业管理制度和市场运营开拓能力，以复兴 JJ 红茶产业为己任，致力于将"GG 茶业"打造成一个集茶叶种植、名优茶加工、茶叶技术研究、茶文化、市场营销于一体的 JJ 红茶第一品牌，带动茶产业链条上的全体茶农共同致富。

农业产业化的本质是政府引导、龙头企业带动产业链条上的全体农民共同致富。GG 股份面临 2 大核心主题：

主题 1：农民组织化。茶叶的本质是农业，茶农不能致富和幸福，茶产业一定做不大，构建优化的茶产业链条，整合 JJ 优质茶业资源，涉足茶文化、茶传播、茶旅游，实现产业链各环节参与者共同富裕。

主题 2：商业运营。包括产品战略、品牌塑造、营销突破，实现 JJ 红茶的市场繁荣，引领产业发展，积极谋求上市，更好地带动农民组织化生产。

GG 股份战略目标的最终实现分为三个阶段，五年完成，力争实现带动 GG 茶在中国茶业版图上的崛起，如图 7-4 所示。

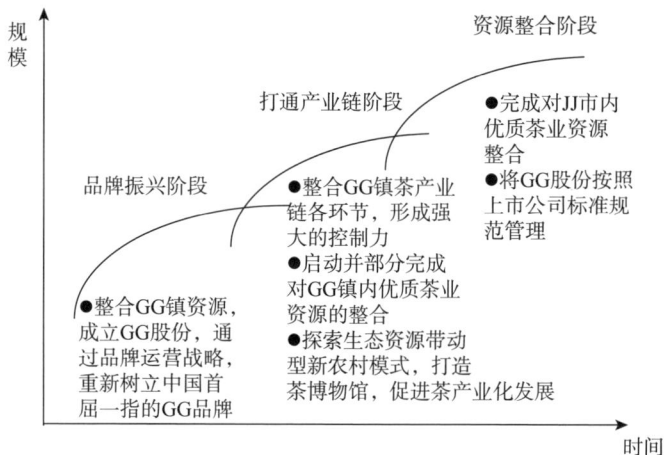

图 7-4 GG 股份战略目标

第二部分 问题解读

如何把分散的茶农组织起来进行有机茶园的专业化生产是一件知易行难的工作，涉及方方面面的经营主体，关系盘根错节，处理起来相对复杂，潜在风险也很大：

1）政治法律风险。国家土地政策的稳定性和变动性、土地流转的合法性都要仔细斟酌。政府、企业和农户之间的法律关系需要重新评估，要保证符合农业生产政策；

2）资金风险。农业生产的沉没成本很大，对企业的资金是一个很大的长期考验，而且资金投入的不确定性极强。茶叶至少要 3 年生长才能投产，时间成本很大；

3）道德风险大：小农意识，小富即安，思想统一比较难，利益分配是一个大问题，如原来的柑橘合作社就没有成功，还是各自为战。违约、毁约时有发生，不按标准种植茶园，如使用化肥、农药不规范等；

4）农产品安全风险。茶行业目前处于混乱时期，假、乱、差成为消费者投诉重点，若不改善，则会让消费者失去信心。一旦出现质量安全事故，对企业将是毁灭性的打击；

5）自然灾害风险：农业生产受自然条件制约程度大，病虫害难以预料；

6）创业团队风险。创业团队的决心、能力和持续性会对项目的推进有实质性的影响。被调查的茶农普遍认为："创业团队的能量要足够大，由政府牵头，制定合作规则，必须有合理的投资回报率"；

7）市场风险。随着茶园面积的扩大，供需平衡将会打破，甚至倒挂。GG 茶的消费群体较狭窄，带有一定的地域消费特点，消费群体集中在广东。毛茶收购和成品销售价格波动将对企业盈利影响很大。国内、省内、清远市内相关企业开始重视品牌的重要性，很多茶叶生产厂家注重茶叶从种植到加工全过程的技术研发，注重品牌文化建设，有的已经借助企业外脑开始寻求突破，这直接关系到市场竞争的程度，在一定时期内对 GG 股份会有一些压力。

第三部分 解决方案

GG 股份利用资金、社会资本、智力、管理、模式、产业视野、人才、渠道、资本运作经验优势进行整合各方资源。通过运作"华侨茶场"成立GG 股份，发育成熟的茶业品牌运营体系、渠道销售体系，形成强大的可对外输出的运营能力。通过能力输出和资本并购的形式，整合 GG 镇及 JJ市优质茶资源，通过专业的品牌运作和资本运作，打造品牌运营型和资本控股型的控股集团，提升 GG 镇乃至 JJ 市茶业整体水平。

为了建立有机茶园标准示范，采取向政府租赁茶园的自有模式；对愿意结成战略合作关系的种植大户和合作社采取入股模式，对不愿意入股的采取公司＋农户/合作社模式；对大量的散户采取随行就市收购模式，企业集中规模化收鲜叶进行初制加工。与各个利益相关者签订相关合同，以法律的形式固化下来，原则是自愿进出、专业分工、互利共赢。GG 股份以农民利益为中心，以政府和法律为底线，以企业承担市场风险为保障；如表 7－5 所示。

表 7－5　茶园合作模式

性质	占比	整合方式
自有茶园型	10%	自有模式：与政府承包 N 年，如果需要处理现有种植户与政府的合同关系就妥善补偿处理。不需要处理种植户与政府合同关系的，就直接与政府签订承包协议。企业自主聘请技术和管理人员，完全实行企业化运作
紧密合作型	40%	股权＋农户/合作社模式：面积在 50 亩以上的种植大户或 10 户合计 100 亩的标准建立的合作社，采取入股方式，使茶农变成龙头企业的股东，公司化运作、市场化经营，种植户有权分享经营所得
		公司＋农户/合作社模式：与面积在 20 亩以上的种植户或 20 户合计 100 亩的标准建立的合作社签订合作协议，统一规划和管理，使种植户变成龙头企业的合作伙伴，保底收益，优先收购
松散合作型	50%	茶青协议收购模式：签订年度收购框架合同，按照企业的采摘和管理标准，收购价格比市场平均水平高出 5%～15%
		不签订年度收购合同，随行就市收购

自有茶园模式：政府出面协调，处理现有种植户与政府的承包协议补偿，然后企业与政府签订 N 年的长期租赁合同，企业长期拥有经营权，企业自主聘请技术和管理人员，完全实现企业化运作。具体见附件：《企业与政府土地承包合同》。

入股模式：面积在 50 亩以上的种植大户或 10 户 100 亩的标准建立的合作社入股企业。使种植户变成龙头企业的股东，种植户有权分享经营所得。农民以茶园入股，由企业按照生态茶园建设模式，集中统一连片改造，每年获取的利润部分返还给入股农户。具体见附件：《种植户与企业入股合同》。

公司＋农户/合作社模式：推行土地流转，以每亩每年或者每亩一次性支付收购的办法签订 M 年流转合同。签订订单生产合同，农户建档发卡统筹管理，以村社为单位，分组别建立农户花名册、农事档案、详细记载，建立一套完整的可追溯体系，实行定点定时全面监管，严格按签约责任执行，并负责提供技术服务，形成以合作社、片区组长直属管理网络。具体见附件：《企业与合作社土地流转合同》。

茶青随行就市收购模式：一部分签订年度收购框架协议；另一部分不签订年度收购协议，随行就市收购。具体见附件：《企业与种植户收购合同》。

为了解决资金和人才难题，拟成立一个 GG 茶产业引导发展基金。站在 GG 茶产业的高度整合 JJ 整个茶产业资源，具体如图 7-5 所示。

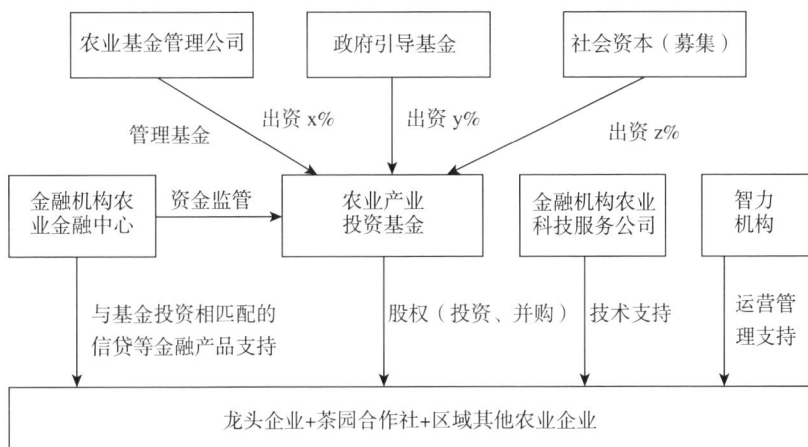

图 7-5 GG 茶产业引导发展基金

茶产业基金设立和运作是带动政府资源、银行资本、社会资本和人才队伍进入的最有力杠杆。针对茶业的行业现状，金融创新是茶产业发展的必由之路。产业基金是聚政府资源、资本和人才于一体的综合性平台，其规范和专业特点有利于政府资源和资本的落地，其市场化运作和激励机制的特点有利于吸引高端优秀人才的加盟，其股权投资模式有利于为茶企改善财务结构、放大融资能力和提升企业管理水平。以茶产业基金为支点，带动资源、资本、管理和人才跟进，以区域茶业龙头为重点扶持对象，全新打造一条安全高效的茶产业链，不仅惠农惠企实现企业和合作社共同致富，也是茶叶食品安全保障的根本出路。具体做法如下：

1）基金运作周期：N 年；

2）政府引导资金：作为社会资本和后续银行资本的杠杆，劣后于社会资本受益，即在基金到期清算时，社会资本优先收回本金和年回报，然后按出资比例分配基金剩余净收益；

3）基金管理公司：由咨询机构派出茶业专业管理团队、金融机构派出资金管理团队共同组建管理公司，对基金资产、收支执行情况和日常事务进行管理，负责基金投资的选项、决策和投后管理。按基金管理的国际国内惯例，茶业基金每年支付一定比例的管理费，用于管理公司的日常开支，基金投资收益小部分作为管理团队的业绩奖励；

4）金融机构茶业金融中心：担当基金资金的监管角色，根据基金投资茶企业的财务和资信情况，配套为茶企提供银行贷款和其他金融产品，放大茶企的资金倍数；

5）金融机构茶业科研服务有限公司：为所投资企业提供种植和生产加工的技术支持；

6）咨询公司：为基金所投资企业提供运营改进、管理提升、上市辅导和人才培养服务。

第四部分　推进实施

（1）茶园概况。

1）项目名称：广东省 JJ 市 GG 镇"幸福茶农"工程；

2）工程性质：茶叶种植、加工、销售、茶文化价值链打造；

3）建设标准：以现代有机生态农业茶园为标准，做到起点高、布局合理、生产保障有力。产品标准执行国家标准、地方标准，杜绝无标生产。

（2）建设规模。

面积规模：自有茶园基地分成三大部分：

一是 200 亩的繁育中心。

二是 200 亩私家茶园基地。其中，100 亩试点物联网，全面实施茶叶全程质量追溯系统建设。

三是建设 1600 亩国家级标准化农业示范区高产稳产生态茶园基地，整合 8000 亩紧密合作型茶园基地，另有 10000 亩松散型收购基地。

按照"统一技术标准、统一购买和施用农业投入品、统一采摘和加工、统一检测、统一包装品牌和标识、统一销售"的"六统一"的原则，实施茶园农业投入品的统供统配，从源头控制农业投入品的使用，保证茶叶食品的质量安全性。同时，成立茶园植保专业队，按照"统一预测预报、统一防治时间、统一农药品种、统一施药方法、统一施药器械、统一药效评价方法"的原则，实施茶园病虫害的统防统治。

严格按照标准化要求建设茶叶基地，积极示范推广黄板诱杀、频振式灭虫灯诱杀、生物农药防治等物理、生物综合防治技术，切实加大茶园基地建设的投入，使茶叶质量明显提高，有效地保证了产品原料的安全性。实施"树（在茶园山顶和园中空缺地、道路、沟渠两旁种植高大落叶的豆科树木，或在园中种植带状防护林、隔离带）、草（梯壁留草或种草）、肥（幼龄茶园和未封行茶园种植绿肥）、水（配套建设蓄水池、排蓄水沟等水利设施）、路（园地道路设施）"和无公害生产管理的"5＋1"生态茶园建设模式。方圆5公里以内任何一处没有农药喷洒。

（3）茶业基金运作效果。

1）增强了茶企的信用等级，提高了茶企的融资能力。首先，茶业基金的资本性投入和管理规范化要求，改善了茶企的财务质地和管理水平，增强了茶企的信用等级，为后续银行贷款资金的顺利投入提供了前提。银行信贷资金能达到基金投资额的5倍以上。其次，嫁接金融机构的金融服务能力，为重点扶持的茶企提供供应链融资、中小企业债、并购贷款和茶叶信托理财产品等多层次的金融服务；

2）培育和孵化GG股份，为茶企后续上市融资奠定基础。茶业基金的资本和管理支持，提升了GG茶企竞争力和品牌知名度，同时，培育和孵化了GG股份。三年后，GG股份符合上市标准，届时资本市场的力量将进一步推动GG乃至广东茶产业的升级换代；

3）打造了一条安全高效的茶叶食品产业链，优化产业竞争秩序，提升产业竞争力。以基金和银行资本为纽带，感知、发掘、服务、投资茶产业最有投资价值和并购价值的企业，孵化创新企业，培植行业领袖；

4）提高了茶农收入水平，稳定了茶农积极性。茶产业的良性发展需要从源头上控制，重构茶业价值链，提高并稳定茶农的收入是茶业发展的根本出路。通过茶业基金和银行资本的介入，提高企业盈利能力，为茶农提供更好的收入来源；

5）提高了地方政府税收，解决了大量人口的就业。茶企的规范经营和盈利能力的提升，为政府提供了更好的税源。同时，为农村和城镇人口的就业提供了保障。

企业与政府土地承包合同

甲方：

乙方：

根据 GG 镇招商引资政策精神，为了促进当地经济发展，改变目前收入低下的传统农业生产方式，提高劳动力就业及产业结构调整，甲方将 GG 镇的国有土地、集体土地承包给乙方，用于建设 GG 茶业的茶园基地项目。根据《中华人民共和国土地管理法》《中华人民共和国合同法》《中华人民共和国农村土地承包法》和《农村土地承包经营权流转管理办法》及相关法律、法规和政策规定，甲乙双方本着平等、互利、自愿、有偿的原则，签订本合同，共同信守。

一、项目区土地的面积、位置

甲方研究同意并报上级政府部门批准，将位于____乡镇的面积____亩土地承包给乙方使用，作为乙方项目建设地，项目建设内容为茶园育苗、茶园种植、建设厂房、仓库等。项目占地具体位置以甲乙双方签字确认的合同附图为准。

二、土地用途及承包形式

1. 土地用途为 GG 茶业的茶园基地建设。

2. 承包形式：乙方公司自主经营。

3. 土地的承包经营期限：

该地承包经营期限为_____年，自 20×× 年 ×× 月 ×× 日至 20×× 年 ×× 月 ×× 日止。

三、地上物的处置

该项目区土地上现为甘蔗地、竹林、砂糖橘等，赔偿标准为_____
_____。

后期地面建设由乙方出资建设，甲方有义务协助建设。

四、承包金及交付

_____。

五、甲乙双方的权利和义务

（一）甲方的权利和义务

1. 对土地开发利用进行监督，保证土地按照合同约定的用途合理利用。

2. 按照合同约定收取承包金。

3. 保障乙方自主经营，不侵犯乙方的合法权益。

4. 按照合同约定，甲方协助乙方完成项目区生产用电、用水。

5. 为乙方提供水源（如需挖井，费用由乙方承担），并给予乙方以甲方村民的同等待遇。

6. 在合同履行期内，甲方不得重复发包该地块。

7. 甲方负责协助乙方办理土地茶园项目用地手续。

（二）乙方的权利和义务

1. 乙方在 GG 镇注册公司，作为甲方招商引资企业。

2. 按照合同约定的用途和期限，有权依法利用和经营所承包的茶园土地，并在三年之内完成项目计划中所有建设内容。

3. 享有承包土地上的收益权和按照合同约定兴建、购置财产的所有权。

4. 享受国家规定的优惠政策。

5. 享有对公共设施的使用权。

6. 乙方可在承包的土地上建设与约定用途有关的生产、生活设施。

7. 乙方不得用取得承包经营权的土地从事非法经营活动。

8. 保护自然资源，搞好水土保持，合理利用土地，确保国土资源保值增值。

9. 乙方在同等条件下优先聘用当地村民就业并带动当地茶产业互动发展。

10. 乙方每年年底将投入情况和经营业收入情况进行审计，并将审计结果报甲方。

11. 乙方独立经营建设，允许转包。

六、合同的变更和解除

1. 本合同一经签订，即具有法律约束力，任何单位和个人不得随意变更或者解除。经甲乙双方协商一致签订书面协议方可变更或解除本合同。

2. 在合同履行期间，任何一方法定代表人或人员的变更，都不得因此而变更或解除本合同。

3. 本合同履行中，如因不可抗力致使本合同难以履行时，本合同可以变更或解除，双方互不承担责任。

4. 本合同履行期间，如遇国家建设征用或者政府政策原因征用该土地，按国家有关规定给予相应的补偿。

5. 如甲方重复发包该地块或擅自断电、断水、断路，致使乙方无法经营时，乙方有权解除本合同，其违约责任由甲方承担。

6. 本合同期满，如继续承包，乙方享有优先权，双方应于本合同期满前半年签订未来承包合同。

七、违约责任

在合同履行期间，任何一方违反本合同的约定，视为违约。违约方应按土地利用的实际总投资额和合同未到期的承包金额的 20% 支付对方违约金，并赔偿对方因违约而造成的实际损失。

八、合同纠纷的解决办法

本合同履行中如发生纠纷，由争议双方协商解决；协商不成，双方同意向法院提起诉讼。

九、本合同经甲乙双方签章后生效

十、本合同未尽事宜，可由双方约定后签订补充协议，补充协议与本合同具有同等法律效力

十一、本合同一式四份，甲乙双方各二份

甲方：（盖章）　　　　　　　　　乙方：（盖章）

法定代表人：　　　　　　　　　　法定代表人：

签约日期：　年　月　日　　　　　签约日期：　年　月　日

附：土地平面图

茶农/合作社与企业入股合同

甲方（入股方）： 身份证号：

甲方住所：

原土地承包经营权证书编号：

乙方（受让方）： 身份证号：

乙方住所：

根据《中华人民共和国农村土地承包法》和《中华人民共和国农村土地承包经营权流转管理办法》（农业部令第 47 号）等法律、法规和国家相关政策，本着平等协商、自愿、有偿的原则，经双方协商一致，就甲方以集体土地折价入股与乙方共同建设茶叶生产、加工项目等相关事项达成如下协议：

一、入股土地面积、位置及用途

甲方自愿以其拥有土地承包经营权的土地_____亩向乙方入股，土地主要用于茶叶生产、加工、经营所需的生产厂房、办公楼及其他配套设施的建设。入股土地的面积、位置及用途如表 7-6 所示。

表 7-6 入股土地的面积、位置及用途

入股土地总面积（亩）				入股地块总数（块）	用途
	地块名称	面积	等级	地类	四至界畔	
入股地块具体情况					东至： 西至： 南至： 北至：	
					东至： 西至： 南至： 北至：	

入股土地总面积（亩）				入股地块总数（块）		用途
入股地块具体情况	地块名称	面积	等级	地类	四至界畔	
					东至：	
					西至：	
					南至：	
					北至：	
					东至：	
					西至：	
					南至：	
					北至：	

二、入股期限

自＿＿＿年＿＿月＿＿日起至＿＿＿年＿＿月＿＿日止。共＿＿＿＿年（大写，最长期限不得超过土地承包期的剩余期限）。

三、合作方式

甲方以土地使用权向乙方投资入股，乙方负责项目的开发建设、经营管理，承担开发建设、经营管理所需的全部资金。本合同生效后，乙方按本合同约定向甲方支付红利。

1. 甲方入股土地的折股方式及份额：

2. 股金分红约定：

3. 股金分红的支付方式和支付时间：

4. 其他约定：

四、权利和义务

（一）甲方的权利和义务

1. 甲方有权按照合同规定收取土地股金分红；按照合同约定的期限到期收回流转的土地。

2. 甲方作为原承包方与发包方的承包合同仍然有效，应继续履行相应的义务。

3. 甲方有权监督乙方经营土地和保护土地的情况，并要求乙方按约履行合同义务。

4. 甲方在土地承包经营权流转后，应报发包方（村集体经济组织）备案。

5. 甲方应协助乙方按合同规定行使土地使用权，不干预乙方正常的生产经营活动。

（二）乙方的权利和义务

1. 乙方有权要求甲方按合同约定交付入股土地并要求甲方全面履行合同义务。

2. 乙方在受让地块上具有使用权、收益权、自主组织生产经营和产品处置权。

3. 乙方在国家法律法规和政策允许范围内从事生产经营活动；依照合同规定按时足额支付股金分红。加强安全生产，防止事故发生，造成损失的，乙方自行承担责任。

4. 乙方应依法保护和合理利用土地，应增加投入以保持土地肥力，不得使其荒芜，不得从事掠夺性经营，不得搭建违章建筑，不得擅自改变土地用途，不得给土地造成永久性损害。若需改变农业用途，须经土管部门审核批准。乙方若擅自改变土地农业用途，本合同即行终止，成为无效合同，乙方并承担相关法律责任。

5. 乙方在入股期限内因故不能继续经营土地的，应将土地退还给甲方；未经甲方同意，不得擅自将土地流转给他人。入股土地不得进行抵押。

五、违约责任

合同双方当事人任何一方违反本合同规定条款，均视为违约，违约方应向对方支付违约金_____元，如违约金不足以弥补经济损失的，按实际损失赔偿。因国家法律、法规和政策调整等不可抗力影响，需要变更或解除合同的，按相关规定执行。

六、纠纷解决方法

本合同如发生纠纷由双方协商解决；协商不成时，可申请乡村相关机构调解解决；不愿调解或调解不成的，按下列第____项处理：

（1）农村土地承包纠纷仲裁机构申请仲裁。

（2）向_____人民法院起诉。

七、双方约定的其他事项

1. 入股合同到期后地上附着物及相关设施的处理约定：

（1）当前地上附着物及相关设施统计：

（2）当前地上附着物及相关设施作价和归属约定：

（3）到期后地上附着物及相关设施的处理约定：

2. 有关国家政策性补贴归属的约定：

3. 入股土地被征收、征用依法应获得补偿费归属的约定：

4. 其他约定：

八、本合同自双方签字盖章之日起生效

当事人可以向区农经站申请鉴证。

九、本合同一式四份，当事人双方各执一份，发包方、村委会、乡（镇）人民政府和鉴证机关各存一份

甲方（签字）：　　　　　　　　乙方（签字）：

村民组（负责人盖印或签字）：　　签约日期：　　年　月　日

村民委员会（盖章）　　　　　　签约地点：

法定代表人（盖印或签字）：　　　　　年　月　日

乡镇人民政府（办事处）（盖章）：

法定代表人（盖印或签字）：

　　年　月　日

企业与农户/合作社土地流转合同

甲方：

乙方：

为了切实解决"三农"问题，迅速调高调优农业种植结构，尽快促进农业增效、农民增收、加快实现城乡一体化、促进新农村建设。为了充分

发挥我乡镇各种优势，引导带动千家万户发展农业产业化，经多次考察、研究，乙方决定到甲方发展一个茶园，为当地农户做好示范样板，现就土地承包事宜，本着互惠互利的原则，达成如下协议：

一、落户地点、面积

乙方茶园落户于＿＿＿村，面积＿＿＿＿＿亩，具体面积以实丈为准，并附平面示意图。

二、承包期限

自＿＿＿＿＿＿年＿＿＿月＿＿＿日至＿＿＿＿＿＿年＿＿＿月＿＿＿日止，承包期为＿＿＿年。

三、承包金及付款方式

每年每亩租金＿＿＿元。付款方式为付后用，每年定在＿月＿日前一次性付清下一年租金。

四、如遇国家重点工程征地，乙方无条件服从，茶作物与设施赔偿归乙方所有，按有关规定的地面作物青苗补偿费归甲方（承包组）所有

五、其他事项

1. 甲方土地转让给乙方后，乙方中途不可转变其他用途，如有类似现象，甲方有权终止协议，收回承包权。

2. 乙方在种植过程中，除发生重大灾害外，如停止种植或荒废一年以上，甲方有权收回承包权。

3. 承包＿＿＿年期满后，乙方如需继续种植，在同等条件下，甲方优先承包给乙方。

4. 乙方在承包期间内，与当地群众发生矛盾时，甲方应积极做好协调工作。

5. 乙方在种植过程中，需要用电、用水等问题，甲方应给予方便，电价与村农户一视同仁。

六、违约责任及解决争议的办法

在合同的有效期内，如单方违约不履行合同，给对方造成的经济损失，违约方应承担全部责任，按经济损失程度负责赔偿，经调处不成的，可向县农业合同承包仲裁机构申请仲裁或直接向人民法院提出诉讼。

七、本合同一式三份，甲乙双方各执一份，监证方各执一份，自签字盖章后生效，双方必须严格遵照执行。

甲方：（盖章）　　　　　　　　乙方：（盖章）

法定代表人：　　　　　　　　　法定代表人：

签约日期：　年　月　日　　　　签约日期：　年　月　日

茶叶种植收购合同

收购方（甲方）：

种植方（乙方）：

为了促进 GG 茶业的生产发展和农民增收，维护双方合法权益，根据《中华人民共和国合同法》及其他有关法律法规的规定，甲乙双方在平等、自愿、公平、诚实信用的基础上，就茶叶种植、收购的有关事宜达成如下协议：

第一条　产品基本要求

表7-7　产品基本要求

产品名称	茶叶等级	产地	数量（kg）	价格（元）（保护价）	合计（元）
总计	人民币（大写）				

第二条　质量要求

1. 内在质量：茶叶鲜叶应符合《中华人民共和国农产品质量安全法》标准提出的无公害要求。

2. 外观质量：按照甲方采摘标准进行采摘。

第三条　种苗提供方式为：乙方自备

第四条　种植具体要求：甲方提供技术指导与培训

第五条　鲜叶收购

甲方在收购现场对乙方的茶叶进行当场检验，乙方产出的鲜叶由甲方按质论价，严格按当年当时鲜叶市场价（保护价）收购。

第六条 收购办法：由乙方送到甲方指定的收购点和工厂投售点

第七条 结算方式及限期

甲方在收进乙方茶叶后 30 日内现金支付货款。双方约定保护价的，当市场收购价低于保护价时，以保护价为准；当市场收购价高于保护价时，双方可协商上调价格。

第八条 违约责任

1. 乙方延迟交货或甲方延迟支付收购款的，应当每日按照延迟部分价款 10% 的标准向对方支付违约金。

2. 乙方交付的产品不符合约定要求的，甲方有权要求补足、换货或退货，由此产生的费用由乙方承担。但甲方应在七日内通知乙方，否则乙方有权拒绝甲方的要求。

3. 甲方未按约定收购乙方符合要求的产品的，应承担由此给乙方造成的损失。

第九条 不可抗力

如发生自然灾害或其他不可抗力的原因，致使当事人一方不能履行合同的，经核实可全部或部分免除责任，但应及时通知对方，并在合理期限内提供证明。

第十条 合同争议的解决办法

本合同在履行过程中发生的争议，由双方当事人协商或申请有关部门调解解决。协商或调解解决不成时，依法向当地人民法院提起诉讼。

本合同自双方签字盖章之日起生效。本合同一式二份，甲乙双方各执一份，本合同于____年__月__日终止。

收购方(盖章)：   种植方（盖章）：

　　（签名）：   　　（签名）：

　____年__月__日   　____年__月__日

后 记

　　本书源于 18 年实战和 2 年总结，马上就要付梓，感触良多。笔者始终秉持"立足企业，跨界突破，问题导向，案例实证"的原则，积极践行德鲁克"营销与创新才是企业的根本"的思想。随着饲料行业淘洗整合加速，企业数量将大幅压缩，这是必然趋势。信息时代背景下，如果要重新定义市场营销，是指比竞争者更好地创造客户的需求。本质上，企业的竞争力来自技术的颠覆和模式的创新，前者释放物的潜能，后者释放人的潜能。马云说："这是一个跨界打劫你，你却无力反击的时代。"可见，跨界思维是饲料从业人士的常态素养。书中 7 个亲历案例涉及工业品、建材和消费品，以便汲取行业外的精华嫁接到饲料行业中，起到外力推动的作用。

　　2030 年乡村振兴取得决定性进展，农业农村现代化；2050 年乡村全面振兴，农业强、农村美、农民富裕。乡村振兴的时间表催人奋进，但目前"三农"问题依然突出，农业现代化已经严重滞后工业化、城镇化和信息化，具体包含生产效率、食品安全、留守儿童、农村金融、品牌弱小、农村电商、养殖环保、猪周期、产业链畸形等。畜牧业作为农业的半壁江山，饲料成本占养殖业生产成本的 70% 以上，作为养殖业最大的投入品，饲料企业应担当农牧产业变革使命，引领现代农牧业高效、安全和可持续发展。

　　希望本书的出版能对饲料、动保等从业者有所裨益，也希望对农业相关人士提供借鉴。由于本人水平有限，书中不妥之处请批评指正，以便找到更好的解决方案。

陈石平

2019 年 1 月 31 日

推荐作者得新书！

博瑞森征稿启事

亲爱的读者朋友：

感谢您选择了博瑞森图书！希望您手中的这本书能给您带来实实在在的帮助！

博瑞森一直致力于发掘好作者、好内容，希望能把您最需要的思想、方法，一字一句地交到您手中，成为管理知识与管理实践的桥梁。

但是我们也知道，有很多深入企业一线、经验丰富、乐于分享的优秀专家，或者忙于实战没时间，或者缺少专业的写作指导和便捷的出版途径，只能茫然以待……

还有很多在竞争大潮中坚守的企业，有着异常宝贵的实践经验和独特的洞察，但缺少专业的记录和整理者，无法让企业的经验和故事被更多的人了解、学习……

对读者而言，这些都太遗憾了！

博瑞森非常希望能将这些埋藏的"宝藏"发掘出来，贡献给广大读者，让更多的人从中受益。

所以，我们真心地邀请您，我们的老读者，帮我们搜寻：

推荐作者

可以是您自己或您的朋友，只要对本土管理有实践、有思考；可以是您通过网络、杂志、书籍或其他途径了解的某位专家，不管名气大小，只要他的思想和方法曾让您深受启发。

可以是管理类作品，也可以超出管理，各类优秀的社科作品或学术作品。

推荐企业

可以是您自己所在的企业，或者是您熟悉的某家企业，其创业过程、运营经历、产品研发、机制创新，等等。无论企业大小，只要乐于分享、有值得借鉴书写之处。

总之，好内容就是一切！

博瑞森绝非"自费出书"，出版费用完全由我们承担。您推荐的作者或企业案例一经采用，我们会立刻向您赠送书币1000元，可直接换取任何博瑞森图书的纸书或电子书。

感谢您对本土管理原创、博瑞森图书的支持！

推荐投稿邮箱：bookgood@126.com   推荐手机：13611149991

1120本土管理实践与创新论坛

这是由100多位本土管理专家联合创立的企业管理实践学术交流组织,旨在孵化本土管理思想、促进企业管理实践、加强专家间交流与协作。

论坛每年集中力量办好两件大事:第一,"出一本书",汇聚一年的思考和实践,把最原创、最前沿、最实战的内容集结成册,贡献给读者;第二,"办一次会",每年11月20日本土管理专家们汇聚一堂,碰撞思想、研讨案例、交流切磋、回馈社会。

论坛理事名单(以年龄为序,以示传承之意)

首届常务理事:

彭志雄	曾 伟	施 炜	杨 涛	张学军	郭 晓	程绍珊	胡八一
王祥伍	李志华	陈立云	杨永华				

理　　事:

张再林	卢根鑫	刘文瑞	王铁仁	周荣辉	罗 珉	房西苑	曾令同
黄民兴	陆和平	孟广桥	宋杼宸	张国祥	刘承元	叶兴平	曹子祥
宋新宇	吴越舟	吴 坚	杜建君	戴欣明	仲昭川	刘春雄	刘祖轲
张茂泽	段继东	陈立胜	梁 涛	何 慕	秦国伟	贺兵一	罗海容
张小虎	陈忠建	郭 剑	余晓雷	黄中强	朱玉童	沈 坤	阎立忠
张 进	丁兴良	朱仁健	薛宝峰	史贤龙	卢 强	史幼波	黄剑黎
叶敦明	王 涛	李文才	王 强	张远凤	陈 明	廖信琳	岑立聪
方 刚	何足奇	周 俊	杨 奕	孙行健	孙嘉晖	张东利	郭富才
叶 宁	何 屹	沈 奎	王明胤	王 超	马宝琳	谭长春	杨竣雄
夏惊鸣	张 博	段传敏	李洪道	胡浪球	孙 波	唐江华	程 翔
翟玉忠	刘红明	杨鸿贵	伯建新	高可为	李 蓓	王春强	孔祥云
戴 勇	贾同领	罗宏文	张兵武	史立臣	李政权	余 盛	陈小龙
尚 锋	邢 雷	余伟辉	李小勇	苗庆显	孙 巍	陈继展	全怀周
林延君	王清华	初勇钢	陈 锐	高继中	聂志新	黄 屹	沈 拓
徐伟泽	漆 寒	谭洪华	崔自三	王玉荣	蒋 军	侯军伟	黄润霖
朱伟杰	金国华	吴 之	葛新红	周 剑	崔海鹏	李治江	陈海超
柏 夔	唐道明	刘书生	朱志明	曲宗恺	杜 忠	黄渊明	王献永
范月明	吕 林	刘文新	赵晓萌	张 伟	韩 旭	韩友诚	熊亚柱
秦海林	孙彩军	刘 雷	贺小林	王庆云	黄 娜	俞士耀	田 军
丁 昀	张小峰	黄 磊	罗晓慧	赵海永	伏泓霖	任彭枞	梁小平
鄢圣安	马方旭	乐 涛	杨晓燕	欧阳莉华	陈 慧	张 璐	

企业案例·老板传记

	书名．作者	内容/特色	读者价值
企业案例·老板传记	你不知道的加多宝：原市场部高管讲述 曲宗恺 牛玮娜 著	前加多宝高管解读加多宝	全景式解读，原汁原味
	借力咨询：德邦成长背后的秘密 官同良 王祥伍 著	讲述德邦是如何借助咨询公司的力量进行自身与发展的	来自德邦内部的第一线资料，真实、珍贵，令人受益匪浅
	娃哈哈区域标杆：豫北市场营销实录 罗宏文 赵晓萌 等著	本书从区域的角度来写娃哈哈河南分公司豫北市场是怎么进行区域市场营销，成为娃哈哈全国第一大市场、全国增量第一高市场的一些操作方法	参考性、指导性，一线真实资料
	六个核桃凭什么：从 0 过 100 亿 张学军 著	首部全面揭秘养元六个核桃裂变式成长的巨著	学习优秀企业的成长路径，了解其背后的理论体系
	像六个核桃一样：打造畅销品的36 个简明法则 王 超 范 萍 著	本书分上下两篇：包括"六个核桃"的营销战略历程和 36 条畅销法则	知名企业的战略历程极具参考价值，36 条法则提供操作方法
	解决方案营销实战案例 刘祖轲 著	用 10 个真案例讲明白什么是工业品的解决方案式营销，实战、实用	有干货，真正操作过的才能写得出来
	招招见销量的营销常识 刘文新 著	如何让每一个营销动作都直指销量	适合中小企业，看了就能用
	我们的营销真案例 联纵智达研究院 著	五芳斋粽子从区域到全国/诺贝尔瓷砖门店销量提升/利豪家具出口转内销/汤臣倍健的营销模式	选择的案例都很有代表性，实在、实操！
	中国营销战实录：令人拍案叫绝的营销真案例 联纵智达 著	51 个案例，42 家企业，38 万字，18 年，累计 2000 余人次参与……	最真实的营销案例，全是一线记录，开阔眼界
	双剑破局：沈坤营销策划案例集 沈 坤 著	双剑公司多年来的精选案例解析集，阐述了项目策划中每一个营销策略的诞生过程，策划角度和方法	一线真实案例，与众不同的策划角度令人拍案叫绝、受益匪浅
	宗：一位制造业企业家的思考 杨 涛 著	1993 年创业，引领企业平稳发展20 多年，分享独到的心得体会	难得的一本老板分享经验的书
	简单思考：AMT 咨询创始人自述 孔祥云 著	著名咨询公司（AMT）的 CEO创业历程中点点滴滴的经验与思考	每一位咨询人，每一位创业者和管理经营者，都值得一读
	边干边学做老板 黄中强 著	创业 20 多年的老板，有经验、能写、又愿意分享，这样的书很少	处处共鸣，帮助中小企业老板少走弯路
	三四线城市超市如何快速成长：解密甘雨亭 IBMG 国际商业管理集团 著	国内外标杆企业的经验＋本土实践量化数据＋操作步骤、方法	通俗易懂，行业经验丰富，宝贵的行业量化数据，关键思路和步骤
	中国首家未来超市：解密安徽乐城 IBMG 国际商业管理集团 著	本书深入挖掘了安徽乐城超市的试验案例，为零售企业未来的发展提供了一条可借鉴之路	通俗易懂，行业经验丰富，宝贵的行业量化数据，关键思路和步骤

互联网＋

	书名．作者	内容/特色	读者价值
互联网＋	新营销 刘春雄 著	新营销的新框架体系是场景是产品逻辑，IP 是品牌逻辑，社群是连接逻辑，传播是营销逻辑	助力品牌商实现由传统营销到新营销的理念和行动的跨越，助力企业打赢升级转型之仗
	企业微信营销全指导 孙 巍 著	专门给企业看到的微信营销书，手把手教企业从小白到微信营销专家	企业想学微信营销现在还不晚，两眼一抹黑也不怕，有这本书就够

互联网＋	**企业网络营销这样做才对:B2B 大宗 B2C** 张 进 著	简单直白拿来就用,各种窍门信手拈来,企业网络营销不麻烦也不用再头疼,一般人不告诉他	B2B、大宗 B2C 企业有福了,看了就能学会网络营销
	互联网时代的银行转型 韩友诚 著	以大量案例形式为读者全面展示和分析了银行转型的互联网金融转型应对之道	结合本土银行转型发展案例的书籍
	正在发生的转型升级·实践 本土管理实践与创新论坛 著	企业在快速变革期所展现出的管理变革新成果、新方法、新案例	重点突出对于未来企业管理相关领域的趋势研判
	触发需求:互联网新营销样本·水产 何足奇 著	传统产业都在苦闷中挣扎前行,本书通过鲜活的案例告诉你如何以需求链整合供应链,从而把大家熟知的传统行业打碎了重构、重做一遍	全是干货,值得细读学习,并且作者的理论已经经过了他亲自操刀的实践检验,效果惊人,就在书中全景展示
	移动互联新玩法:未来商业的格局和趋势 史贤龙 著	传统商业、电商、移动互联,三个世界并存,这种新格局的玩法一定要懂	看清热点的本质,把握行业先机,一本书搞定移动互联网
	微商生意经:真实再现 33 个成功案例操作全程 伏泓霖 罗晓慧 著	本书为 33 个真实案例,分享案例主人公在做微商过程中的经验教训	案例真实,有借鉴意义
	阿里巴巴实战运营——14 招玩转诚信通 聂志新 著	本书主要介绍阿里巴巴诚信通的十四个基本推广操作,从而帮助使用诚信通的用户及企业更好地提升业绩	基本操作,很多可以边学边用,简单易学
	阿里巴巴实战运营 2:诚信通热卖技巧 聂嵘海 著	诚信通 TOP 商家赚钱的密码箱,手把手教你操作,拿来就用	图文并茂,内容齐全,直接可以对照使用
	抖音营销如何做:未来抖商 刘大贺 著	解密从 0 到 1 亿粉丝的实操路径,深度剖析抖音营销全系统策略	企业做抖音营销的第一书
	微商团队长:从入门到精通 罗品牌 著	由浅入深,涵盖微商团队长必学技能的方方面面	只要照着做,就能当好微商团队长
	互联网精准营销 蒋 军 著	怎么在互联网时代整体策划、包装品牌和产品,并在此基础上为企业设计商业模式,技术实现并运营落地	为有基础的小微企业(大企业的新项目)1 年实现销售额过亿,2 年对接资本,3 年左右准 IPO
	今后这样做品牌:移动互联时代的品牌营销策略 蒋 军 著	与移动互联紧密结合,告诉你老方法还能不能用,新方法怎么用	今后这样做品牌就对了
	互联网＋“变”与“不变”:本土管理实践与创新论坛集萃·2016 本土管理实践与创新论坛 著	本土管理领域正在产生自己独特的理论和模式,尤其在移动互联时代,有很多新课题需要本土专家们一起研究	帮助读者拓宽眼界、突破思维
	创造增量市场:传统企业互联网转型之道 刘红明 著	传统企业需要用互联网思维去创造增量,而不是用电子商务去转移传统业务的存量	教你怎么在“互联网＋”的海洋中创造实实在在的增量
	重生战略:移动互联网和大数据时代的转型法则 沈 拓 著	在移动互联网和大数据时代,传统企业转型如同生命体打算与再造,称之为“重生战略”	帮助企业认清移动互联网环境下的变化和应对之道
	画出公司的互联网进化路线图:用互联网思维重塑产品、客户和价值 李 蓓 著	18 个问题帮助企业一步步梳理出互联网转型思路	思路清晰、案例丰富,非常有启发性
	7 个转变,让公司 3 年胜出 李 蓓 著	消费者主权时代,企业该怎么办	这就是互联网思维,老板有能这样想,肯定倒不了
	跳出同质思维,从跟随到领先 郭 剑 著	66 个精彩案例剖析,帮助老板突破行业长期思维惯性	做企业竟然有这么多玩法,开眼界

行业类:零售、白酒、食品/快消品、农业、医药、建材家居等			
	书名.作者	内容/特色	读者价值
零售·超市·餐饮·服装	总部有多强大,门店就能走多远 IBMG 国际商业管理集团 著	如何把总部做强,成为门店的坚实后盾	了解总部建设的方法与经验
	超市卖场定价策略与品类管理 IBMG 国际商业管理集团 著	超市定价策略与品类管理实操案例和方法	拿来就能用的理论和工具
	连锁零售企业招聘与培训破解之道 IBMG 国际商业管理集团 著	围绕零售企业组织架构、培训体系建设等内容进行深刻探讨	破解人才发现和培养瓶颈的关键点
	中国首家未来超市:解密安徽乐城 IBMG 国际商业管理集团 著	介绍了乐城作为中国首家未来超市从无到有的传奇经历	了解新型零售超市的运作方式及管理特色
	三四线城市超市如何快速成长:解密甘雨亭 IBMG 国际商业管理集团 著	揭秘一家三四线连锁超市的经验策略	不但可以欣赏它的优点,而且可以学会它成功的方法
	新零售 新终端 迪智成咨询团队 著	梳理和提炼新零售的系统打法,将之落地在新终端建设上	让新零售这一看似形而上的商业概念有了可以落地的立足点
	新零售动作分解:建材 家居 家具 盛斌子 著	第一本锁定在家居建材、家电、家装等耐用消费品领域谈新零售的书	第一本谈新零售的具体动作、策略、方法、招术的书,拿来就用
	新零售进化趋势与未来格局 李政权 著	通过业态、品类、体验、场景等,逐一呈现新零售的未来进化	就新零售未来的发展方向与进化趋势给出一个确定性的未来
	涨价也能卖到翻 村松达夫 【日】	提升客单价的15种实用、有效的方法	日本企业在这方面非常值得学习和借鉴
	移动互联下的超市升级 联商网专栏频道 著	深度解析超市转型升级重点	帮助零售企业把握全局、看清方向
	手把手教你做专业督导:专卖店、连锁店 熊亚柱 著	从督导的职能、作用,在工作中需要的专业技能、方法,都提供了详细的解读和训练办法,同时附有大量的表单工具	无论是店铺需要统一培训,还是个人想成为优秀的督导,有这一本就够了
	百货零售全渠道营销策略 陈继展 著	没有照本宣科、说教式的絮叨,只有笔者对行业的认知与理解,庖丁解牛式的逐项解析、展开	通俗易懂,花极少的时间快速掌握该领域的知识及趋势
	零售:把客流变成购买力 丁昀 著	如何通过不断升级产品和体验式服务来经营客流	如何进行体验营销,国外的好经营,这方面有启发
	餐饮企业经营策略第一书 吴坚 著	分别从产品、顾客、市场、盈利模式等几个方面,对现阶段餐饮企业的发展提出策略和思路	第一本专业的、高端的餐饮企业经营指导书
	餐饮新营销 杨勇 程绍珊 著	在新环境下,对餐饮营销管理进行了全面深入的解读,提供了方式方法	全面性、系统性,区别于市面上的纯操作类作品
	电影院的下一个黄金十年:开发·差异化·案例 李保煜 著	对目前电影院市场存大的问题及如何解决进行了探讨与解读	多角度了解电影院运营方式及代表性案例
	赚不赚钱靠店长:从懂管理到会经营 孙彩军 著	通过生动的案例来进行剖析,注重门店管理细节方面的能力提升	帮助终端门店店长在管理门店的过程中实现经营思路的拓展与突破
耐消品	商用车经销商运营实战 杜建君 王朝阳 章晓青 等著	从管理到经营,从销售到服务,系统化运作全指导	为经销商经营开阔思路,掌握方法
	汽车配件这样卖:汽车后市场销售秘诀100条 俞士耀 著	汽配销售业务员必读,手把手教授最实用的方法,轻松得来好业绩	快速上岗,专业实效,业绩无忧

耐消品	润滑油销售:这样说这样做更有效 张金荣 著	针对渠道、经销商、终端的超实用话术	上车看,下车用,3分钟就能学会。
	新经销:新零售时代,教你做大商 黄润霖 著	从选址、产品、促销、团队、规模阐述新经销变与不变的市场手法和操作思路	实地拜访近100位经销商在传统营销手法上的创新、新营销工具的发现
	珠宝黄金新营销 崔德乾 著	营销、品牌、产品、连接、场景、社群、服务、传播、管理及产业价值链	新营销在珠宝行业的实战应用,业内必备第一书
	跟行业老手学经销商开发与管理:家电、耐消品、建材家居 黄润霖 著	全部来源于经销商管理的一线问题,作者用丰富的经验为每一个问题落实到最便捷快速的操作方法上去	书中每一个问题都是普通营销人亲口提出的,这些问题你也会遇到,作者进行的解答则精彩实用
白酒	酒水饮料快消品餐饮渠道营销手册 朱伟杰 著	主要针对快消品(酒水、饮料)的餐饮渠道,提供了区域、商圈、不同业态的规划和促销安排等多种工具,并提出了经销商、批发商等相关人员的管理方法	一本酒水饮料如何在餐饮渠道销售的全能手册,内容深入翔实,可以直接照搬套用,这样的便利简直千金不换
	白酒到底如何卖 赵海永 著	以市场实战为主,多层次、全方位、多角度地阐释了白酒一线市场操作的最新模式和方法,接地气	实操性强,37个方法、6大案例帮你成功卖酒
	变局下的白酒企业重构 杨永华 著	帮助白酒企业从产业视角看趋势,找准位置,实现弯道超车的书	行业内企业要减少90%,自己在什么位置,怎么做,都清楚了
	1. 白酒营销的第一本书(升级版) 2. 白酒经销商的第一本书 唐江华 著	华泽集团湖南开口笑公司品牌部长,擅长酒类新品推广、新市场拓展	扎根一线,实战
	区域型白酒企业营销必胜法则 朱志明 著	为区域型白酒企业提供35条必胜法则,在竞争中赢销的葵花宝典	丰富的一线经验和深厚积累,实操实用
	10步成功运作白酒区域市场 朱志明 著	白酒区域操盘者必备,掌握区域市场运作的战略、战术、兵法	在区域市场的攻伐防守中运筹帷幄,立于不败之地
	酒业转型大时代:微酒精选2014－2015 微酒 主编	本书分为五个部分:当年大事件、那些酒业营销工具、微酒独立策划、业内大调查和十大经典案例	了解行业新动态、新观点,学习营销方法
快消品·食品	中国快消品营销的这些年 史贤龙 著	作者精华文章的合集,一本书浓缩了过去十五年,中国营销的实战历程与前沿思考	快消品营销行业的案例和方法都原汁原味呈现,在反映当时风貌的同时,展望与反思
	营销中国茶:2小时读懂茶叶营销 史贤龙 著	从不同视角对中国的茶营销进行了思考,内容涉及中国茶产业战略困境、茶企规模化、茶品牌崛起、茶文化、茶营销、茶消费、茶零售、茶道等	内容丰富扎实,文字流畅,浓缩的都是精华,让你2小时读懂茶叶营销
	这样打造快消品标杆市场 罗宏文 著	帮助你解决如何成功打造标杆市场和进行持续增量管理两大问题	一套系统的方法论,通俗易懂,可以直接套用
	5小时读懂快消品营销:中国快消品案例观察 陈海超 著	多年营销经验的一线老手把案例掰开了,揉碎了,从中得出的各种手段和方法给读者以帮助和启发	营销那些事儿的个中秘辛,求人还不一定告诉你,这本书里就有
	快消品招商的第一本书:从入门到精通 刘雷 著	深入浅出,不说废话,有工具方法,通俗易懂	让零基础的招商新人快速学习书中最实用的招商技能,成长为骨干人才
	乳业营销第一书 侯军伟 著	对区域乳品企业生存发展关键性问题的梳理	唯一的区域乳业营销书,区域乳品企业一定要看

快消品·食品	金龙鱼背后的粮油帝国 余 盛 著	讲述金龙鱼品牌及母公司丰益国际的商业冒险故事	在精彩的阅读体验中学到营销管理的方法
	食用油营销第一书 余 盛 著	10多年油脂企业工作经验,从行业到具体实操	食用油行业第一书,当之无愧
	中国茶叶营销第一书 柏 暾 著	如何跳出茶行业"大文化小产业"的困境,作者给出了自己的观察和思考	不是传统做茶的思路,而是现在商业做茶的思路
	调味品企业八大必胜法则 张 戟 著	八大规律性的关键成功要素,背后都有本土调味品企业的成功实践	"观点阐述+案例描述",行业必读
	调味品营销第一书 陈小龙 著	国内唯一一本调味品营销的书	唯一的调味品营销的书,调味品的从业者一定要看
	快消品营销人的第一本书:从入门到精通 刘 雷 伯建新 著	快消行业必读书,从入门到专业	深入细致,易学易懂
	变局下的快消品营销实战策略 杨永华 著	通胀了,成本增加,如何从被动应战变成主动的"系统战"	作者对快消品行业非常熟悉、非常实战
	快消品经销商如何快速做大 杨永华 著	本书完全从实战的角度,评述现象,解析误区,揭示原理,传授方法	为转型期的经销商提供了解决思路,指出了发展方向
	快消品营销:一位销售经理的工作心得2 蒋 军 著	快消品、食品饮料营销的经验之谈,重点图书	来源与实战的精华总结
	快消品营销与渠道管理 谭长春 著	将快消品标杆企业渠道管理的经验和方法分享出来	可口可乐、华润的一些具体的渠道管理经验,实战
	成为优秀的快消品区域经理(升级版) 伯建新 著	用"怎么办"分析区域经理的工作关键点,增加30%全新内容,更贴近环境变化	可以作为区域经理的"速成催化器"
	销售轨迹:一位快消品营销总监的拼搏之路 秦国伟 著	本书讲述了一个普通销售员打拼成为跨国企业营销总监的真实奋斗历程	激励人心,给广大销售员以力量和鼓舞
	快消老手都在这样做:区域经理操盘锦囊 方 刚 著	非常接地气,全是多年沉淀下来的干货,丰富的一线经验和实操方法不可多得	在市场摸爬滚打的"老油条",那些独家绝招妙招一般你问都是问不来的
	动销四维:全程辅导与新品上市 高继中 著	从产品、渠道、促销和新品上市详细讲解提高动销的具体方法,总结作者18年的快消品行业经验,方法实操	内容全面系统,方法实操
农业	饲料营销有方法:策略 案例 工具 陈石平 著	跳出饲料看饲料,根据饲料营销的关键成功要素(KSF)提出7大核心命题	紧跟农牧产业发展大势,提高饲料企业营销竞争力
	新农资如何换道超车 刘祖轲 等著	从农业产业化、互联网转型、行业营销与经营突破四个方面阐述如何让农资企业占领先机、提前布局	南方略专家告诉你如何应对资源浪费、生产效率低下、产能严重过剩、价格与价值严重扭曲等
	中国牧场管理实战:畜牧业、乳业必读 黄剑黎 著	本书不仅提供了来自一线的实际经验,还收入了丰富的工具文档与表单	填补空白的行业必读作品
	中小农业企业品牌战法 韩 旭 著	将中小农业企业品牌建设的方法,从理论讲到实践,具有指导性	全面把握品牌规划,传播推广,落地执行的具体措施
	农资营销实战全指导 张 博 著	农资如何向"深度营销"转型,从理论到实践进行系统剖析,经验资深	朴实、使用!不可多得的农资营销实战指导
	农产品营销第一书 胡浪球 著	从农业企业战略到市场开拓、营销、品牌、模式等	来源于实践中的思考,有启发
	变局下的农牧企业9大成长策略 彭志雄 著	食品安全、纵向延伸、横向联合、品牌建设……	唯一的农牧企业经营实操的书,农牧企业一定要看

	书名/作者	内容简介	推荐语
医药	在中国,医药营销这样做:时代方略精选文集 段继东 主编	专注于医药营销咨询15年,将医药营销方法的精华文章合编,深入全面	可谓医药营销领域的顶尖著作,医药界读者的必读书
	医药新营销:制药企业、医药商业企业营销模式转型 史立臣 著	医药生产企业和商业企业在新环境下如何做营销? 老方法还有没有用? 如何寻找新方法? 新方法怎么用? 本书给你答案	内容非常现实接地气,踏实谈问题说方法
	医药企业转型升级战略 史立臣 著	药企转型升级有5大途径,并给出落地步骤及风险控制方法	实操性强,有作者个人经验总结及分析
	新医改下的医药营销与团队管理 史立臣 著	探讨新医改对医药行业的系列影响和医药团队管理	帮助理清思路,有一个框架
	医药营销与处方药学术推广 马宝琳 著	如何用医学策划把"平民产品"变成"明星产品"	有真货、讲真话的作者,堪称处方药营销的经典!
	医药行业大洗牌与药企创新 林延君 沈 斌 著	一方面,围绕着变革,多角度阐述药企的应对之道;另一方面,紧扣实践,介绍近百家医药企业创新实践案例	医改变革10年,医药企业如何应对大洗牌? 重磅出击的药企人必读书
	新医改了,药店就要这样开 尚 锋 著	药店经营、管理、营销全攻略	有很强的实战性和可操作性
	电商来了,实体药店如何突围 尚 锋 著	电商崛起,药店该如何突围? 本书从促销、会员服务、专业性、客单价等多重角度给出了指导方向	实战攻略,拿来就能用
	OTC医药代表药店销售36计 鄢圣安 著	以《三十六计》为线,写OTC医药代表向药店销售的一些技巧与策略	案例丰富,生动真实,实操性强
	OTC医药代表药店开发与维护 鄢圣安 著	要做到一名专业的医药代表,需要做什么、准备什么、知识储备、操作技巧等	医药代表药店拜访的指导手册,手把手教你快速上手
	引爆药店成交率1:店员导购实战 范月明 著	一本书解决药店导购所有难题	情景化、真实化、实战化
	引爆药店成交率2:经营落地实战 范月明 著	最接地气的经营方法全指导	揭示了药店经营的几类关键问题
	引爆药店成交率:专业化销售解决方案 范月明 著	药品搭配分析与关联销售	为药店人专业化助力
	处方药合规推广实战宝典 赵佳震 著	推广体系搭建、推广人员岗位工作内容、推广服务外包商管理等六个方面	解决"医药代表转型"和"推广服务外包商管理"的困惑
	医药代理商实操全指导:新环境 新战法 戴文杰 著	结合医药市场政策环境解读新环境下医药招商的战法,着重分析药品产业链的盈利机会	医药销售业务人员的必备读物
	攻略基层诊所:医药营销这样做 张江民 著	对基层诊所的开发、维护和动销,拿来就用的方式方法	实战是本书的主旨,只要用心去看,就能在基层诊所市场中运用
	互联网医药的未来 动脉网 编著	介绍了互联网医药发展的现状与趋势	帮助创业者和投资人看清未来,把握当下
	处方药零售这样做 田 军 著	阐述了处方药零售的重要性,以及做处方药零售市场的具体措施和方法	系统性了解和掌握处方药零售方法
建材家居	成为最赚钱的家具建材经销商 李治江 著	从销售模式、产品、门店等老板们最关注和最需要的方面解决问题、提供方法	只要你是建材、家具、家居用品的经销商老板,这就是一本必读的书
	定制家居黄金十年 韩 锋 翁长华 著	梳理了定制家居的商业模式和发展情况	帮助定制家居看清方向,把握当下
	家具建材促销与引流 薛 亮 李永峰 著	十大促销模式的详细方法和工具	让你天天签大单

建材家居	家具行业操盘手 王献永　著	家具行业问题的终结者	解决了干家具还有没有前途？为什么同城多店的家具经销商很难做大做强等问题
	建材家居营销：除了促销还能做什么 孙嘉晖　著	一线老手的深度思考，告诉你在建材家居营销模式基本停滞的今天，除了促销，营销还能怎么做	给你的想法一场革命
	建材家居营销实务 程绍珊　杨鸿贵　主编	价值营销运用到建材家居，每一步都让客户增值	有自己的系统、实战
	家居建材门店6力爆破 贾同领　著	合盘道出一线品牌销量秘籍	6力招招见血，既有招数，又有策略
	建材家居门店销量提升 贾同领　著	店面选址、广告投放、推广助销、空间布局、生动展示、店面运营等	门店销量提升是一个系统工程，非常系统、实战
	10步成为最棒的建材家居门店店长 徐伟泽　著	实际方法易学易用，让员工能够迅速成长，成为独当一面的好店长	只要坚持这样干，一定能成为好店长
	手把手帮建材家居导购业绩倍增：成为顶尖的门店店员 熊亚柱　著	生动的表现形式，让普通人也能成为优秀的导购员，让门店业绩长红	读着有趣，用着简单，一本在手、业绩无忧
	建材家居经销商实战42章经 王庆云　著	告诉经销商：老板怎么当、团队怎么带、生意怎么做	忠言逆耳，看着不舒服就对了，实战总结，用一招半式就值了
工业品	销售是门专业活：B2B、工业品 陆和平　著	销售流程就应该跟着客户的采购流程和关注点的变化向前推进，将一个完整的销售过程分成十个阶段，提供具体方法	销售不是请客吃饭拉关系，是个专业的活计！方法在手，走遍天下不愁
	解决方案营销实战案例 刘祖轲　著	用10个真案例讲明白什么是工业品的解决方案式营销，实战、实用	有干货，真正操作过的才能写得出来
	变局下的工业品企业7大机遇 叶敦明　著	产业链条的整合机会、盈利模式的复制机会、营销红利的机会、工业服务商转型机会……	工业品企业还可以这样做，思维大突破
	工业品市场部实战全指导 杜　忠　著	工业品市场部经理工作内容全指导	系统、全面、有理论、有方法，帮助工业品市场部经理更快提升专业能力
	工业品营销管理实务 李洪道　著	中国特色工业品营销体系的全面深化、工业品营销管理体系优化升级	工具更实战，案例更鲜活，内容更深化
	工业品企业如何做品牌 张东利　著	为工业品企业提供最全面的品牌建设思路	有策略、有方法、有思路、有工具
	丁兴良讲工业4.0 丁兴良　著	没有枯燥的理论和说教，用朴实白的语言告诉你工业4.0的全貌	工业4.0是什么？本书告诉你答案
	资深大客户经理：策略准，执行狠 叶敦明　著	从业务开发、发起攻势、关系培育、职业成长四个方面，详述了大客户营销的精髓	满满的全是干货
	两化融合管理系统贯标流程与方法 戴　勇　张华杰　张百荣　编著	全面梳理贯标流程和方法	帮助企业成功贯标
	一切为了订单：订单驱动下的工业品营销实战 唐道明　著	其实，所有的企业都在围绕着两个字在开展全部的经营和管理工作，那就是"订单"	开发订单、满足订单、扩大订单。本书是实操方法，字字珠玑、句句干货，教你获得营销的胜利
金融	交易心理分析 （美）马克·道格拉斯　著 刘真如　译	作者一语道破赢家的思考方式，并提供了具体的训练方法	不愧是投资心理的第一书，绝对经典
	精品银行管理之道 崔海鹏　何　屹　主编	中小银行转型的实战经验总结	中小银行的教材很多，实战类的书很少，可以看看

	书名.作者	内容/特色	读者价值
金融	支付战争 Eric M. Jackson 著 徐 彬 王 晓 译	PayPal 创业期营销官,亲身讲述 PayPal 从诞生到壮大到成功出售的整个历史	激烈、有趣的内幕商战故事!了解美国支付市场的风云巨变
	中外并购名著专业阅读指南 叶兴平 等著	在 5000 多本并购类图书中精选的 200 著作,在阅读的基础上写的读书评价	精挑细选 200 本并一一评介,省去读者挑选的烦恼,快捷、高效
	新三板信息披露全流程:操作与工具 和珩科技 著	详细拆解董秘日常工作过程中所需的信息披露流程	董秘案头必备用书
	成功并购 300 本:一本书搞定并购难题 浩德军师并购联盟 著	从财务,税务,法律等角度详细解答疑问	能解决 80% 的并购问题
	互联网时代的银行转型 韩友诚 著	以大量案例形式为读者全面展示和分析了银行的互联网金融转型应对之道	结合本土银行转型发展案例的书籍
房地产	产业园区/产业地产规划、招商、运营实战 阎立忠 著	目前中国第一本系统解读产业园区和产业地产建设运营的实战宝典	从认知、策划、招商到运营全面了解地产策划
	人文商业地产策划 戴欣明 著	城市与商业地产战略定位的关键是不可复制性,要发现独一无二的"味道"	突破千城一面的策划困局
	中国城市群房地产投资策略 吕俊博 著	全方位、多角度分析城市群房地产现状是趋势	让亿元资产投资更理性、更安全
	电影院的下一个黄金十年:开发·差异化·案例 李保煜 著	对目前电影市场存大的问题及如何解决进行了探讨与解读	多角度了解电影院运营方式及代表性案例
能源	全能型班组:城市能源互联网与电力班组升级 国网天津市电力公司 编著	借鉴国内外优秀企业的转型升级思路,通过对于新型班组组织模式和运行机制的大胆设想,力图构建充分适应内外环境变化的全能型班组	看看庞大的国企在新环境下是如何顺应时代的
	国网天津电力全能型班组建设实务 国网天津市电力公司 编著	本书聚焦于天津电力公司在探索全能型班组转型升级时的优秀实践	电力行业的班组实践,具体、可操作性强

经营类:企业如何赚钱,如何抓机会,如何突破,如何"开源"

	书名.作者	内容/特色	读者价值
抓方向	让经营回归简单.升级版 宋新宇 著	化繁为简抓住经营本质:战略、客户、产品、员工、成长	经典,做企业就这几个关键点!
	混沌与秩序Ⅰ:变革时代企业领先之道 混沌与秩序Ⅱ:变革时代管理新思维 彭剑锋 尚艳玲 主编	汇集华夏基石专家团队 10 年来研究成果,集中选择了其中的精华文章编纂成册	作者都是既有深厚理论积淀又有实践经验的重磅专家,为中国企业和企业家的未来提出了高屋建瓴的观点
	活系统:跟任正非学当老板 孙行健 尹 贤 著	以任正非的独到视角,教企业老板如何经营公司	看透公司经营本质,激活企业活力
	重构:快消品企业重生之道 杨永华 著	从 7 个角度,帮助企业实现系统性的改造	提供转型思想与方法,值得参考
	公司由小到大要过哪些坎 卢 强 著	老板手里的一张"企业成长路线图"	现在我在哪儿,未来还要走哪些路,都清楚了
	企业二次创业成功路线图 夏惊鸣 著	企业曾经抓住机会成功了,但下一步该怎么办?	企业怎样获得第二次成功,心里有个大框架了
	老板经理人双赢之道 陈 明 著	经理人怎养选平台、怎么开局,老板怎样选/育/用/留	老板生闷气,经理人牢骚大,这次知道该怎么办了

抓方向	简单思考：AMT 咨询创始人自述 孔祥云 著	著名咨询公司（AMT）的 CEO 创业历程中点点滴滴的经验与思考	每一位咨询人，每一位创业者和管理经营者，都值得一读
	企业文化的逻辑 王祥伍 黄健江 著	为什么企业绩效如此不同，解开绩效背后的文化密码	少有的深刻，有品质，读起来很流畅
	使命驱动企业成长 高可为 著	钱能让一个人今天努力，使命能让一群人长期努力	对于想做事业的人，'使命'是绕不过去的
思维突破	盈利原本就这么简单 高可为 著	从财务的角度揭示企业盈利的秘密	多方面解读商业模式与盈利的关系，通俗易懂，受益匪浅
	经营：打造你的盈利系统 高可为 著	从盈利角度梳理了系统化的经营方式	让企业掌舵者把控经营全局
	创模式：23 个行业创新案例 段传敏 著	23 位行业精英的创新对话	创业者、转型者的实战参考
	企业良性成长：用顶层设计突破瓶颈 刘建兆 著	全方位介绍企业顶层设计的方法和思路	帮助企业用顶层设计突破成长瓶颈
	移动互联新玩法：未来商业的格局和趋势 史贤龙 著	传统商业、电商、移动互联，三个世界并存，这种新格局的玩法一定要懂	看清热点的本质，把握行业先机，一本书搞定移动互联网
	画出公司的互联网进化路线图：用互联网思维重塑产品、客户和价值 李蓓 著	18 个问题帮助企业一步步梳理出互联网转型思路	思路清晰、案例丰富，非常有启发性
	重生战略：移动互联网和大数据时代的转型法则 沈拓 著	在移动互联网和大数据时代，传统企业转型如同生命体打算与再造，称之为"重生战略"	帮助企业认清移动互联网环境下的变化和应对之道
	创造增量市场：传统企业互联网转型之道 刘红明 著	传统企业需要用互联网思维去创造增量，而不是用电子商务去转移传统业务的存量	教你怎么在"互联网＋"的海洋中创造实实在在的增量
	7 个转变，让公司 3 年胜出 李蓓 著	消费者主权时代，企业该怎么办	这就是互联网思维，老板有能这样想，肯定倒不了
	跳出同质思维，从跟随到领先 郭剑 著	66 个精彩案例剖析，帮助老板突破行业长期思维惯性	做企业竟然有这么多玩法，开眼界
	互联网＋"变"与"不变"：本土管理实践与创新论坛集萃·2016 本土管理实践与创新论坛 著	加速本土管理思想的孕育诞生，促进本土管理创新成果更好地服务企业、贡献社会	各个作者本年度最新思想，帮助读者拓宽眼界、突破思维
	消费升级：实践 研究（文集） 本土管理实践与创新论坛 著	38 位管理专家及 7 位学者的精华思想，从经营、管理、行业及思想研究四个方面阐述中国企业在消费升级下的实践与研究	思想启发，行业借鉴
财务	写给企业家的公司与家庭财务规划——从创业成功到富足退休 周荣辉 著	本书以企业的发展周期为主线，写各阶段企业与企业主家庭的财务规划	为读者处理人生各阶段企业与家庭的财务问题提供建议及方法，让家庭成员真正享受财富带来的益处
	互联网时代的成本观 程翔 著	本书结合互联网时代提出了成本的多维观，揭示了多维组合成本的互联网精神和大数据特征，论述了其产生背景、实现思路和应用价值	在传统成本观下为盈利的业务，在新环境下也许就成为亏损业务。帮助管理者从新的角度来看待成本，进一步做好精益管理

	书名·作者	内容/特色	读者价值
财务	财报背后的投资机会 蒋 豹 著	以具体的公司案例分析,教你迅速看出财务报表与企业经营的关系、所反映的企业经营现状,从而找到投资机会	前四大会计所员工为读者解密财报,发现投资机会

管理类:效率如何提升,如何实现经营目标,如何"节流"

	书名·作者	内容/特色	读者价值
通用管理	让管理回归简单·升级版 宋新宇 著	从目标、组织、决策、授权、人才和老板自己层面教你怎样做管理	帮助管理抓住管理的要害,让管理变得简单
	让经营回归简单·升级版 宋新宇 著	从战略、客户、产品、员工、成长、经营者自身等七个方面,归纳总结出简单有效的经营法则	总结出的真正优秀企业的成功之道:简单
	让用人回归简单 宋新宇 著	从用人的原则、用人的难题与误区、用人的方法和用人者的修炼四大方面,总结出适合中小企业做好人才管理工作的法则	帮助管理者抓住用人的要害,让用人变得简单
	历史深处的管理智慧1:组织建设与用人之道 刘文瑞 著	对历史之典故、政事、人事、政制进行管理解析,鉴照企业人才的选用育留	推动理论与实践的对接,实现理性与情感的渗透,用中国话语说明管理智慧
	历史深处的管理智慧2:战略决策与经营运作 刘文瑞 著	对历史之典故、政事、人事、政制进行管理解析,鉴照企业战略设计与经营实践	推动理论与实践的对接,实现理性与情感的渗透,用中国话语说明管理智慧
	历史深处的管理智慧3:领导修炼与文化素养 刘文瑞 著	对历史之典故、政事、人事、政制进行管理解析,鉴照企业领导职业能力提升与文化修养	推动理论与实践的对接,实现理性与情感的渗透,用中国话语说明管理智慧
	管理的尺度 刘文瑞 著	对管理中的种种普遍性问题进行了批评	提高把握管理尺度的能力
	管理学在中国 刘文瑞 著	系统性介绍了管理学在中国的发展和演变	了解管理学在中国的发展脉络,更清晰理解管理学的本质
	看电影,懂管理 刘文瑞 著	16部经典电影,带你感悟管理智慧	能够帮助读者放松身心,驰骋想象,在不知不觉中增长智慧
	管理:以规则驾驭人性 王春强 著	详细解读企业规则的制定方法	从人与人博弈角度提升管理的有效性
	打造集成供应链:走出挂一漏十的改善困境 王春强 著	详解集成供应链全过程	帮助企业优化供应链管理
	用好骨干员工:关键人才培养与激励 王 敏 著	系统化分享关键人才打造与激励方法	企业能实在用人的最大化价值
	改变世界的管理学大师1:管理学的前世今生 刘文瑞 编著	介绍了古典管理学时期的大师事迹和思想	深入了解管理大师们的思想和智慧
	成为企业欢迎的咨询师 张国祥 著	从调研到落地,手把手教你咨询流程	不走弯路,方便直接的学到老咨询师的套路
	员工心理学超级漫画版 邢 雷 著	以漫画的形式深度剖析员工心理	帮助管理者更了解员工,从而更轻松地管理员工
	老板有想法,高层有干法:企业中的将帅之道 王清华 著	深入剖析老板与高管的异同	各司其职,各行其是,相辅相成
	分股合心:股权激励这样做 段磊 周剑 著	通过丰富的案例,详细介绍了股权激励的知识和实行方法	内容丰富全面、易读易懂,了解股权激励,有这一本就够了
	边干边学做老板 黄中强 著	创业20多年的老板,有经验、能写、又愿意分享,这样的书很少	处处共鸣,帮助中小企业老板少走弯路

通用管理	成为敏感而体贴的公司 王 涛 著	本书为作者对企业的观察和冥想的随笔记录。从生活中的一个现象入手,进而探索现象背后的本质	从全新角度认识公司
	中国企业的觉醒:正直 善良 成长 王 涛 著	围绕着企业人如何发生转化展开,对中国人、中国文化及由此导致的企业现状的观察和思考	企业除了要利润,还需要道德
	有意识的思考:轻松化解问题的7个思考习惯 王 涛 著	本书是对思想、思考过程、思考方式进行的细致观察	养成好的思考习惯,更深刻地看问题
	中国式阿米巴落地实践之从交付到交易 胡八一 著	本书主要讲述阿米巴经营会计,"从交付到交易",这是成功实施了阿米巴的标志	阿米巴经营会计的工作是有逻辑关联的,一本书就能搞定
	中国式阿米巴落地实践之激活组织 胡八一 著	重点讲解如何科学划分阿米巴单元,阐述划分的实操要领、思路、方法、技术与工具	最大限度减少"推行风险"和"摸索成本",利于公司成功搭建适合自身的个性化阿米巴经营体系
	中国式阿米巴落地实践之持续盈利 胡八一 著	把企业做成平台,企业才能做大(格局);把平台做成阿米巴,企业才能做强(专业);把阿米巴做成合伙制,企业才能做久(机制)	中国式阿米巴落地实践三部曲的最后一部,告诉你企业如何做大做强做久
	集团化企业阿米巴实战案例 初勇钢 著	一家集团化企业阿米巴实施案例	指导集团化企业系统实施阿米巴
	阿米巴经营的中国模式 李志华 著	让员工从"要我干"到"我要干",价值量化出来	阿米巴在企业如何落地,明白思路了
	欧博心法:好管理靠修行 曾 伟 著	用佛家的智慧,深刻剖析管理问题,见解独到	如果真的有'中国式管理',曾老师是其中标志性人物
	领导这样点燃你的下属 孟广桥 著	领导者如何才能让员工积极主动地工作?如何让你的员工和下属保持工作的热情,自动自发?看了这本书就知道	只要你希望手下的"兵将"永远充满工作的斗志,这本书将使你获益良多
流程管理	1. 用流程解放管理者 2. 用流程解放管理者2 张国祥 著	中小企业阅读的流程管理、企业规范化的书	通俗易懂,理论和实践的结合恰到好处
	跟我们学建流程体系 陈立云 著	畅销书《跟我们学做流程管理》系列,更实操,更细致,更深入	更多地分享实践,分享感悟,从实践总结出来的方法论
	人人都要懂流程 金国华 余雅丽 著	当前各企业流程管理方面最为典型的痛点现象及问题案例	通俗易懂,适合企业全员阅读
质量管理	IATF16949质量管理体系详解与案例文件汇编:TS16949转版 IATF16949:2016 谭洪华 著	针对IATF的新标准做了详细的解说,同时指出了一些推行中容易犯的错误,提供了大量的表单、案例	案例、表单丰富,拿来就用
	五大质量工具详解及运用案例:APQP/FMEA/PPAP/MSA/SPC 谭洪华 著	对制造业必备的五大质量工具中每个文件的制作要求、注意事项、操作流程、成功案例等进行了解读	通俗易懂、简便易行,能真正实现学以致用
	ISO9001:2015新版质量管理体系详解与案例文件汇编 谭洪华 著	紧密围绕2015年新版质量管理体系逐条详细解读,并提供可以直接套用的案例工具,易学易上手	企业质量管理认证、内审必备
	ISO14001:2015新版环境管理体系详解与案例文件汇编 谭洪华 著	紧密围绕2015年新版环境管理体系文件逐条详细解读,并提供可以直接套用的案例工具,易学易上手	企业环境管理认证、内审必备

质量管理	**ISO9001:2015 完整文件汇编:制造业** 贺红喜 著	按照 ISO9001 标准并超出标准的要求,提供了一套完整的制造业的质量管理体系文件	原汁原味完整收入,直接可以拿来就用
	SA8000:2014 社会责任管理体系认证实战 吕 林 著	作者根据自己的操作经验,按认证的流程,以相关案例进行说明 SA8000 认证体系	简单,实操性强,拿来就能用
	精益质量管理实战工具 贺小林 著	制造类企业日常工作中所需要的精益管理工具的归纳整理,并进行案例操作的细致分析	可以直接参考,实际解决生产中的具体问题
战略落地	**重生——中国企业的战略转型** 施 炜 著	从前瞻和适用的角度,对中国企业战略转型的方向、路径及策略性举措提出了一些概要性的建议和意见	对企业有战略指导意义
	公司大了怎么管:从靠英雄到靠组织 AMT 金国华 著	第一次详尽阐释中国快速成长型企业的特点、问题及解决之道	帮助快速成长型企业领导及管理团队理清思路,突破瓶颈
	低效会议怎么改:每年节省一半会议成本的秘密 AMT 王玉荣 著	教你如何系统规划公司的各级会议,一本工具书	教会你科学管理会议的办法
	年初订计划,年尾有结果:战略落地七步成诗 AMT 郭晓 著	7 个步骤教会你怎么让公司制定的战略转变为行动	系统规划,有效指导计划实现
人力资源	**HRBP 是这样炼成的之"菜鸟起飞"** 新 海 著	以小说的形式,具体解析 HRBP 的职责,应该如何操作,如何为业务服务	实践者的经验分享,内容实务具体,形式有趣
	HRBP 是这样炼成的之中级修炼 新 海 著	本书以案例故事的方式,介绍了 HRBP 在实际工作中碰到的问题和挑战	书中的 HR 解决方案讲究因时因地制宜、简单有效的原则,重在启发读者思路,可供各类企业 HRBP 借鉴
	HRBP 是这样炼成的之高级修炼 新 海 著	以故事的形式,展现了 HRBP 工作者在职业发展路上的层层深入和递进	为读者提供 HRBP 在实际工作中遇到种种问题的解决方案
	新任 HR 高管如何从 0 到 1 黄渊明 著	全景式展现新任高管华丽转身全过程	助力新任高管安全着陆
	HR 的劳动法内参 李皓楠 著	100 个劳动法案例和分析	轻松掌握劳动法知识,方便运用
	把面试做到极致:首席面试官的人才甄选法 孟广桥 著	作者用自己几十年的人力资源经验总结出的一套实用的确定岗位招聘标准、提升面试官技能素质的简便方法	面试官必备,没有空泛理论,只有巧妙的实操技能
	人力资源体系与 e - HR 信息化建设 刘书生 陈 莹 王美佳 著	将作者经历的人力资源管理变革、人力资源管理信息化咨询项目方法论、工具和成果全面展现给读者,使大家能够将其快速应用到管理实践中	系统性非常强,没有废话,全部是浓缩的干货
	回归本源看绩效 孙 波 著	让绩效回顾"改进工具"的本源,真正为企业所用	确实是来源于实践的思考,有共鸣
	世界 500 强资深培训经理人教你做培训管理 陈 锐 著	从 7 大角度具体细致地讲解了培训管理的核心内容	专业、实用、接地气

人力资源	曹子祥教你做激励性薪酬设计 曹子祥 著	以激励性为指导,系统性地介绍了薪酬体系及关键岗位的薪酬设计模式	深入浅出,一本书学会薪酬设计
	曹子祥教你做绩效管理 曹子祥 著	复杂的理论通俗化,专业的知识简单化,企业绩效管理共性问题的解决方案	轻松掌握绩效管理
	把招聘做到极致 远鸣 著	作为世界500强高级招聘经理,作者数十年招聘经验的总结分享	带来职场思考境界的提升和具体招聘方法的学习
	人才评价中心·超级漫画版 邢雷 著	专业的主题,漫画的形式,只此一本	没想到一本专业的书,能写成这效果
	走出薪酬管理误区 全怀周 著	剖析薪酬管理的8大误区,真正发挥好枢纽作用	值得企业深读的实用教案
	集团化人力资源管理实践 李小勇 著	对搭建集团化的企业很有帮助,务实,实用	最大的亮点不是理论,而是结合实际的深入剖析
	我的人力资源咨询笔记 张伟 著	管理咨询师的视角,思考企业的HR管理	通过咨询师的眼睛对比很多企业,有启发
	本土化人力资源管理8大思维 周剑 著	成熟HR理论,在本土中小企业实践中的探索和思考	对企业的现实困境有真切体会,有启发
企业文化	36个拿来就用的企业文化建设工具 海融心胜 主编	数十个工具,为了方便拿来就用,每一个工具都严格按照工具属性、操作方法、案例解读划分,实用、好用	企业文化工作者的案头必备书,方法都在里面,简单易操作
	企业文化建设超级漫画版 邢雷 著	以漫画的形式系统教你企业文化建设方法	轻松易懂好操作
	华夏基石方法:企业文化落地本土实践 王祥伍 谭俊峰 著	十年积累、原创方法、一线资料,和盘托出	在文化落地方面真正有洞察,有实操价值的书
	企业文化的逻辑 王祥伍 著	为什么企业之间如此不同,解开绩效背后的文化密码	少有的深刻,有品质,读起来很流畅
	企业文化激活沟通 宋杼宸 安琪 著	透过新任HR总经理的眼睛,揭示出沟通与企业文化的关系	有实际指导作用的文化落地读本
	在组织中绽放自我:从专业化到职业化 朱仁健 王祥伍 著	个人如何融入组织,组织如何助力个人成长	帮助企业员工快速认同并投入到组织中去,为企业发展贡献力量
	企业文化定位·落地一本通 王明胤 著	把高深枯燥的专业理论创建成一套系统化、实操化、简单化的企业文化缔造方法	对企业文化不了解,不会做?有这一本从概念到实操,就够了
生产管理	精益思维:中国精益如何落地 刘承元 著	笔者二十余年企业经营和咨询管理的经验总结	中国企业需要灵活运用精益思维,推动经营要素与管理机制的有机结合,推动企业管理向前发展
	300张现场图看懂精益5S管理 乐涛 编著	5S现场实操详解	案例图解,易懂易学
	高员工流失率下的精益生产 余伟辉 著	中国的精益生产必须面对和解决高员工流失问题	确实来源于本土的工厂车间,很务实
	车间人员管理那些事儿 岑立聪 著	车间人员管理中处理各种"疑难杂症"的经验和方法	基层车间管理者最闹心、头疼的事,'打包'解决

	书名及作者	内容简介	推荐语
生产管理	1. 欧博心法:好管理靠修行 2. 欧博心法:好工厂这样管 曾 伟 著	他是本土最大的制造业管理咨询机构创始人,他从 400 多个项目、上万家企业实践中锤炼出的欧博心法	中小制造型企业,一定会有很强的共鸣
	欧博工厂案例 1:生产计划管控对话录 欧博工厂案例 2:品质技术改善对话录 欧博工厂案例 3:员工执行力提升对话录 曾 伟 著	最典型的问题、最详尽的解析,工厂管理 9 大问题 27 个经典案例	没想到说得这么细,超出想象,案例很典型,照搬都可以了
	工厂管理实战工具 欧博企管 编著	以传统文化为核心的管理工具	适合中国工厂
	苦中得乐:管理者的第一堂必修课 曾 伟 编著	曾伟与师傅大愿法师的对话,佛学与管理实践的碰撞,管理禅的修行之道	用佛学最高智慧看透管理
	比日本工厂更高效 1:管理提升无极限 刘承元 著	指出制造型企业管理的六大积弊;颠覆流行的错误认知;掌握精益管理的精髓	每一个企业都有自己不同的问题,管理没有一剑封喉的秘笈,要从现场、现物、现实出发
	比日本工厂更高效 2:超强经营力 刘承元 著	企业要获得持续盈利,就要开源和节流,即实现销售最大化,费用最小化	掌握提升工厂效率的全新方法
	比日本工厂更高效 3:精益改善力的成功实践 刘承元 著	工厂全面改善系统有其独特的目的取向特征,着眼于企业经营体质(持续竞争力)的建设与提升	用持续改善力来飞速提升工厂的效率,高效率能够带来意想不到的高效益
	3A 顾问精益实践 1:IE 与效率提升 党新民 苏迎斌 蓝旭日 著	系统的阐述了 IE 技术的来龙去脉以及操作方法	使员工与企业持续获利
	3A 顾问精益实践 2:JIT 与精益改善 肖志军 党新民 著	只在需要的时候,按需要的量,生产所需的产品	提升工厂效率
	化工企业工艺安全管理实操 黄 娜 编著	化工企业工艺安全管理全指导	帮助企业树立安全意识,强化安全管理方法
	手把手教你做专业的生产经理 黄 娜 著	物流、信息流、资金流,让生产经理管理有抓手	从菜鸟到能把控全局
员工素质提升	TTT 培训师精进三部曲(上):深度改善现场培训效果 廖信琳 著	现场把控不用慌,这里有妙招一用就灵	课程现场无论遇到什么样的情况都能游刃有余
	TTT 培训师精进三部曲(中):构建最有价值的课程内容 廖信琳 著	这样做课程内容,学员有收获培训师也有收获	优质的课程内容是树立个人品牌的保证
	TTT 培训师精进三部曲(下):职业功力沉淀与修为提升 廖信琳 著	从内而外提升自己,职业的道路一帆风顺	走上职业 TTT 内训师的康庄大道
	培训师,如何让你的事业长青:自我管理的 10 项法则 廖信琳 著	建立了一套完整的培训师自我管理体系,为培训师的职业成长与发展提供有益的指引	培训师如何在自己的职业道路上越走越高,事业长青,一直有所收获与成长?本书将给你答案
	管理咨询师的第一本书:百万年薪 千万身价 熊亚柱 著	从问题出发,发现问题、分析问题、解决问题,让两眼一抹黑的新人快速成长	管理咨询师初入职场,让这本书开启百万年薪之路

	书名·作者	内容/特色	读者价值
员工素质提升	手把手教你做专业督导:专卖店、连锁店 熊亚柱 著	从督导的职能、作用,在工作中需要的专业技能、方法,都提供了详细的解读和训练办法,同时附有大量的表单工具	无论是店铺需要统一培训,还是个人想成为优秀的督导,有这一本就够了
	跟老板"偷师"学创业 吴江萍 余晓雷 著	边学边干,边观察边成长,你也可以当老板	不同于其他类型的创业书,让你在工作中积累创业经验,一举成功
	销售轨迹:一位快消品营销总监的拼搏之路 秦国伟 著	本书讲述了一个普通销售员打拼成为跨国企业营销总监的真实奋斗历程	激励人心,给广大销售员以力量和鼓舞
	在组织中绽放自我:从专业化到职业化 朱仁健 王祥伍 著	个人如何融入组织,组织如何助力个人成长	帮助企业员工快速认同并投入到组织中去,为企业发展贡献力量
	企业员工弟子规:用心做小事,成就大事业 贾同领 著	从传统文化《弟子规》中学习企业中为人处事的办法,从自身做起	点滴小事,修养自身,从自身的改善得到事业的提升
	手把手教你做顶尖企业内训师:TTT 培训师宝典 熊亚柱 著	从课程研发到现场把控、个人提升都有涉及,易读易懂,内容丰富全面	想要做企业内训师的员工有福了,本书教你如何抓住关键,从入门到精通
	28 天速成文案高手 秦 士 安 丽 著	解构优秀品牌和出彩文案背后的逻辑,28 天循序渐进成为文案高手	让优质文案变成"智慧工厂"般的工序管理与稳定出品
	让投诉顾客满意离开:客户投诉应对与管理 孟广桥 著	立足于投诉处理的实践,剖析了不同投诉者投诉的特点和应对措施,并提供各种技巧方法、赢得客户信赖所需培养的品质修炼、处理投诉应掌握的法律法规等工具	是投诉处理人员适应岗位职能需要、提升工作技能的良师益友,是企业变诉为金、培养业务骨干的法宝

营销类:把客户需求融入企业各环节,提供"客户认为"有价值的东西

	书名·作者	内容/特色	读者价值
营销模式	精品营销战略 杜建君 著	以精品理念为核心的精益战略和营销策略	用精品思维赢得高端市场
	变局下的营销模式升级 程绍珊 叶 宁 著	客户驱动模式、技术驱动模式、资源驱动模式	很多行业的营销模式被颠覆,调整的思路有了!
	动销操盘:节奏掌控与社群时代新战法 朱志明 著	在社群时代把握好产品生产销售的节奏,解析动销的症结,寻找动销的规律与方法	都是易读易懂的干货!对动销方法的全面解析和操盘
	弱势品牌如何做营销 李政权 著	中小企业虽有品牌但没名气,营销照样能做的有声有色	没有丰富的实操经验,写不出这么具体、详实的案例和步骤,很有启发
	老板如何管营销 史贤龙 著	高段位营销 16 招,好学好用	老板能看,营销人也能看
	洞察人性的营销战术:沈坤教你 28 式 沈 坤 著	28 个匪夷所思的营销怪招令人拍案叫绝,涉及商业竞争的方方面面,大部分战术可以直接应用到企业营销中	各种谋略得益于作者的横向思维方式,将其操作过的案例结合其中,提供的战术对读者有参考价值
	动销:产品是如何畅销起来的 吴江萍 余晓雷 著	真真切切告诉你,产品究竟怎么才能卖出去	击中痛点,提供方法,你值得拥有
	1000 铁杆女粉丝 张兵武 著	连接是女性与生俱来的特质。能善用连接的营销人员,就像拿到打开女性荷包的钥匙	重新认识女性的传播力量
	360°谈营销:一位营销咨询师20 年实战洞察 王清华 古怀亮 著	各个角度,全方位,多视点剥营销	思路单一,此书帮你破

营销模式	营销按钮:扣动一触即发的力量 老 苗 著	提供各种奇形怪状的营销武器	一定会带给你不一样的思维震撼
	孙子兵法营销战 刘文新 著	逐句解读孙子兵法,以及在营销方面的感悟	帮助营销人用智慧打营销仗
销售	资深大客户经理:策略准,执行狠 叶敦明 著	从业务开发、发起攻势、关系培育、职业成长四个方面,详述了大客户营销的精髓	满满的全是干货
	大客户销售这样说这样做 陆和平 著	大客户销售十大模块 68 个典型销售场景应对策略和话术,直接拿来就用	从"为什么要这么干"到"干什么、怎么干"
	成为资深的销售经理:B2B、工业品 陆和平 著	围绕"销售管理的六个关键控制点"——展开,提供销售管理的专业、高效方法	方法和技术接地气,拿来就用,从销售员成长为经理不再犯难
	销售是门专业活:B2B、工业品 陆和平 著	销售流程就应该跟着客户的采购流程和关注点的变化向前推进,将一个完整的销售过程分成十个阶段,提供具体方法	销售不是请客吃饭拉关系,是个专业的活计!方法在手,走遍天下不愁
	向高层销售:与决策者有效打交道 贺兵一 著	一套完整有效的销售策略	有工具,有方法,有案例,通俗易懂
	学话术 卖产品 张小虎 著	分析常见的顾客异议,将优秀的话术模块化	让普通导购员也能成为销售精英
组织和团队	升级你的营销组织 程绍珊 吴越舟 著	用"有机性"的营销组织替代"营销能人",营销团队变成"铁营盘"	营销队伍最难管,程老师不愧是营销第 1 操盘手,步骤方法都很成熟
	用数字解放营销人 黄润霖 著	通过量化帮助营销人员提高工作效率	作者很用心,很好的常备工具书
	成为优秀的快消品区域经理(升级版) 伯建新 著	用"怎么办"分析区域经理的工作关键点,增加 30% 全新内容,更贴近环境变化	可以作为区域经理的"速成催化器"
	成为资深的销售经理:B2B、工业品 陆和平 著	围绕"销售管理的六个关键控制点"——展开,提供销售管理的专业、高效方法	方法和技术接地气,拿来就用,从销售员成长为经理不再犯难
	一位销售经理的工作心得 蒋 军 著	一线营销管理人员想提升业绩却无从下手时,可以看看这本书	一线的真实感悟
	快消品营销:一位销售经理的工作心得 2 蒋 军 著	快消品、食品饮料营销的经验之谈,重点突出	来源于实战的精华总结
	销售轨迹:一位快消品营销总监的拼搏之路 秦国伟 著	本书讲述了一个普通销售员打拼成为跨国企业营销总监的真实奋斗历程	激励人心,给广大销售员以力量和鼓舞
	用营销计划锁定胜局:用数字解放营销人 2 黄润霖 著	全方位教你怎么做好营销计划,好学好用真简单	照搬套用就行,做营销计划再也不头痛
	快消品营销人的第一本书:从入门到精通 刘 雷 伯建新 著	快消行业必读书,从入门到专业	深入细致,易学易懂
产品	产品开发管理方法·流程·工具:从作坊式到规范化 任彭枞 著	产品研发管理体系全指导	既有工具,又能开拓思路
	新产品开发管理,就用 IPD(升级版) 郭富才 著	10 年 IPD 研发管理咨询总结,国内首部 IPD 专业著作	一本书掌握 IPD 管理精髓

	书名 作者	内容/特色	读者价值
产品	这样打造大单品：案例 策略 方法 迪智成咨询团队 著	囊括十三个不同行业、企业的实际案例，从不同角度详细剖析、总结了这些品牌厂家打造大单品的成功经验或者失败教训	厘清大单品打造的策划与路径，得出持续经营的思路与方法
	研发体系改进之道 靖爽 陈年根 马鸣明 著	提出一套系统性的方法与工具	指引企业少走弯路，提高成功率
	资深项目经理这样做新产品开发管理 秦海林 著	以 IPD 为思想，系统讲解新产品开管理的细节	提供管理思路和实用工具
	产品炼金术Ⅰ：如何打造畅销产品 史贤龙 著	满足不同阶段、不同体量、不同行业企业对产品的完整需求	必须具备的思维和方法，避免在产品问题上走弯路
	产品炼金术Ⅱ：如何用产品驱动企业成长 史贤龙 著	做好产品，关注产品的品质，就是企业成功的第一步	必须具备的思维和方法，避免在产品问题上走弯路
品牌	中小企业如何建品牌 梁小平 著	中小企业建品牌的入门读本，通俗、易懂	对建品牌有了一个整体框架
	采纳方法：破解本土营销8大难题 朱玉童 编著	全面、系统、案例丰富、图文并茂	希望在品牌营销方面有所突破的人，应该看看
	中国品牌营销十三战法 朱玉童 编著	采纳 20 年来的品牌策划方法，同时配有大量的案例	众包方式写作，丰富案例给人启发，极具价值
	今后这样做品牌：移动互联时代的品牌营销策略 蒋军 著	与移动互联紧密结合，告诉你老方法还能不能用，新方法怎么用	今后这样做品牌就对了
	中小企业如何打造区域强势品牌 吴之 著	帮助区域的中小企业打造自身品牌，如何在强壮自身的基础上往外拓展	梳理误区，系统思考品牌问题，切实符合中小区域品牌的自身特点进行阐述
渠道通路	深度分销：掌控渠道价值链 施炜 著	制造商通过掌控渠道价值链，将管理触角延伸至零售层面及顾客现场，对市场根部精耕细作，从而挖掘需求，构筑区域市场尤其是三四级市场的竞争壁垒	深度分销是中国企业对世界营销的独特贡献。实践证明，互联网时代深度分销仍有生命力
	快消品营销与渠道管理 谭长春 著	将快消品标杆企业渠道管理的经验和方法分享出来	可口可乐、华润的一些具体的渠道管理经验，实战
	传统行业如何用网络拿订单 张进 著	给老板看的第一本网络营销书	适合不懂网络技术的经营决策者看
	采纳方法：化解渠道冲突 朱玉童 编著	系统剖析渠道冲突，21 个渠道冲突案例、情景式讲解、37 篇讲义	系统、全面
	学话术 卖产品 张小虎 著	分析常见的顾客异议，将优秀的话术模块化	让普通导购员也能成为销售精英
	向高层销售：与决策者有效打交道 贺兵一 著	一套完整有效的销售策略	有工具，有方法，有案例，通俗易懂
	通路精耕操作全解：快消品 20 年实战精华 周俊 陈小龙 著	通路精耕的详细全解，每一步的具体操作方法和表单全部无保留提供	康师傅二十年的经验和精华，实践证明的最有效方法，教你如何主宰通路

管理者读的文史哲·生活

	书名 作者	内容/特色	读者价值
思想·文化	德鲁克管理思想解读 罗珉 著	用独特视角和研究方法，对德鲁克的管理理论进行了深度解读与剖析	不仅是摘引和粗浅分析，还是作者多年深入研究的成果，非常可贵
	德鲁克与他的论敌们：马斯洛、戴明、彼得斯 罗珉 著	几位大师之间的论战和思想碰撞令人受益匪浅	对大师们的观点和著作进行了大量的理论加工，去伪存真、去粗存精，同时有自己独特的体系深度

思想·文化	德鲁克管理学 张远凤 著	本书以德鲁克管理思想的发展为线索,从一个侧面展示了20世纪管理学的发展历程	通俗易懂,脉络清晰
	王阳明"万物一体"论:从"身-体"的立场看(修订版) 陈立胜 著	以身体哲学分析王阳明思想中的"仁"与"乐"	进一步了解传统文化,了解王阳明的思想
	自我与世界:以问题为中心的现象学运动研究 陈立胜 著	以问题为中心,对现象学运动中的"意向性""自我""他人""身体"及"世界"各核心议题之思想史背景与内在发展理路进行深入细致的分析	深入了解现象学中的几个主要问题
	作为身体哲学的中国古代哲学 张再林 著	上篇为中国古代身体哲学理论体系奠基性部分,下篇对由"上篇"所开出的中国身体哲学理论体系的进一步的阐发和拓展	了解什么是真正原生态意义上的中国哲学,把中国传统哲学与西方传统哲学加以严格区别
	中西哲学的歧异与会通 张再林 著	本书以一种现代解释学的方法,对中国传统哲学内在本质尝试一种全新的和全方位的解读	发掘出掩理在古老传统形式下的现代特质和活的生命,在此基础上揭示中西哲学"你中有我,我中有你"之旨
	治论:中国古代管理思想 张再林 著	本书主要从儒、法墨三家阐述中国古代管理思想	看人本主义的管理理论如何不留斧痕地克服似乎无法调解的存在于人类社会行为与社会组织中的种种两难和对立
	车过麻城 再晤李贽 张再林 著	系统全面而又简明扼要地展示了李贽独到的学术眼力和超拔的理论建树	帮助读者重新认识李贽的思想
	中国古代政治制度(修订版)上:皇帝制度与中央政府 刘文瑞 著	全面论证了古代皇帝制度的形成和演变的历程	有助于读者从政治制度角度了解中国国情的历史渊源
	中国古代政治制度(修订版)下:地方体制与官僚制度 刘文瑞 著	全面论证了古代地方政府的发展演变过程	有助于读者从政治制度角度了解中国国情的历史渊源
	中国思想文化十八讲(修订版) 张茂泽 著	中国古代的宗教思想文化,如对祖先崇拜、儒家天命观、中国古代关于"神"的讨论等	宗教文化和人生信仰或信念紧密相联,在文化转型时期学习和研究中国宗教文化就有特别的现实意义
	史幼波《大学》讲记 史幼波 著	用儒释道的观点阐释大学的深刻思想	一本书读懂传统文化经典
	史幼波《周子通书》《太极图说》讲记 史幼波 著	把形而上的宇宙、天地,与形而下的社会、人生、经济、文化等融合在一起	将儒家的一整套学修系统融合起来
	史幼波《中庸》讲记(上下册) 史幼波 著	全面、深入浅出地揭示儒家中庸文化的真谛	儒释道三家思想融会贯通
	梁涛讲《孟子》之万章篇 梁涛 著	《万章》主要记录孟子与万章的对话,涉及孝道、亲情、友情、出仕为官等	作者的解读能帮助读者更好地理解孟子及儒学
	两晋南北朝十二讲(修订版) 李文才 著	作为一本普及性读物,作者尊重史实,运用"历史心理学"的叙事方法,分12个专题对两晋南北朝的历史进行阐述	让读者轻松了解两晋南北朝的历史
	每个中国人身上的春秋基因 史贤龙 著	春秋368年(公元前770-公元前403年),每一个中国人都可以在这段时期的历史中找到自己的祖先,看到真实发生的事件,同时也看到自己	长情商、识人心
	与《老子》一起思考:德篇 与《老子》一起思考:道篇 史贤龙 著	打通文史,回归哲慧,纵贯古今,放眼中外,妙语选出,在当今的老子读本中别具一格	深读有深读的回味,浅尝有浅尝的机敏,可给读者不同的启发